문화를 알면
학교가
보인다

문화를 알면 학교가 보인다

이정선 지음

이담
Books

머리말

내가 이 책을 엮게 된 동기는 간단하다. 비교적 외부 특강이 잦은 나에게 동료교수가 물었다. 이곳저곳 강의를 하러 다니면 무슨 내용을 주로 강의하느냐고. 하긴 강의를 요청한 기관도 다양하고, 청자도 다양했으며 강의 주제도 그때그때 달랐기 때문에 스스로도 무엇을 강의하고 있는지 구체적으로 정리해 볼 틈이 없었다. 그래서 그동안 내가 특강은 물론이고 연수를 포함하여 대중 앞에서 행했던 일련의 교육활동을 정리해 보고 싶은 생각이 들었다.

유사하거나 반복적인 내용의 강의가 많긴 해도 주로, 학교문화, 교육복지, 수업문화, 사회자본론, 소외계층 아동의 교육, 학부모교육관, 학업성취, 감성교육, 문화교육, 질적 연구 및 다문화 교육 등이 단골 주제로 다루어졌다. 이 중에서 교육연구방법으로서 질적 연구와 다문화교육은 이미 다른 곳에서 별도로 활용했기 때문에 생략하고 그 외 주제들을 하나의 책으로 엮은 결과가 본서이다. 전체를 아우를 수 있는 책 제목을 찾던 중 이해와 소통을 통하여 더불어 함께 살아야 한다는 나눔의 미학과 그것을 실천하기 위한 방법으로 문화를 알아야 한다는 명제를 묶어서 '문화를 알면 학교가 보인다'로 정하게 되었다.

본서는 특강을 하면서 청중들의 반응이 좋은 내용들 그리고 소위

앙코르를 받은 것들을 중심으로 내용을 구성하였다. 더러는 다시 듣고 싶다는 요청이 있었지만 시공간적인 제약으로 인하여 저자 직강이 어려운 내용들도 포함되어 있다. '글은 말을 다하지 못하고 말은 뜻을 다하지 못한다'는 말이 있다. 강의 중 행동과 표정으로 그리고 비언어적 제스처로 전달할 수 있는 의미를 문자로 표현된 책 속에서는 제대로 나타내지 못한 것이 약간의 아쉬움으로 남는다.

　본문은 크게 세 부분으로 구성되어 있는데, 학교구성원들과의 나눔, 취약계층과의 나눔 그리고 학부모와의 나눔이 그것이다. 제1부 학교사람들과의 나눔에서는 주로 문화적 관점에서 드러난 현상과 제도 그리고 이면의 의식을 때로는 심층적으로 분석과 동시에 다루었고, 때로는 현상의 기술에 치중하여 다루었다. 때로는 현상의 원인에 대한 분석과 이를 바탕으로 한 처방을 제시한 글도 없지 않다. 문화와 소통하기, 직업적 좌절교사를 위한 지원 노력들, 교육공무원의 자기 개발 노력들, 교실수업 변화 방법으로서 수업비평 그리고 교육인류학과 사회학에 기여한 학자들(콜맨과 홀)의 이해와 소통이론을 심층적으로 다루었다.

　제2부에서는 소외계층(교복투 사업 대상 취약계층 아동, 다문화

가정 아동, 농산어촌 소외계층 아동, 도심 거주 빈곤 아동)에 대한 개인적 연관성과 관심사 때문에 이들과의 나눔을 많이 다루었다. 그리고 이들과 나눔을 위한 제도적 장치로서 교톤투학교, 돌봄학교, 그리고 내용으로서 문화교육 등을 다루었다. 교육에 종사하는 모두가 이들에 대한 지지적 서비스, 보완적 서비스 그리고 대리적 서비스를 통해서 이들도 건강한 우리사회의 구성원이 될 수 있었으면 하는 바람에서였다.

학부모들과 소통을 위한 올바른 자녀교육관이나 자녀의 학습력 신장을 위한 학부모의 역할, 자녀의 감성 기르기 등은 제3부에서 다루었다. 오늘날 교육에서 자녀교육을 위한 학부모의 사회자본이 특히 강조되는 마당에 그리고 성적지상주의가 판을 치면서 올바로 자녀를 교육하는 것이 무엇인가를 알기 어려운 때, 인성과 지성이 조화를 이룰 수 있도록 자녀를 지도하기 위해서는 학부모가 어떤 역할을 해야 하는가를 모색해 보고자 하였다.

특정 대상을 염두에 두고 책을 집필한 것이 아니지만 주로 현직교사들이나 취약계층의 교육에 종사하는 교육복지사, 사회복지사 그리고 자녀를 양육하는 학부모들이 보면 좋은 참고자료가 될 것이다.

학교문화에 관심이 있는 교육학도들도 유용하게 참고할 수 있으리라 본다. 영업이익이 많지 않을 서적임에도 조건 없이 출판을 허락해준 (주)한국학술정보 관계자들에게 감사드린다.

매번 책을 낼 때마다 느끼는 감정은 부끄러움이라고 해야 옳을 것이다. 그럼에도 책을 내는 것은 그러면서 조금씩 나아진다는 사실 때문이다. 빈약한 글의 내용과 세련되지 못한 문체는 좀 더 내공을 쌓으면 조금씩 나아지겠거니 희망해 본다.

2010. 7. 저자 이정선

차 례

문화를 알면 학교가 보인다 제 **1** 부

학교사람들과의 나눔

제1장
문화와 소통하기

Ⅰ. 문화적 접근의 필요성[1]

　민속방법론자인 해럴드 가핑클(Garfinkel)의 개념인 '지표성'에 의하면, 모든 것이 오로지 구체적인 맥락 안에서만 의미가 있다. 예를 들면 '이 의자'라는 것도 언제 어디서 말해지느냐에 따라 그리고 누가 그것을 말하느냐에 따라 다른 것을 의미할 것이다. 의미라는 것이 맥락에 따라 좌우되므로 우리는 그것을 구체적인 장소에서 구체적인 행위의 연속선상에서 발생하는 것으로 보아야 한다. 그럼에도 우리가 공유하는 집단 속에서 유사하게 현상을 보는 것은 소위 현상학자인 슈츠(Schutz)의 개념인 '관점의 호혜성', 즉 공동체 속에서는 타인과의 상호작용을 통하여 유사한 방식으로 세상을 본다는 것을 가지고 있기 때문이다. 유사한 방식으로 상식적 지식을 공유하고 현상세계를 경험하기 때문이다. 그렇게 집단 구성원들이 공유하고 있

---

[1] 본문은 부산광역시 교육연수원 연수용(2009년 10월 10일) 원고르서 일부분을 이정선, 최영순 저(2007), 초등학교문화의 이해, 양서원에서 발췌하여 목적에 맞게 재구성하였다.

는 상식적 지식이 그 사회의 하나의 인식론을 형성하고, 여기에 터하여 사회에 따라 서로 다른 관행과 제도를 만들어 낸다. 따라서 이질적인 문화 속에서 상호 작용하고 그 결과 산출된 서로 다른 관점과 제도는 다른 사회에 이식될 때 체제발생의 문제가 발생할 수 있다. 이 점은 교육제도를 이식하는 데도 그대로 적용된다. 교육개혁의 새로운 접근방법으로서 문화가 주목을 받고 있는 이유이다. 교육개혁에 있어서 문화변화의 중요성을 이해하기 위해서 다음의 몇 가지 예시문들을 먼저 살펴보자.

〈문제제기 1〉 토론학습이 성공하지 못한 이유는 무엇인가?(소집단활동의 이유)

대체로 한 개인의 행동양식은 그가 어떠한 환경 속에서 성장했는가에 따라 결정된다. 즉 가정과 학교에서 사회화의 차이가 개인행동의 차이를 낳는다. 역으로 사회도 학교교육의 관행이나 가정교육의 일반을 좌우하기도 한다. 개인과 집단 간 관계도 이러한 영향을 받기는 마찬가지이다. 결국 요구되는 행동은 문화적 환경에 따라 달라진다.

개인주의 문화는 자기의 생각을 분명히 표명하는 것을 미덕으로 삼는다. 자기 스스로 의견을 갖도록 장려되고 자기가 느끼는 것들을 사실 그대로 말하는 것이 진지하고 정직한 사람이다. 그 과정에서 상대방과 반발하는 의견충돌은 한 차원 높은 진실에 도달하는 과정에 불과하다. 오히려 갈등에 대처하는 방법은 일상적인 삶의 한 부분에 지나지 않는다.

반면, 집단주의 가정에서는 아이가 어떤 의견을 말할 때 다른 사람들의 눈치를 보는 법부터 배우게 한다. 집단에 대한 조화와 체면이 중시되기 때문이다. 이런 사회에서는 개인의 의견 자체가 집단에 의해 미리 결정되기 때문에 개인의 독립적 의견은 존재하지 않는다. 또한 내집단과 외집단 간 구분이 명확하여 외집단에는 배타적이지만 내집단에 대해서는 충성과 의무를 대가로 안전과 후원을 보장해 준다.

어린 시절 가정에서 습득된 개인과 집단 간 관계는 학교교육을 통해 더 한층 강화된다. 집단주의 사회에서 학생들은 대체로 큰 집단 안에서 말하기를 꺼린다. 집단 안에 외집단 성원들이 섞여 있다고 생각하기 때문이다. 그래서 학생들은 수업시간에 기꺼이 발표를 하지 않으려 한다. 심지어는 교사가 전체 학급을 대상으로 질문을 던졌을 때도 입을 열려 하지 않는다. 자신은 단지 집단의 일부이고 따라서 집단의 허락 없이 일어서서 말한다는 것은 이치에 맞지 않는다고 느끼기 때문이다. 이러한 사회에서는 교사가 학생을 교정할 때도 학생과 일대일로 맞서는 일은 가급적 피하고 학생의 마음을 상하지 않게 해야 한다. 할 수만 있다면 학생들의 체면을 살려 주는 방향으로 지도해야 한다.

반면, 개인주의 사회에서는 집단주의 사회에서 암묵적으로 인정되는 것조차도 명시적으로

표현을 해야 자신의 능력으로 인정받는다. 따라서 자신의 의견을 명확히 표현하는 것은 학교교육을 통해서 적극 권장된다. 교사가 학생을 교정할 때도 개별적인 학생으로 다루어지며, 따라서 집단적 행동교정 방법보다는 학생 개개인에 대한 책임을 직접 묻는 방법으로 교정을 시도한다. 개인으로 하여금 사회에서 자신의 위치를 스스로 찾도록 준비시키는 것을 교육목적으로 간주하기 때문이다.

이러한 준거에 비추어 보면 우리의 학교 상황은 대체로 개인주의적인 것과 집단주의적인 요소가 혼합되어 있음을 알 수 있다. 그러나 수업에 대한 학생의 참여에 관한 한 아직도 집단주의적 요소가 더 강하게 작동한다. 따라서 학생들은 자발적 참여보다는 교사의 지시에 의한 소극적인 참여가 더 일반적이다.

그럴진대, 이런 상황에서 교사가 학생을 수업에 참여시키기 위해서는 특정 학생을 지목하여 시키거나 아니면 순번제를 적극 활용해야 한다. 그러나 학생들도 체면 손상에 대단히 민감하기 때문에 그러한 위험을 극소화시키는 가장 효과적인 방법은 집단을 최소화하는 일이다. 학생들이 상호구성원을 내집단으로 간주할 수 있도록 해 주는 것이다. 즉 학생들이 언제든지 집단의 허락을 암묵적으로 받았다고 인식할 수 있도록 집단을 최소화해 주는 것이다. 집단주의 사회에서 수업을 활성화시키기 위해서 소집단활동을 권장하는 이유이다(이정선의 교육칼럼 중에서).

〈문제제기 2〉 왜 정책 실명제는 일의 성과를 더 떨어뜨리는가?

일의 성과는 누가 어떤 조건하에서 무슨 생각을 가지고 임하느냐에 따라 달라진다. 프로정신을 갖는 경우와 적당히 일에 임하는 경우 그 결과는 천양지차일 것이다. 개인주의 사회에서 집단목표가 부과되었을 때와 개인목표가 부과되었을 때 작업결과는 판이하게 다르게 나타난다. 마찬가지로 집단주의 사회에서 집단목표가 부과되는 경우와 개인적인 과업이 주어지는 경우 일의 성과 역시 달라지게 마련이다.

미국 출신의 경영연구가인 얼리(Earley)는 개인주의 사회와 집단주의 사회에서 동일한 과제가 부과될 경우라도 근로기풍에 따라 작업결과가 다르게 나타난다는 점을 아주 명료하게 보여 주었다. 48명의 중국 출신 경영실습과 동일한 숫자의 미국 출신자에게 메모작성, 계획평가, 입사후보자들의 지원서 처리 등과 같은 내용이 담긴 40항목의 과제를 동일하게 부과하였다.

실험에 참가한 반수에게는 10명이 1시간에 200항목을 완성해야 하는 집단목표를 부과하였고, 나머지 반수에게는 10명 개개인이 20개 항목씩 개별적으로 완성케 하는 개인목표를 부과하였다. 또한 집단목표 집단과 개인목표 집단 모두에서 각 나라 참여자의 반수에게는 완성된 각 항목마다 자기 이름을 표기하도록 했고, 나머지 반수에게는 무기명으로 작업결과를 제출하도록 하였다.

그 결과, 중국 참여자들은 집단목표가 주어졌을 때 그리고 무기명으로 답을 제출하도록 했을 때 과제를 가장 잘 수행하였다. 이들은 개인적으로 작업을 할 때 그리고 자기 이름을 완성 항목에 기입할 때 수행수준이 가장 낮았다. 그러나 미국 참여자들은 그 반대 결과를 가져왔다. 즉 개인적으로 일을 할 때, 자기 이름을 표시하게 했을 때 일을 가장 잘 수행했던 반면, 집단으로 그리고 무기명으로 작업을 하게 했을 때 수행수준이 가장 낮았다.

우리 사회는 대체로 집단목표와 무기명 과업에 더 익숙해 있다. 그 결과 일본이나 중국과 같이 집단성이 강하지도 그렇다고 미국과 같이 개별성이 강하지도 않았기에 양 사회의 장점보다는 오히려 그 반대 특성이 더 많이 나타났다. 즉 서로에게 책임을 전가하고 적극적으로 일에 참여하지 않은 결과 일의 성과가 떨어진 것이다.

이러한 병폐를 막기 위하여 도입한 개인목표 및 실명제 역시 참가자들이 책임을 적극적으로 도맡아 하려 하기 때문에 누구든 새롭게 독창적인 아이디어를 내서 일을 추진하려고 하지 않는다. 즉 새로운 것을 시도하여 성공했을 때 얻는 기쁨보다 실패에서 오는 비난을 먼저 생각하기 때문에 결국 일을 맡은 사람들은 새로운 일을 의욕적으로 추진하기보다는 과거의 관행을 그대로 답습하게 되고 무사안일에 빠지게 된다는 것이다.

그럴진대 보다 우수한 성과를 얻기 위해서는 먼저 사회가 프로정신을 높이 추앙하는 합일점을 도출해 내거나 그것도 아니면 자신의 아이디어를 의욕적으로 추진하다가 발생하는 실수에 대해서는 구성원들이 상호 관용할 수 있는 사회적 분위기를 만들지 않으면 안 된다. 자신이 맡은 일을 성심성의껏 끝까지 책임을 다하는 자세가 프로정신이다. 과거의 답습이나 무사안일과 달리 자신의 명예와 자존심을 걸고 자신이 한 일에 대해서 자랑스럽게 여기는 태도와 가치 말이다. 인사가 만사일진대 인사 책임자는 사람을 임용할 때 그 일에 대한 전문성과 프로의식을 먼저 따져 보아야 한다. 그것이 학교가 되었건 관공서가 되었건 진정한 프로정신만이 일의 성과를 고양하여 궁극적으로 사회발전을 촉진하기 때문이다(이정선의 교육칼럼 중에서).

〈문제제기 3〉왜 교원평가제에 대해 교사의 인식은 부정적인가?

교육인적자원부에서 최근 교원평가제도 개선방안을 발표하였다. 주요골자는 그동안 인사 관리형 근무평가제도가 교사의 질을 떨어뜨린다고 판단하고 교사의 실무능력을 평가해서 공교육의 질을 향상시키겠다는 것이다. 교장 교감뿐 아니라 학생 학부모 동료교사까지 참여하여 교사의 능력을 다면적으로 평가하겠다고 한다. 학생들은 교사의 수업 내용 및 자질을 평가하고, 학부모는 교사의 공개수업에 참가하여 교사의 수업능력을 평가한다. 평가결과 실무 능력이 현저히 떨어지는 교사는 퇴출도 가능하다는 것이 교육부안의 골자이다.

이로 인하여 교육 현장에서는 입장에 따라 반응이 엇갈리고 있다. 능력 없는 교사는 퇴출되어야 한다고 생각하는 학부모들은 교육부안을 환영하는 반면, 교직 단체들은 교사를 죽이는 반교육적 발상이라며 강력 반발하고 있다. 실제로 교원단체들이 물리력을 행사함으로써 교육부가 주관한 최근의 교사평가제 관련 공청회가 무산될 정도이다.

차제에 개인의 위치나 유·불리함을 떠나서 교원평가제가 과연 우리 사회에 적합한 제도인가, 혹은 우리 사회에서 올바로 작동할 수 있는가를 면밀히 따져 볼 필요가 있다. 특정 제도가 잘 작동할 것인가를 판가름하기 위해서는 먼저 사회의 문화적 특성을 살펴보아야 한다. 즉 새로운 제도가 전체 사회의 문화적 조건과 얼마나 부합하는가를 따져 보아야 한다.

평가제도는 기본적으로 권력거리가 작은 사회의 산물이다. 지적 전문가인 교사와 지적 문외한이자 미성숙한 학생을 동등한 존재로 간주하는 사회에서는 누가 누구를 평가하든 그렇게 중요하지 않다. 그러나 윗사람과 아랫사람, 전문가와 문외한, 성숙한 사람과 미성숙한 사람, 교사와 학생 간 거리가 큰 사회에서는 누가 평가하고 어떻게 평가할 것인가는 심각한 문제가 될 수 있다. 대체로 전자는 후자보다 우수하고 따라서 지적인 면에서나 인격적인 면에서 탁월한 사람이기 때문에 전자에 의해 후자의 모든 것이 결정되어야 한다고 믿는다. 그러므로 후자가 전자를 평가하는 것은 상상할 수도 없는 일이다.

지적 전문성은 차치하고라도 평가를 받는다면 사람들은 대체로 평가자에 민감할 수밖에 없다. 교사들 역시 교육의 본질을 소신껏 추구하기보다는 평가자의 비위를 맞추고 눈치를 보지 말라는 법이 없다. 그렇다면 그렇지 않아도 땅에 떨어진 교사의 권위는 어떻게 세워 주어야 하는가. 그런 속에서 학생지도가 제대로 일어날 수 있는가. 자긍심이 생명인 교직의 성격에 비추어 평가제도로 인하여 교사가 느끼는 자괴감은 또 어떻게 치유되어야 하는가. 권력거리가 비교적 큰 우리 사회의 특성에서 보면 학교장이나 교감과 같은 윗사람이 교사를 평가하는 것은 몰라도 학부모나 학생이 교사를 평가하는 것에 대해서는 심한 부작용을 낳을 것은 뻔한 이치이다.

우리나라는 초등교사에 관한 한 목적형 교사양성제도를 택하고 있고 따라서 임용 시점에서 보면 개개 교사 간 능력은 거의 차이가 없다 해도 과언이 아니다. 이들에게 능력의 우열이 생겼다면 근무하는 과정에서 생겼을 것이고, 지속적으로 자기 성장을 가로막은 근무 여건이 문제일 것이다. 따라서 먼저 근무 여건을 개선하고 자기성장 기회를 부여한 다음 교사의 개인적 게으름이나 나태함을 질책해도 늦지 않을 것이다.

교사의 질을 높이기 위해서 중요한 것은 못하는 사람을 평가하여 수준을 '밀어 올리는' 부정적 접근을 하기에 앞서 잘하는 교사를 권장하는 풍토를 만들어 수준을 '끌어올리는' 방안을 강구하여야 한다. 그래야 못하는 사람도 잘할 수 있는 행동동기가 생기기 때문이다(이정선의 교육칼럼 중에서).

〈문제제기 4〉 왜 교사들은 학부모 도움을 받는 것을 꺼리는가?

낯선 것을 다루는 방식은 사회마다 다르다. 불확실하고 예측 불가능한 상황을 다루는 방식 역시 사회마다 다르다. 불확실성은 때로는 자연현상이나 제도로부터, 때로는 사람으로부터 나타난다. 불확실성에 대한 느낌과 이에 대처하는 방식은 그 사회의 문화적 유산에 속하며 가정, 학교와 같은 기본적인 기관을 통하여 전이되고 강화된다.

이러한 낯선 것, 다른 것 그리고 예측 불가능한 것을 다루는 방식을 미국의 조직사회학자인 마치(March)는 '불확실성의 회피'라고 불렀다. 이는 '한 사회의 구성원들이 불확실한 상황이나 미지의 상황으로 인해 위협을 느끼는 정도'를 말한다.

대체로 불확실성의 회피 경향이 큰 사회는 낯선 것을 위험한 것으로 간주하고 이방인에 대해서도 비교적 배타적이다. 불안하고 애매하기 때문에 그런 상황을 줄이기 위하여 보다 정확하고 명료한 것들을 만들어 내려고 한다. 제도와 규칙을 만들고 불안의 배출구를 찾기 위하여 다양한 노력들을 경주한다. 학교사회도 마찬가지이다. 이런 사회에서는 분명한 주제, 상세한 과제물 그리고 엄격한 시간표가 있는 구조화된 학습 상황을 연출한다. 학생들은 교사가 모든 것을 다 알고 있는 전문가이기를 기대하며 잘 알 수 없는 학문적 언어를 사용하는 교사를 상대적으로 더 존경한다. 학생들은 교사와 다른 의견을 개진하는 것을 꺼린다.

반면, 불확실성을 수용하는 사회에서는 다른 것을 호기심의 대상으로 간주하며 이를 수용하는 폭이 상대적으로 넓게 나타난다. 따라서 지나치게 구조화된 상황을 싫어한다. 학교사회에서도 애매한 목표, 광범위한 과제물 그리고 느슨한 시간표 등 개방적인 학습 상황을 더 선호한다. 학생들은 평범한 언어를 사용하는 교사를 더 존중하며 교실수업도 일상적인 쉬운 용어로 진행될 것을 기대한다. 학생은 교사와 다른 의견도 자유롭게 개진할 수 있다.

학교사회에서 특히 불확실성의 회피 수준과 연관이 깊은 영역이 교사와 학부모 관계이다. 불확실성의 회피사회에서는 교사가 학부모를 청중으로 끌어들이는 경우는 가끔 있어도 진정으로 학부모와 상담을 하거나, 학부모를 학습도우미로 활용하는 경우는 흔치 않다. 학부모는 평범한 객체이고 교사는 전문적 지식을 가진 주체라고 생각하기 때문이다. 그런 사회에서 학부모는 학교사회의 구성원이면서도 동시에 이방인이다. 학생이 낯선 것에 배타적인 것과 마찬가지로 교사도 낯선 사람에 대한 수용 폭이 상대적으로 넓지 못하다. 더더군다나 지적 전문성을 평범한 학부모와 나눈다는 것은 용이한 일이 아니다.

반면, 불확실성의 회피수준이 낮은 사회에서는 학습과정에 외부인을 쉽게 개입시킨다. 학부모도 예외가 아니다. 이런 사회에서는 학습의 내용과 상황에 따라 주체와 객체가 상호 보완 관계에 있다고 생각하기 때문에 학부모에 대한 신뢰수준이 높고 이들을 기꺼이 학습도우미로 활용하려고 한다.

우리의 학교사회는 이러한 기준에 따르면 낯선 것을 수용하는 폭이 상대적으로 적은 사회이다. 그럴진대 교사가 학부모를 수업의 보조자로 활용하거나 학습도우미로 활용하는 일은 생각보다 어렵다. 학부모와 파트너십 관계를 설정하는 것 역시 쉽지 않다. 학부모를 낯선 외부인으로 인식하기 때문이다. 학습도우미 활용을 장려해도 잘되지 않는다. 따라서 학부모를 학습도우미로 활용하기 위해서는 학교를 불확실성이 수용 가능한 사회로 만들거나, 아니면 학부모를 내집단 구성원처럼 신뢰할 수 있는 관계를 설정하여야 한다. 그것도 아니면 전문성이 충분히 검증된 학부모를 활용하여야 한다. 외래의 제도나 관행을 시행할 때마다 제도적인 것보다 사회의 문화적 요소를 더 먼저 고려해야 하는 이유이다(이정선의 교육칼럼 중에서).

그렇다. 문화에 따라 사고방식이 다르고(Nisbett, 2003) 심지어는 객관적으로 규정된 시간의 개념도 다르다(Levine, 1997). 그리고 기업을 조직하는 방식이나 운영하는 방식도 다르다(Hofstede, 1995). 오늘날 교육현상을 이해하는 데 있어서도 마찬가지로 문화의 중요성이 강조되고 있다. 위의 문제제기들은 문화에 따라 교육제도와 관행이 어떻게 달라지는가를 잘 보여 주는 예들이다.

교육은 문화의 반영이자 문화는 교육의 내용이다. 때로는 교육 그 자체를 문화로 보기도 한다. 그러나 문화를 주체로 본다면 문화는 교육목적, 교육방법, 교육환경, 교육실제, 학생의 행동, 학교 경영 등 교육의 제 측면에 끊임없이 영향을 미친다(이종각, 1988). 문화에 따라 수업 방식도 다르고 학생을 통제하는 방식이나 학교와 학급을 경영하는 방식도 달라진다(이정선, 2004). 심지어는 수업 중 의사소통하는 방식도 문화에 따라 다르다(이를테면 Hall의 고맥락적 의사소통과 저맥락적 의사소통 방식). 뒤르켐(Durkheim)의 주장처럼 교육이 추구하는 것이 목적의 문제가 되었든 아니면 사용하는 방법의 문제가 되었든 모두가 사회 · 문화적 요구에 대한 응답이다. 따라서 문화를 이해하지 않고는 학교를 올바로 이해할 수도 없을 뿐만 아니라 학교를 개선하는 일도 불가능하다.

"문화는 어머니요, 제도는 그 자식이다."(Daniel Etounga－Manguelle, 2000. Huntington, 2000: 3, 재인용). 모든 교육정책이나 제도도 문화적 산물이다. 특정 문화적 배경에 따라 그러한 것들은 달라지게 마련이다. 따라서 문화적 배경을 이해하지 않고는 교육제도나 실제적 전략을 올바로 이해한다는 것은 불가능하다. 이 점은 교육개혁을 추진함에 있어서도 그대로 적용된다. 즉 특정 정책이나 제도는 학교 현장에 대한 구체적인 문화를 이해하지 않고는 성공할 수 없다. 특히 외국의 제도나 정책, 교수－학습방법, 학생통제, 수업 구조뿐만 아니라 수업의 실제적 기술을 도입함에 있어서도 문화적 이해의 필요성은 더욱 강조된다. 그러한 것들이 나오게 된 문화적 성향이나 사회 · 문화적인 맥락과 우리의 그것이 다르기 때문이다. 따라서 양자가 어떻게 다른가를 면밀하게 따져 보아야 한다. 그러한 차이를 이해하는 일은 기술적(technical)인 문제를 이해하는 일 못지않게 중요하기 때문이다.

Ⅱ. 문화차원을 통한 교육개혁 내용 이해하기

문화를 이해하는 방법으로 문화유형론(pattern)과 문화차원론이 있다. 전자는 베네딕트(Benedict, K)가 1934년 『문화의 유형』에서 부족사회의 문화를 아폴론적(Appolo) 유형, 디오니소스적(Diongsus) 유형, 패라노이아(Paran)(편집광형)으로 구분한 데서 비롯되었으며 1946년 『국화와 칼』을 통하여 동서양 간 문화의 유형을 '양심의 문화'와 '수치의 문화'로 구분하였다. 반면 문화차원론은 수직과 수평 좌표를 문화의 구성 요소로 나누고 각각의 문화적 특징이 좌표 상의 특정 상태를 나타내게 함으로써 수평과 수직이 만나는 점을 기준으로 문화의 특징을 이해하는 방법이다. 전자가 평면적 2차원적 문화 구분하기라면 후자는 3차원 이상의 문화 구분하기라고 할 수 있다. 학교문화의 변화를 이해하고, 문화변화를 통한 교육개혁의 가능성을 추진하기 위한 기초로서 홉스테드(Hofstede, 1995)가 제시한 문화차원(권력거리, 개인주의 vs. 집단주의, 남성성 vs. 여성성, 불확실성의 회피 vs. 수요, 장기지향성 vs. 단기지향성)의 일부를 간단히 살펴보면 다음과 같다.

1. 권력거리(power distance)

'권력거리'(power distance)라는 용어는 네덜란드 사회심리학자 모크 멀더(Moulder, M.)가 처음 사용하였다. 상사와 부하직원 간 감정적 거리, 혹은 아랫사람이 윗사람에 대한 의존도를 말한다.

〈표 1-1〉 권력거리가 큰 사회와 작은 사회 간 차이

권력거리가 작은 사회	권력거리가 큰 사회
• 인간 간 불평등은 최소화되어야 한다	• 인간 간 불평등은 당연하며 바람직한 것으로 여긴다.
• 약자와 강자 사이에 상호의존이 있어야 하고 어느 정도는 그런 상호의존이 존재한다.	• 약자는 강자에 의존하여야 한다.
• 부모는 자식을 동등한 존재로 대한다.	• 부모는 자식에게 복종을 가르친다.
• 자식은 부모를 동등한 존재로 대한다.	• 자식은 부모를 존경심으로 대한다.
• 수업시간에 교사는 학생이 주도적으로 나올 것을 기대한다.	• 수업시간에 교사가 모든 것을 주도한다.
• 교사는 객관적 진리를 전달하는 전문가이다	• 교사는 자신의 지혜를 전달하는 스승이다.
• 학생은 교사를 동등한 존재로 대한다.	• 학생은 교사를 존경심으로 대한다.
• 교육수준이 높은 사람은 낮은 사람보다 덜 권위적인 가치를 지닌다.	• 교육수준이 높은 사람이나 낮은 사람이나 비슷한 정도로 권위적인 가치를 지닌다.
• 조직 안의 권위는 편의상 만들어진 역할의 불평등을 말한다.	• 조직 안의 위계는 고위간부와 하위 직원 간의 존재적 불평등을 반영한다.
• 조직에서 권력 분산이 흔하다	• 조직에서 권력 집중이 흔하다
• 고위간부와 하위직원 간 임금격차가 작다.	• 고위간부와 하위직원 간 임금격차가 크다.
• 부하 직원과도 상의한다.	• 부하 직원은 지시에 따라 일을 한다.
• 이상적인 상사는 수단이 좋은 민주주의자이다	• 이상적인 상사는 선의의 전제자 혹은 친한 아버지이다.
• 특권이나 지위상징을 언짢게 여긴다.	• 특권이나 지위상징은 당연한 것이며 인기가 있다

위의 <표 1-1>에서 보는 것처럼 권력거리가 큰 사회는 아랫사람이 윗사람에 대한 의존도가 그만큼 높기 때문에 대체로 아랫사람이 윗사람에게 반대 의견을 제시하고 자기 아이디어를 내는 일은 거의 없다. 그만큼 인격적, 정신적 상호 평등관계를 유지하기 어렵다. 반면, 권력거리가 작은 사회는 상하 간의 평등한 수평적 관계가 유지된다. 이러한 기준에 비추어 보면 앞에서 제시한 <문제제기용 인용문 3>은 교원평가제가 권력거리가 낮은 사회의 부산물이라는 것을

알게 한다. 따라서 권력거리가 큰 사회에 적용하기에는 문화적으로
적합하지 않을 수 있고 따라서 부작용이 속출할 수도 있다.

2. 개인주의 vs. 집합주의

〈표 1-2〉 개인주의와 집단주의 사회 간 차이

개인주의	집합주의
• 모든 사람은 자기 자신과 지계 핵가족만을 스스로 돌볼 수 있도록 성장한다.	• 사람들은 확대 가족 혹은 내집단 속에 태어나서 충성심을 바치는 대가로 계속 보호를 받는다.
• 정체감의 근원은 개인 안에 있다.	• 정체감의 근원은 개인이 속한 사회적 그물망 안에 있다.
• 어린이는 '나'라는 의미 안에서 생각하는 법을 배운다.	• 어린이는 '우리'라는 틀 안에서 생각하는 법을 배운다.
• 자신의 생각을 그대로 말하는 것이 정직한 사람의 특성이다.	• 언제나 조화가 유지되어야 하며 직접적인 대립은 피해야 한다.
• 낮은 맥락의 의사소통	• 고맥락적 의사소통
• 규칙 위반을 하면 죄책감과 함께 자기 존중감을 상실한다.	• 규칙위반을 하면 자기 자신과 집단에 대한 수치심과 체면 손상을 느낀다.
• 교육의 목적은 어떻게 학습할 것인가를 배우는 것이다.	• 교육의 목적은 어떻게 행동할 것인가를 배우는 것이다.
• 졸업장은 경제적 가치와 자기 존중감을 높여준다.	• 졸업장은 보다 높은 지위에 들어갈 자격을 부여한다.
• 고용주-종업원 간 관계는 상호이익에 기반을 두는 일종의 계약이다.	• 종업원-고용주 간 관계는 가족관계와 같이 도덕적인 측면에서 지각된다.
• 고용 여부와 승진 결정은 오로지 기술과 규칙에 근거해서만 이루어진다.	• 고용 여부와 승진 결정에 종업원이 속해 있는 내집단이 고려된다.
• 경영은 개인의 경영이다.	• 경영은 집단의 경영이다.
• 일이 인간관계보다 우선이다.	• 인간관계가 일보다 우선이다.

위의 <표 1-2>에서 보는 것처럼 개인과 집단 이익 간의 관계를
나타내는 것으로 개인 간 구속력이 느슨한 사회는 개인주의에 속하

고, 반대로 개인을 집단의 일원으로 보려는 사회는 집단주의에 속한다. 개인주의 문화는 자기의 생각을 분명히 표명하는 것을 미덕으로 삼는다. 자기 스스로 의견을 갖도록 장려되고 자기가 느끼는 것들을 사실 그대로 말하는 것이 진지하고 정직한 사람이다. 그 과정에서 상대방과 빈발하는 의견충돌은 한 차원 높은 진실에 도달하는 과정에 불과하다. 오히려 갈등에 대처하는 방법은 일상적인 삶의 한 부분에 지나지 않는다. 반면, 집단주의 가정에서는 아이가 어떤 의견을 말할 때 다른 사람들의 눈치를 보는 법부터 배우게 한다. 집단에 대한 조화와 체면이 중시되기 때문이다. 이런 사회에서는 개인의 의견 자체가 집단에 의해 미리 결정되기 때문에 개인의 독립적 의견은 존재하지 않는다. 또한 내집단과 외집단 간 구분이 명확하여 외집단에는 배타적이지만 내집단에 대해서는 충성과 의무를 대가로 안전과 후원을 보장해 준다.

이러한 기준에 비추어 보면, 앞에서 제시한 <문제제기용 인용문 1과 2>는 개인주의와 집합주의 사회에 따라 토론학습과 토의학습이 어려운 이유와 정책 실명제가 특정 사회에서 성공하기 어려운 이유를 설명해 준다. 교육개혁을 함에 있어서 문화적 차이를 고려해야 하는 이유이다.

3. 불확실성의 회피 vs. 수용

불확실성의 회피(uncertainty avoidance)란 한 문화의 구성원들이 불확실한 상황이나 미지의 상황으로 위협을 느끼는 정도를 말한다.

불확실성을 수용하는 사회는 대체로 낯선 것을 호기심이나 탐구의 대상으로 삼는 반면, 불확실성 회피 사회는 이질적인 것을 배타적이고 멀리해야 하는 대상으로 간주한다. 이를 표로 나타내면 다음의 <표 1－3>과 같다. 앞의 <문제제기용 인용문 4>는 불확실성 회피경향이 큰 사회에서 학부모의 학습도우미 활용이 어려운 이유를 설명해 주는 기준이 된다.

〈표 1－3〉 불확실성의 회피와 수용사회 간 차이

불확실성 수용문화	불확실성 회피문화
• 불확실성은 생활의 일상적 특징이며, 하루하루를 되는 대로 살아간다. • 낮은 스트레스, 주관적 행복감 • 공격성과 감정을 드러내서는 안 된다.	• 생활 속에 내재해 있는 불확실성은 극복되어야 하는 지속적인 위협요인으로 인식 • 높은 스트레스, 주관적 불안감 • 공격성과 감정은 적당한 시기와 장소에서 분출시켜도 좋다.
• 애매한 상황과 익숙지 않은 모험에 대해 편하게 느낀다. • 더러운 것과 꺼리는 것에 대해 아이들에게 요구하는 규칙이 융통성이 있다. • 다른 것에 호기심을 갖는다. • 학생들은 개방적인 학습 상황을 편하게 느끼며, 좋은 토론에 관심을 갖는다. • 교사들도 '나는 모른다'고 말할 수 있다.	• 익숙한 모험을 받아들인다. 애매한 상황과 익숙지 않은 모험을 두려워한다. • 더러운 것과 꺼리는 것에 대해 아이들에게 요구하는 규칙이 엄격하다. • 다른 것을 위험하게 생각한다. • 학생들은 구조화된 학습 상황을 편하게 느끼며, 정답을 찾는 데 관심을 갖는다. • 교사들은 모든 정답을 알고 있는 것으로 가정된다.
• 반드시 필요한 규칙 이외의 규칙은 둘 필요가 없다. • 시간은 행동의 방향제시를 위한 틀이다. • 게으름을 피워도 편안하게 느낀다. 필요할 때에만 열심히 일한다. • 명료성과 정확성을 학습해야만 한다. • 엉뚱하고 혁신적인 생각과 행동에 대해 수용적이다. • 성취와 자존 또는 소속에 의해 동기화된다.	• 별로 실효가 없는 규칙이라도 감정적으로 규칙을 필요로 한다. • 시간은 돈이다. • 감정적으로 바빠야 한다는 필요를 느낀다. 열심히 일해야 한다는 내적 압력을 느낀다. • 명료성과 정확성이 몸에 배어 있다 • 엉뚱한 생각과 행동을 억누른다. 혁신에 대한 저항이 있다. • 안정과 자존 또는 소속에 의해 동기화된다.

따라서 성공적인 교육개혁을 위해서는 문화에 주목할 수밖에 없고,

문화의 차원에 따라 각국의 문화에 적합한 제도와 방법을 강구하지 않으면 그러한 개혁은 십중팔구 실패할 수밖에 없을 것이다. 그래서 새로운 교육개혁의 해답은 문화에서 찾아야 한다. 지금까지 우리나라에서 교육에 대한 제도나 정책이 수없이 제안되고 시도되었지만 그러한 것들이 결국 대부분 무위로 끝나는 경우가 많았던 점도 이러한 주장의 반증이 아닌가 한다. 따라서 새로운 교육정책이나 제도의 개선은 현실 문화에 대한 올바른 이해와 기술적(descriptive) 개념으로서 문화에 대한 이해에서 출발하여야 한다. 기술문화에 대한 이해를 바탕으로 할 때 소위 우리가 추구해야 할 이상문화로서 규범문화가 의미를 갖기 때문이다.

어떻게 보면, 지금껏 우리의 교육개혁이 대부분 실패한 것도 구조적 차원에서만 문제를 바라보고 규범적 차원 혹은 문화적 차원에서 접근하지 않은 결과이기도 하다. 그렇기 때문에 학교문화를 모르고서는 학교운영을 효율적으로 할 리도 없고 학교의 문제를 제대로 풀 수도 없다. 즉 특정 교육정책이나 제도는 학교현장에 대한 구체적인 문화를 이해하지 않고는 성공할 수 없다. 따라서 학교를 바꾸기 위해서는 먼저 학교문화를 이해해야 하고, 그 바탕 위에 학교문화를 변화시키지 않으면 안 된다는 결론에 도달하게 된다. 문화적 요소를 고려하지 않으면 교육제도를 개선하기 위하여 막대한 자금을 사용한다 해도 기대한 만큼의 효과가 나타나지 않는다. 그래서 제도가 온전하게 발전하려면 인간의 의식과 삶의 태도를 결정짓는 오래된 학교문화의 변화가 일어나야 가능한 것이다.

제2장
직업적 좌절교사의 동료 컨설팅

⟨출처: Lortie, D. 1970. *School Teachers*⟩

Ⅰ. 만족한 젖소가 양질의 우유를 생산한다[2]

위의 그림은 Lortie(1975)의 저서 『학교교사』 커버의 그림이다. 고단하고 피곤한 그래서 교직으로부터 만족을 얻지 못한 교사의 일상적인 모습을 잘 나타내고 있다. 초등학교 교사들은 교직에 대해서 어떤 생각을 하고 있을까? 교사들에게 교직에 대한 태도를 물으면 다음과 같은 답변을 흔히 듣게 된다(Farber, 1991).

---

(1) 나는 학교에서 대단히 혹은 극도의 스트레스를 경험한다: 16.5%(Feitler & Tokar 연구, 1981)~53%(Brown 연구, 1983)
(2) 교직에 강한 불만을 느낀다: 13.1%(Kottkamp외 연구, 1986)~83%(Birmingham 연구, 1984)
(3) 다시 직업을 선택해야 한다면 교직을 선택하지 않겠다: 31%(Goodlad 연구, 1984)~55%(Farber 연구, 1984)

이처럼 교직이라는 직무에 대한 교사의 평가는 대체로 부정적이다. 무엇이 이들로 하여금 교직에 만족하지 못하고 불평하게 하는가? 이와 관련하여 로티(Lortie, 1975)는 교사들이 일하면서 느끼는 어려움의 주요 원인을 교직이라는 과업 및 시간사용과 인간 상호관계 때문이라고 하였다. 전자와 관련하여 교사의 불평은 대표적으로 사무처리(공문), 잡무성격의 의무활동(급식지도, 외부 학생 지도, 감독 등), 수업방해(방송, 전화, 갑작스런 요구, 동료교사의 시간 지체, 촉박한 마감시간), 대규모학급, 성적처리 등 비생산적인 시간 활용의 요구 때문에 나타나며, 후자 즉 인간 상호관계는 문제 행동 학생, 상급 행

---

2) 이하 부산교육연수원 연수용(2009. 7. 29) 자료를 재편집한 것이다.

정가의 간섭, 학부모의 부당한 개입, 동료교사 간의 관계 때문에 나타난다. 대체로 교사들은 이러한 일로 인하여 감정이 상하고 위엄이 손상된다고 느낀다.

일부 교사들은 교직에 대해 (보람과 만족감을 느끼지 못한 것은 차지하고) 단순히 불만에 그치는 것이 아니라 직무스트레스와 탈진으로 인하여 건강을 위협받고 있으며, 교사가 마땅히 가져야 할 헌신과 긍지보다는 사기 저하에 시달리고 있다. 대인 서비스 종사자들에게서 여러 가지 이유로 사기 저하 및 좌절로 나타나는 특별한 양상을 설명하는 용어가 '탈진'(혹은 소진)이다. 그래서 이하 파버(Farber, 1991)의 『교사의 직무스트레스와 탈진』이라는 저서에 입각하여 초등교사들이 느끼고 인지하는 좌절과 딜레마의 현상과 원인 그리고 대처방안을 알아보도록 한다. 이어서 초등교사들에게서 나타나는 두드러진 좌절 현상인 교직으로부터의 좌절, 수업, 승진, 인간관계, 업무 등으로부터 오는 좌절에 대하여 동료교사들을 어떻게 도와줄 수 있을 것인가를 살펴보도록 한다. 이를 통하여 개인적으로는 교직으로부터 만족을 얻고 그 결과가 학생들의 발전과 교직발전으로 이어지게 하기 위해서이다. 기본적으로 인간이 직업에서 행복을 얻으려면 그 일을 좋아해야 하며, 그 일을 지나치게 해서는 안 되며, 그 일에서 성공하리라는 신념을 가져야 한다.

1. 초등교사의 직업적 좌절과 좌절 현상(탈진)

교사의 직업적 좌절을 나타내는 용어로는 탈진이 가장 흔하게 사용된다. '탈진'은 1973년 미국의 임상심리학자인 프로이덴버그(Freude-nberger)가 심리학 전문 저널에서 처음 사용함으로써 알려졌다. 그에 따르면 탈진은 대인 서비스 종사자들에게서 사기 저하로 나타나는 특별한 양상을 지칭하는 것으로 동기부여가 된 근로자들이 지치고 괴로워하면서 스트레스에 대응할 때 나타나는 현상이다. 그 후 탈진은 근로자의 투입(근로자가 직무에 투입하는 것)과 산출(직무로부터 얻는 만족감과 기쁨) 사이의 불일치라고 정의되고 있다. 몇몇 정의를 살펴보면 다음과 같다.

- 자신의 개인적인 욕구를 도외시하고 지나치게 일에 집중하여 피로한 상태로 자신이나 사회의 가치관에 의하여 부과된 다소 비현실적인 기대에 부응하려는 지나친 노력의 결과(Freudenberger).

- 정신적 피로, 인격상실(타인에 대한 냉담), 이해관계 당사자의 개인적 성취 결여 현상(무력감)(Maslach & Pines).

- 에너지, 힘 혹은 자원에 대한 지나친 요구에서 결과되는 신체적, 정서적인 고갈상태로서 지나친 스트레스에 대한 하나의 고통스럽고 파행적인 반응(Mattingly).

- 교사의 노력, 에너지, 직업수행 능력 및 태도를 뜻하는 교사의 대처 자원이 직무와 관련된 스트레서(stressor)를 극복하는 데 실패하는 일련의 조건들(Blase).

- 자신이 실제로 하고 있는 것과 그 대가로 받는 것 사이의 불일치 때문에 생기는 것으로 도움을 제공하는 사람이 적극적인 문제해결을 통해서 경감시킬 수 없는 스트레스3)와 긴장을 경험할

---

3) 탈진은 스트레스 그 자체의 결과가 아니라 조정되지 않는 스트레스(핑계, 완충제, 후원체제가 없는)의 결과이다. 즉 부정적 스트레스의 여건을 성공적으로 대처하지 못한 과정에서 마지막으로 나타나는 단계가 탈진이다(Farber, 1991).

때 발생하는 것. 스트레스에 대한 비적응적인 반응 이외에 도덕적 목적의식 혹은 헌신감의 상실 현상. 특징으로는 학생을 향한 동정심과 인내력을 상실하고 자신의 어려움을 학생에게 대상화시켜서 비난함. 변화에 대한 낙관주의 상실. 직무 외의 일에서 충족감을 얻으려 함(Cherniss).

- 개인의 특징이나 개인 내부적인 것이 아니라 사회의 특징(전문 직의 지위와 영역과 권한을 바라보는 사회적 견해)을 반영하는 복잡한 심리적 특성(Sarason).

- 노력과 대가 사이의 현저한 불일치에 대한 개인의 인식에서 비롯된 직무 관련 증후군이며 이러한 인식은 개인, 조직, 사회적 요인의 영향을 받음. 전형적인 특징으로는 고객을 피하고, 고객에 대해 냉소성을 띠며, 정신적 육체적 피로를 보이며 성급함, 근심, 슬픔, 저하된 자존심 등과 같은 심리 증상을 나타냄(Farber).

파버(Farber, 1991)는 교사의 직업적 좌절(탈진) 과정을 여섯 단계로 나누어 제시하였는데, 그 전개과정은 (1) 열정과 헌신을 다함, (2) 개인적, 직무 관련, 사회적 스트레스 요인에 대해 좌절과 분노로 반응, (3) 자신의 무가치성을 인식, (4) 헌신 기피, (5) 다양한 신체적, 인지적, 정서적 증상에 취약함, (6) 고갈 느낌으로 이어진다. 이러한 과정을 초임교사가 교직사회화 과정에서 나타나는 직업적 좌절과정에 적용해 보면 다음과 같다.

처음에 교사는 교직이 사회적으로 유의미하며 개인적으로도 대단히 만족을 줄 것으로 느끼면서 열정과 헌신을 다한다. 현실적으로 교직의 어려움(직무와 인간관계)은 개인적 신념과 환경의 취약성과 상호 작용하여 그리고 사회적 가치관과 상호 작용하여 좌절감을 낳고 직무의 가능성과 자신이 원하였던 직무에 대한 투자를 재평가하게 만든다. 산적한 과제는 많은데 자신의 노력은 보잘것없고 무의미한 것으로 보인다. 직무에 덜 투지하여 그 대가를 거의 얻지 못하고 더 움츠러든다. 학생들의 주의산만은 더 짜증스럽고 교실 소란은 더 괴로우며, 아동은 주의를 덜 기울이고, 학부모는 더 많이 요구하고, 행정가는 덜 민감하고 동료들은 덜 후원적이라고 느낀다. 처음의 교직관은 쇠퇴한다. 에너지가 고갈된다. 쉽게 분노한다. 학생의 요구가 정당하게 보일 때조차도 자신의 욕구를 우선시한다. 신체적 증상(두통 등)이 직무수행에 화나도록 미친다. 직무는 본래 그 의미를 상실한다. 급여를 받으려고 다닌다. 이직 후 어디서 무엇을 할 수 있을 것인지 어려운 문제이므로 다음 날 수업 준비를 체념적이고 기계적으로 받아들인다.

탈진은 개인차가 있긴 하지만 광범위하게 확산된 것으로 보이며 경험하는 교사의 비율도 갈수록 증가하는 것으로 나타났다. 미국의 전국교육협회(NEA) 조사에 따르면, 1938년 37.5%, 1952년 43%, 1967 - 1976년 사이 78%의 교사가 교직으로부터 심한 스트레스를 경험한 것으로 조사되었으며, 93%의 교사가 탈진을 경험했다고 응답하였다(탈진 여부를 판단하기 위하여 오늘날은 Maslach의 탈진 검사(MBI)와 교사태도척도(TAS)가 사용된다).

물론 탈진 교사가 나타내는 증상은 개인차가 있다. 일반적으로 정신적, 신체적으로 피로를 느끼며 대개 자극 과민성, 불안, 분노, 슬픔을 자주 느낀다. 정신적 좌절은 신체적 증상(불면증, 위궤양, 두통, 고혈압)으로 이어진다. 탈진하게 되면 직무에도 직접적인 영향을 미치는데, 수업계획의 횟수는 그전보다 줄어들고 주의 깊게 하려 하지도 않으며, 학급을 대하는 열성이나 창조적으로 가르치려는 노력도 줄어든다. 결근을 하는 경우도 생기고 학생들에게 갖던 호감이나 학생들의 미래에 대해 갖던 낙관적인 생각도 줄어든다. 학급 소란이 생기거나 학생의 진전(성적 향상 등)이 나타나지 않으면 쉽게 좌절하고 학생들과는 더 소원한 심리적 거리를 유지하며, 행정가와 학부모에게는 더 심한 적개심을 갖는 경우도 있다. 교직에 대한 회의와 냉소적 시각을 가지며 자기 경시적인 방식으로 자기를 바라본다. 교직을 선택한 것을 후회하며 떠날 수 있는 방법이 없는가를 모색한다(Farber, 1991). 탈진을 겪고 있는 교사의 신체적, 심리적 증상은 다음과 같다.

- 만성적인 피로를 호소하며 퇴근 후 집에 와서는 몇 시간이고 침대에 쓰러져 있다.
- 불안정, 수면 장애 등으로 긴장, 기분전환 불능, 일과 후 우울증 등이 나타난다.
- 조그만 일에도 두려워하며 지나치게 조심하고 자신의 안전에 대해 걱정한다.
- 탈진한 교사는 신체적 증상(복통, 구역질, 호흡곤란, 빠른 심장박동, 두통, 현기증, 식욕상실, 이명, 근육경직, 식은땀)의 빈도나 강도가 현저히 높다. 신체적 질병(궤양, 신장병, 담낭질환, 심혈관 질환, 우울증, 고혈압, 위장장애)의 빈도도 더 높다.
- 눈물, 악몽, 만성적 질병, 성적 장애(무능력, 불감증, 성욕부진), 목 잠김, 음주문제 등이 더 자주 발생한다.
- 대인관계에 있어서 자신감이 결여되고 더 많은 갈등이 야기된다(가정생활의 불화, 친구, 동료교사, 행정가, 학생과의 갈등 빈발).

2. 탈진 관련 변인

교사들은 왜 직업적으로 좌절을 느끼는가? 물론 교사들이 각기 다른 원인으로 탈진을 하기 때문에 단일한 설명은 곤란하다. 거기에 교직으로부터 보람과 만족을 얻지 못하고 좌절하는 경우는 교사의 개인차에 따라 다르다. 일반적으로 직업적 좌절과 관련된 변인은 다양하다. 교사의 연령 및 교직경력과 같은 개인적 변인에서부터 일의 결과에 대한 통제력이 없는 무력감, 개인의 이상과 기대와 같은 내부적인 원인, 생활의 목적과 의미상실, 부적절한 직업요구, 학생 비행, 비성공적인 행정적 회의, 지나친 사무, 승진기회의 부족, 학부모와 지역사회의 지원 부족, 학생의 낮은 동기, 교사의 역할 갈등과 모호성, 인간관계, 빈약한 경제적 조건(낮은 급여), 행정적 지원의 빈약성에 이르기까지. 이러한 변인을 정리한 파버(Farber, 1991)에 따르면, 교사의 직업적 좌절(탈진)은 교사 개인의 성격적인 변인에서 직무 혹은 조직의 특성 그리고 전체 사회적인 변화 등과 상호 연관되어 있다.

가. 직업적 좌절교사의 성격적 특성

- 이상주의적이고, 열정적인 교사가 탈진에 더 취약하다. 강박관념이 있고, 이상주의적이고 열정적이고 헌신적인 교사는 노력에 대해 상응하는 대가가 주어지지 않으면 심하게 실망한다.
- 지나치게 높거나 비현실적인 목표를 갖는 교사는 탈진에 노출되기 쉽다(탈진은 목표에 대한 접근 상실 때문).

- A형의 교사4)가 B형 교사보다 탈진에 노출되기 쉽다.
- 직무를 통하여 자아실현과 자존감, 존경과 인정과 같은 고차원
  적 욕구가 방해받을 때 더 쉽게 탈진하게 된다.
- 통제의 소재(locus of control)에 있어서 외적 통제 유형의 교사(자
  신의 운명은 외적 요인에 의해 통제된다.)가 탈진을 더 겪기 쉽다.
- 모호함을 견디지 못하는 교사들이 더 많은 스트레스와 탈진을
  경험한다.
- 탈진은 성별, 연령, 담당 학년에 따라 다르게 나타난다(여성보다
  남성교사에게 더 잘 일어나고, 나이든 사람보다 40세 미만 교사
  에게, 독신일수록, 대규모 학교에 근무할수록, 많은 학생을 가르칠
  수록, 도시 학교에 재직할수록 스트레스와 탈진에 노출되기 쉽다.).

나. 조직 혹은 직무와 관련 요인

- 대학에서 배운 내용과 학교 현실과의 괴리
- 교직에 대한 이상적인 기대와 충족되지 않은 현실 상황
- 문제학생(학생폭력), 교실에서의 훈육문제, 학생들의 무관심
- 행정가의 행정적 둔감성(자신의 지위를 말썽 없이 유지하기):
  행정가가 호의적이지 않고, 폭력에 대한 교사의 두려움에 민감
  하지도 않으며, 관료적 규정과 규칙을 강제하거나, 안전한 학습
  환경을 조성하는 데 아무것도 해 주지 않는 경우

---

4) A형의 교사는 극도의 경쟁성, 공격성, 성취욕구, 서두름, 조급함, 시간에 대한 압박, 책임감을
   보여 주는 행동을 하며, 그렇기 때문에 성취지향적이고 경쟁적이며 성급하며 말을 많이 하고
   독일 병정같이 긴장된 안면 근육을 나타내며 많은 책임감을 느낀다. 이들의 부정적 특징은 타
   인에 대한 분노, 공격성, 적대감이다.

- 중앙 행정관료의 무능력: 무능력하고 무관심하고, 지나치게 비용만 생각하고, 교사들에게 생긴 문제를 방치할 경우
- 비이성적이거나 무관심한 학부모들: 지나친 간섭과 개입이나 무관심
- 일반인 및 대중의 부정적인 평가
- 과밀학급: 교사 1인당 지나치게 많은 학생 수(훈육문제 발생)
- 장애 학생 통합 교육으로 인한 교사의 업무 증대
- 과도한 문서처리 업무(교사의 수업 시간 수 vs. 업무 처리 시간 수: 25.5시간 vs. 24.9시간: 통계청 1989년 자료): 그동안 배운 것(교수)보다는 사무직원이 해야 하는 비전문적인 업무를 교사가 함으로써 값진 시간을 낭비한다.→자율성과 전문성의 상실.
- 불충분한 급여 및 승진기회 부족: 단계가 없는 수입 프로파일
- 타 성인으로부터의 고립과 심리적 공동체 의식 결여: 개인주의 (교직은 고독한 직업이다.)
- 그 외 역할의 모호성, 역할 갈등, 역할 과중도 교사의 탈진과 직접적으로 연관된다.

3. 초등교사의 직업적 좌절에 대한 대처방법

교사가 경험하는 좌절과 직무스트레스는 교육력에 심각하고 부정적인 영향을 미치며, 이들의 사기, 근무의욕, 교직 그 자체 또는 학생들에 대한 관심 등에 부정적인 영향을 미친다는 점에서 이러한 문제는 시급한 개선이 요구되는 사안이다.

교사의 직무스트레스를 완화하기 위해서는 그것이 탈진의 결과라면, 스트레스 완화 방법을, 탈진의 원인이라면 원인의 해결을 통한 탈진의 예방 방법을 강구하여야 할 것이다. 파버(Farber, 1991)에 따르면, 교사의 탈진에 대처하는 방법으로 다음과 같은 세 가지를 들고 있다. (1) 교사의 권한을 증가시키고 교직을 한층 전문화시키고자 하는 일반 차원의 학교개혁, (2) 긴장완화 훈련, 시간관리와 사회적 후원 같은 개인적 차원, (3) 교사센터와 학교 내 관리팀 구성과 같은 단위학교 차원.

여기서는 거시적인 학교 개혁을 통한 교사의 탈진완화 방법은 생략하고 개인적인 차원과 단위학교 차원에서 할 수 있는 방안에 대해 알아본다. 먼저, 개인적인 차원에서는 직무와 관련된 부정적인 스트레스를 감소하려고 노력해야 한다. 이를테면 직무 외에서 만족을 얻는 것, 자신의 직무 상황을 타인의 상황과 비교하는 것, 직무의 나쁜 상황을 변화시키려고 하는 것 그리고 직무 상황의 긍정적인 상황을 부각시키는 것 등.

해크만(Hackman, 1970)은 스트레스에 대처하는 일반적인 네 가지 전략을 다음과 같이 제시하였다. (1) 스트레스가 가득한 상황에 대항하는 명백한 행동: 반항, 비난, 적개심 표현 등, (2) 스트레스의 원인을 피하는 행동: 회피, 참여하지 않기, 체념, 나태, 도피, (3) 스트레스 원인에 굴복하거나 동조하는 행동: 영합, 지나친 협조, (4) 전형적인 심리 메커니즘을 통한 상황의 왜곡: 부인, 감정전이, 반응구조, 분석. 따라서 기본적으로 직업적 좌절교사는 스트레스 관리 기법을 배울 필요가 있다. 스트레스 감소 전략의 범주에 들어갈 수 있는 활동으로는 명상, 긴장완화 훈련, 조깅, 수영, 그 밖의 육체적 운동, 취미

활동, 새로운 과정 수강 등이 있다. 에어로빅, 식습관의 변화, 시간관리 기법 사용, 정신건강의 날 운영 등도 여기에 포함된다.

둘째, 심리태도와 지향점을 변화시켜 스트레스의 유발 요인이 되는 특정 인식을 바꾸는 방법이다. '나는 완벽해야 한다.' '나는 언제나 열심히 일하고 강해야 한다.' '사람들에게 싫다는 말을 해서는 안 된다.' '학생을 똑같이 사랑해야 한다.'는 인식에서 벗어나도록 노력해야 한다. 이를 위하여 위기의 순간에 스스로를 지탱할 수 있는 신념이나 이념을 발견하고 몰두하는 일이 필요하다.

셋째, 탈진을 예방하기 위해서는 개인이 보살핌을 받고 사랑받으며 존중되고 소중하게 여겨지며 의사소통과 상호의무라는 망으로 이루어진 사회적 후원집단에 가입할 필요가 있다. 공식적인 후원집단은 정보를 공유하고 정신적인 후원을 하며 격려와 조언을 하기 위하여 정기적인 모임을 갖는 단체(연구회, 학술단체, 동호회, 연구소 등)이다. 이러한 단체가 경청(조언이나 판단을 배제한 채 적극적인 경청자), 전문적 후원(지속적인 지적 자극, 도전, 창의성), 전문적 도전, 정신적 후원(내 편이고 내가 하는 일을 제대로 평가하는 사람이 있는 것), 정신적 도전, 현실 공유 등과 같은 역할을 수행한다면 더욱 좋을 것이다.

넷째, 단위학교 내에서는 학교장이 교사들의 직무 스트레스를 완화하고 탈진을 예방해 주는 필수 요소이다. 교사들이 보살핌을 받고 있다고 생각하도록 하기 위해서는 다음과 같은 것들을 학교장이 해야 한다.

```
- 의사결정 과정에 교사를 참여시키기
- 교사들과 서면 및 구두 의사소통을 증가하기
- 교사의 훌륭한 노력을 인정하고 후원하기
- 새로운 일을 시도하도록 격려하기
- 훈육정책에 대해서 명확한 지침을 제시하기
- 피드백을 수용하기
- 교사에 대한 외부인사의 부당한 요구로부터 그들을 보호하기
- 교사 도우미 조직하기
- 가정과 학교 간 더 많은 유대 형성하기
- 혁신적인 프로젝트를 개발하도록 더 많은 시간 주기
```

그 외에도 학교장은 학교구성원들의 스트레스 관리 프로그램, 건강 프로그램, 직원 지원 프로그램의 개발 및 운영을 통하여 스트레스를 완화하고 탈진을 예방할 수 있어야 한다.

다섯째, 제도적으로 워크숍이나 연찬회, 연수 등에 참여하는 것이다. 이때 내용은 스트레스 관리 기법, 시간관리 기법, 역할놀이 기법, 감정의 통제 방법, 대인 관계 능력, 사회성 발달 등을 통하여 직무스트레스와 탈진에 대처하도록 한다. 더 나아가 제도적으로 교사 안식년제를 실시하여 휴식과 여유를 통하여 교직에 입문 당시 초심으로 되돌아갈 수 있는 계기를 마련해 주는 것도 중요할 것이다.

끝으로, 학교공동체를 구성하는 것이다. 공동체는 구성원 간 공유된 가치, 헌신, 이상을 토대로 한 사회적 관계구조이며, 공유된 가치, 신념, 감정의 결속체이다. 학교에 그런 공동체를 형성함으로써 구성원 간 유대를 통하여 정신적 후원이 가능하도록 하자는 것이다. 학교공동체는 학교구성원 간 지향하는 이념적 요소들로서 공유 가치, 평등과 참여기회의 개방, 가치 및 신념을 통한 결속, 공동 활동, 자율과 책임, 헌신과 신뢰, 상호 보살핌과 지원적 인간관계, 헌신적인

과업 수행, 내부적인 통제방식, 연대를 통한 관리 및 평가, 상호 이해와 존중을 기초로 형성되기 때문이다(김성열, 2001).

Ⅱ. 영역별 초등교사의 좌절 및 동료 컨설팅

증상에 대한 진단을 통하여 원인을 밝히고 그 원인에 따라 처방이 달라지듯, 좌절에 처한 교사 개개인의 특성에 따라, 사안에 따라 접근하는 방법도 달라야 할 것이고 동료교사의 컨설팅 내용이나 방법도 달라져야 할 것이다. 기본적으로 직업적 좌절에 처한 교사는 직업적 무력감에 빠져 있는 경우가 많기 때문에 자발적으로 동료 컨설팅을 원하지 않는다는 점에서 그리고 접촉과 노출을 싫어한다는 점에서 접근부터가 용이하지 않을 수 있다. 컨설팅이 일상적인 전문적 조언을 구하거나 제공하는 행위인데, 의뢰인의 자발적 요청이 전제되지 않고는 정보 제공이나 자문이 용이하지 않게 된다. 대인관계 방법이나 상대방의 마음을 움직이게 하는 방법은 일반적으로 상담에서 제시하고 있는 다양한 기법을 활용할 수밖에 없을 것이다.

초등교사들에게 직업적 좌절을 안겨주는 요인은 매우 다양하다. 이를테면 학생의 규율문제, 학생의 무관심, 과밀학급, 지나친 행정적 사무와 시험, 부적절한 급여, 비지원적이고 요구가 많은 학부모, 행정적 지원의 부족, 교사에 대한 공공의 비난 등 (Faber & Miller, 1981). 대표적인 몇몇 사안을 중심으로 동료 컨설팅 방법을 시론적으로 모색해 보고자 한다. 여기서는 거시적으로 제도의 변화나 새로운 학교

문화의 형성 그리고 학교공동체 형성 등의 방안은 생략한다. 또한 구체적으로 컨설팅을 위한 팁(tip)도 제공하기가 용이하지 않다.

1. 직업적 스트레스

본문의 처음에 인용한 것처럼 기본적으로 교사들에게 교직은 매력적인 직업이 아니다. 물론 매력5)도 있다. 그러나 대내외적인 환경적인 요구가 그것에 대처하는 능력을 초과하여 나타나는 경우가 많다. 교직의 복잡하고 다양한 직무와 얽히고설킨 구성원 간 인간관계 때문에 교사들은 크고 작은 스트레스에 시달리고 있다. 거기에 더하여 무시할 수 없을 정도로 강한 외적 압력이 이들을 짓누르고 있다. 교육은 지식의 영역이 아니라 의견의 영역이라 생각하고 누구나 관여하기 때문이다. 우리 사회에서 교직에 대한 외적 압력의 대표적인 것들은 일반 대중의 교직에 대한 인식과 언론의 교직에 대한 비판의 목소리일 것이다.

그런데 지금까지 교직에 쏠린 대중의 관심과 언론의 이미지는 긍정적인 것이 별로 없다. 거의 모든 교육개혁의 논의에서 교사는 그들이 차지하는 중요성이나 비중에도 불구하고 개혁과정이나 실행과정에 직접 참여가 배제된 것은 차지하고라도 주체로서보다는 개혁의 대상으로만 다루어져 왔다. 1970년 이후 시작된 여러 교육개혁 운동은 교사의 강점이나 전문성을 강화하기보다는 대중이 인식하고 있던

---

5) 로티(Lortie)는 교직의 매력(유인자)으로 인간 상호관계, 서비스직, 계속성, 물질적 이득, 근무시간의 융통성을 들었다.

교사의 약점을 줄이거나 예방하는 데 초점을 두었다. 우울하게도 학교교육문제는 교사로부터 비롯되었다는 것이다.

일반 대중들이 교직에 대해 가지고 있는 인식도 전반적으로 부정적이다. "교사들은 쉽게 가르친다. 방학이 있다. 하는 일에 비해 너무 많은 급여를 받는다. 교사들의 불평이 지나치게 많다. 할 수 있는 다른 일이 없기 때문에 교직에 남아 있다." 등등. 지금까지 언론에 비친 교직과 교사에 대한 이미지도(정확한 분석은 없지만) 긍정적이기보다는 부정적이다. 교사들이 문제의 해결책이기보다 문제의 원인이라는 진단이 더 많았다.

최근 어느 신문에서는 공교육 발전의 주체로서 교사의 역할을 규정하고 있는 것이 아니라 사교육의 천적으로 교사를 규정하였다. "학교 교사들이 학원 강사보다 더 열심히 가르치면 어느 학부모가 비싼 돈 내고 학원을 보내겠냐."고 주장하면서 사교육 대책의 해법을 교사 경쟁력 끌어올리기에서 찾아야 한다고 주장하였다. 언론이나 일반인들의 교직에 대한 시각은 교사의 어려움을 이해하기보다는, 교사의 직무수행상의 성공을 인정하기보다는 마치 취약점과 실패만을 찾아 비난하는 것처럼 보이며, 적은 실수조차도 일반화하고 확대하려는 태도로 일관하고 있다. 그렇지 않아도 교직 자체가 주는 직무 스트레스도 적지 않은데 이러한 부정적 비판은 교사들에게 무기력을 넘어 탈진으로까지 이어지게 한다.

이러한 외적으로 오는 교직에 대한 비우호적 태도에 더하여 내적 구성원들의 교직에 대한 평가 역시 우호적이지 못하다. 로티(Lortie, 1975)는 교사로 하여금 자신들이 하는 일에 대한 확신을 갖지 못하게 하는 것은 가르치는 일의 불명료성, 불확실성, 교사와 학생관계의 불확실성 그리고 학생에게 일어나는 변화의 불가측성 때문이라고 하고, 이는 입문이 용이한 교직 체제 그리고 단계성이 없는 경력라인(승진제도)에서 비롯되었다고 해석하였다. 이러한 불확실성은 결과적으로 교직의 기술을 복잡하게 만들었으며, 교사들로 하여금 교직에 대한 긍지와 심리적 보상을 얻는 데도 어렵게 하였다는 것이다. 이러한 외적으로 부정적 평가는 자기성찰을 통한 교직의 전문성을 확보하는 방법밖에 없다.

서비스직은 대체로 스트레스를 많이 받는다. 교직은 대민 서비스직이면서도 그 활동이 교육을 중심으로 이루어지기 때문에 다른 서비스직보다 스트레스를 더 많이 받는 직업이다. 직업적 스트레스는 요구와 통제 간의 상호작용의 결과인데, 교직은 요구수준이 높으면서도 교사의 통제가 낮은 직업이기 때문에 스트레스가 심하다. 그 외에도 정서 및 문제행동을 보이는 학생의 통제가 어렵기 때문에, 무능한 관리자 때문에, 관료주의와 과도한 업무 때문에 교사는 스트레스를 많이 받는다. 험프리스(Humpreys)는 이러한 직업적 스트레스 대처방법으로 균형 잡힌 생활방식, 건강한 식생활, 신체적 체력, 긴장 이완(요가, 명상요법, 점진적 근육이완법, 최면, 자율훈련, 시각화)을 들고 있다. 전직을 못 할 바에야 이러한 스트레스 완화 방법을 활용하는 것이 한 방법일 것이다.

교사들이 직업적 스트레스 원인으로 가장 많이 들고 있는 것이 동료교사와의 관계이다. 따라서 동료교사로부터 오는 스트레스를 완화시킬 수 있는 방법에 대해서 컨설팅을 해 주어야 한다. 동료교사 간 관계가 건강하고 공개적이고 협조적이며 역동적인 경우는 거의 없다. 실제로 서로 경쟁하고 반목하고 쑥덕거리고 비난하거나 고립되고 소외감을 느끼는 동시에 의존적이고 공격적인 성향을 보인다. 동료 간 절대적 지지가 필요한데도 불구하고 말이다. 따라서 동료교사 간에서 오는 스트레스를 줄이고 원만한 지지적 관계를 유지하기 위해서는 동료들과의 원만한 의사소통이 중요해진다. 이때 필요한 것은 사람들 간 성숙한 접촉을 막고 방어적인 태도의 악순환을 가져와서 비협조적이고 위협적인 분위기를 조성하는 방어적 의사소통에서 필요를 자유롭게 표현하는 그래서 구성원 간 지지를 도출하는 개방적 의사소통으로 전환하는 일이다. 개방적 의사소통은 개방성과 친밀성, 상대방에 대한 이해를 인식하고 경험하는 의사소통이다. 이러한 의사소통을 하려면 스스로 적절하고 능력 있는 존재라고 느껴야 하며 자신에게 타인을 도울 수 있는 능력이 있다는 점을 믿어야 한다. 또한 자신의 약점과 취약점을 인식하고 적절할 때 이를 드러낼 수 있어야 한다. 동료교사 간 상호작용이 활발하고 다양할수록 사고, 문제해결, 지원, 계획, 보살핌, 창의성의 발휘가 더 유리하다. 험프리스(Humpreys) 방어적 의사소통과 개방적 의사소통의 특징을 제시하면 다음과 같다.

방어적 의사소통	개방적 의사소통
• 판단적 태도(타인 비난 책망) • 통제적 태도(지시, 명령, 통제) • 전략적 태도(적대적 침묵, 한숨, 언어조작) • 중립적 태도(철회, 전환, 무시, 분산, 변명) • 우월적 태도(조언, 추천, 진단) • 확신적 태도(설득, 훈계, 논쟁)	• 비판단적 태도 • 자유재량에 맡기는 태도 • 자연발생적 태도 • 감정이입적 태도(상대방의 경험을 보고 느끼려 시도한다.) • 동등한 태도(상대방의 행동방식과 의견에 귀를 기울이고 이를 존중한다.) • 조건적 태도(대안이 있을 수 있음을 인정한다.)

동료교사들과의 개방적 의사소통을 통하여 스트레스를 줄이는 일 외에도 동료교사의 도움과 지지를 적극적으로 구하고 받는 교사의 태도도 중요하다. 도움을 받으려면 상호 판단하거나 비난하지 말아야 한다. 동료교사의 반응으로부터 독립적일 수 있어야 하고, 자신의 약점과 취약점이 드러나더라도 이를 통하여 성장할 각오를 해야 한다. 이를 위해서는 지원을 구하고 받는 것이 업무에서 오는 스트레스를 줄이는 데 도움이 된다는 점을 이해하고, 자신의 감정을 존중하고 소중하게 여기는 능력과 자신의 감정을 식별하고 완전히 개방된 태도로 감정에 대해 말하는 능력을 갖춰야 한다. 그리고 동료교사의 지원을 구하기 위해서는 자신의 약점을 보일 수 있고 타인의 시간과 관심과 보살핌을 신뢰하고 받을 수 있는 마음가짐을 가져야 한다.

2. 수업으로부터 좌절

초등교사는 학교시간의 대부분은 수업을 하면서 보낸다. 그러한 수업에서 보람을 느끼지 못한다면 대부분의 학교시간은 피곤하기 이를 데 없을 것이다. 재미있고 유익한 그러면서도 감동이 있는 수업이 잘 안 되는 것이 교사를 힘들게 한다.

그럴 때는 먼저, 수업에 대한 생각을 조금 바꾸어 보거나 수업문화를 새롭게 변화시켜 보는 것도 방법이 될 수 있다. 기존의 수업문화는 지극히 개인주의적이어서 가르침의 경험을 소통하는 대화의 문화가 존재하지 않았다. 즉 가르치는 사업은 동료 상호 간의 일이라기보다는 개인적인 일이라고 생각한다. 그래서 수업에 관한 한 왕도가 없다고 생각하고 스스로 해답을 찾으려 한다. 어떤 직업이 전문직으로 인정받고 발전하는 이유는 그 직업의 구성원들이 공공의 핵심적인 관심사에 대해 독특한 지식을 공동으로 소유하고 있어야 함에도 불구하고(전문직일수록 문제해결을 위하여 함께하는 공동체의 노력이 있어야 한다.) 교직은 그렇지 못한 것이 현실이다.

다음으로, 수업변화의 방향을 검토해 보아야 한다. 기존의 교실수업의 변화에 대한 시도가 주로 수업의 구조를 바꾸려고 노력한 결과 규범적 변화를 등한시했기 때문에 수업을 바꾸려 해도 잘 변화되지 않았고 그 속에서 교사들이 좌절을 경험하였다. 여기서 구조변화란 조직이나 구조를 바꾸자는 것이고, 규범적 변화는 그것을 작동시키는 사람의 생각을 바꾸자는 것이다. 구조적 변화가 제도나 조직의 변화를 시도하는 것이라면, 규범적 변화는 사람들이 수업에 대해 생각하고 느끼고 행동하는 방법을 바꾸는 것을 말한다. 좀 더 구체적으로 말하면 규범적 변화란 교육자가 학습이나 학습을 지원하는 교수의 본질에 대해 기존에 생각하고 있던 것을 바꾸는 것이다. 이는 무언가 새로운 것을 배우는 과정이며, 학습과정을 통하여 새로운 프로그램이나 개념이나 아이디어에 대하여 이해를 심화시키는 과정이다. 이를테면 새로운 학습지도안을 학교에 도입하면, 이는 교사들이 지도안을 작성하는 방법에 변화를 주겠지만 그러나 교수에 대한 교사의 관점을 변화시키지는 못한다. 규범적 변화는 교사가 사물을 보는 시각, 믿는 것, 원하는 것, 아는 것, 행하는 것에 대한 관점의 변화를 시도한다. 따라서 교실수업의 변화를 위해서는 단순히 구조적 변화만 시도하면 변화는 지속되지 못하고 형식적으로 표면만 바뀌다 만다. 그렇기 때문에 교실수업을 진정으로 변화시키려고 한다면 구조적 변화와 아울러 규범적 변화가 동반되지 않으면 안 된다. 그런 교사들의 수업에 대한 생각을 바꾸고 실천할 수 있도록 지원하는 역할을 하는 사람이 컨설턴트이다.

또한, 수업에 대한 과학적 측면의 편향에서 벗어나서 예술적 측면을 강조하는 접근을 고려해 볼 필요가 있다. 여기서 수업에 대한 과학적 측면이란 객관적 관찰에 의해서 설명하고 예측할 수 있는 수업 활동으로 여기에는 표준적인 교육과정, 표준적인 교과서, 표준화된 교수-학습방법 및 평가가 상정된다. 훌륭한 교사는 그러한 객관적이고 표준적인 행동을 잘 따르는 사람(기능인)이다. 이런 상황에서 교사의 수업 행위는 융통성 있고 창의적인 활동이기보다는 주어진 목표에 도달하기 위한 효과적인 교수 전략을 따라가는 거의 기계적인 활동으로 간주된다. 여기에는 교사의 창의성이나 수업에 대한 예술적 감각이 그다지 개입될 여지가 없다. 교사의 통찰력이나 감수성 대신 정해진 수업의 틀에 충실한 것이 중요하다. 교사 학생 간 가슴과 감동으로 어우러지는 상호작용이 잘 일어나지 않는다. 수업 분석 역시 지금껏 과정-산출식 분석에만 의존했거나 수업모형과 결과 간 상관관계에 기초하여 교실수업을 이해하려는 노력들이 주류를 이루어 왔다. 그 속에서 그것을 따라가지 못한 교사는 스스로 좌절을 경험하였다.

이러한 단순히 수업모형과 효과 간 관계 분석에만 의존하는 방법은 교사에게서 활력을 빼앗고 더욱 지치게 한다. 이를 극복하기 위해서는 무언가 새로운 방식으로 교실수업을 이해할 수 있어야 한다. 그러한 방식 중 하나가 수업과 연관되는 교실의 상황맥락과 교사가 제시하는 주관적 상황정의 그리고 수업을 둘러싼 사회문화적 조건으로까지 이해를 확대하는 일이다. '수업비평'이 그 대안이다(이혁규, 2008). 이는 교육현상의 복잡하고 미묘한 특징을 섬세하게 구분할 수 있는 능력을 길러서 감식자가 지각하는 것을 타인에게 이해 가능한 형식으로 표상화하자는 것이다. '교사와 학생이 함께 구성해 가는 수업 현상을 하나의 분석 텍스트로 하여 수업활동의 과학성과 예술성, 수업참가자의 의도와 연행, 교과와 사회적 맥락 등을 종합적으로 고려하면서 수업을 기술, 분석, 해석, 평가하는 비판적이고 창조적인 글쓰기이다.

끝으로, 수업에 대한 문화적 접근을 시도해 보는 것이다. 성공적인 교수-학습방법에 관련되는 요인이 워낙 많기 때문에 일일이 거론할 수 없지만 교실수업에서 활용하는 교수-학습방법에는 기본적인 우리 사회의 문화적 습성과 부합하지 않는 수업 방식이 있을 수 있다. 이를테면 문화적 관점에서 보면 협동학습은 전통적으로 집단주의의 문화적 오리엔테이션을 강조한 사회의 산물이며, 개별학습은 개인주의 사회의 산물이다. 그럴진대, 우리 사회에서는 어떤 수업방식이 적합한 방식인가에 대한 대답도, 기술적인 문제나 교사나 학습자의 문제라기보다는(물론 그러한 문제도 없지 않다.) 역시 문화적 관점에서 찾아져야 할 것이다. 수업형태와 방식이 그리고 수업 중 학생들에게 기대되는 활동이 특정 수업형태의 요구 때문이 아니라 문화적으로 다른 관점 때문에 그렇게 될 수 있다는 의미이다.

왜 학생들이 개별과제보다는 협동과제를 더 선호하는가? 왜 학생들은 고학년이 되면 수업 중 적극적으로 발표를 하려 들지 않는가? 토의학습이나 토론학습을 시키면 왜 싸움이 일어나는가? 왜 수업 중 엉뚱하거나 기발한 질문을 용납하지 못하는가? 왜 교육과정은 학생

중심으로 운영될 수 없는가? 왜 초등교사들이 통합교육과정을 운영하는 일이 어려운가? 대집단활동보다는 소집단활동이 더 선호되는가? 왜 공개적으로 특정 학생을 칭찬하면 교실의 화합을 손상시키는가? 왜 학습방법의 학습이 성립하지 않는가? 등등은 학생 개인의 주관적이고 심리적인 혹은 발달적인 측면에서가 아니라 그리고 교사의 수업 기술적인 문제가 아니라 사회문화가 갖는 수업에 대한 관점 차이 때문에 실제가 달라지는 것들이다.

따라서 교사들의 의도대로 수업이 진행되지 않을 때는(수업 관련 요소들을 점검해 보고, 최선을 다했음에도 문제가 풀리지 않으면) 학습자의 적극적인 참여 부족이나 자신들의 수업 기술의 부족을 고집하지 말고, 특정 수업방식이 자신의 교실수업의 전체적인 맥락에 적합한 것인지를 한 번쯤은 반문해 볼 필요가 있다.

* 동료수업컨설팅을 위한 tip

○ 내가 하고 싶은 말을 하기보다 실제 수업에서 필요한 것이 무엇인지, 교사들에게 필요한 것이 무엇인지를 미리 연구한다(수업자에 알맞은 수업 클리닉 준비).
○ 의뢰자에게 지도 조언을 하려면 먼저 컨설턴트가 제대로 알아야 한다. 수업의 전문성은 많은 수업을 연구하고 공개하는 과정에서 길러진다. 수업의 안목은 많은 수업을 해 보고 많은 수업을 볼 수 있을 때 가능하다(동 학년 중심 학습공동체의 선 협의 후 수업활동: 수업자 선정→수업 과목 및 차시 선정→학습공동체 구성원 수업 차시 연구→선 협의→자료 제작→수업관찰→수업 후 협의)(새교육, 2009년 3월호).
○ 최신의 정보와 지식의 공유를 위해서는 전문적인 지적 공동체의 일원으로 활동하면서 새로운 지식 생산의 주체가 되어야 한다(학회 활동, 교과연구회 활동).
○ 자세와 관련하여 동료교사의 수업연구를 지원하고 도와주는 데서 기쁨을 얻는 봉사 정신이 필요하다.
○ 개인적 배타적 수업문화를 협동적 동료성의 수업문화로 바꾸어야 한다(소통의 부재 해소).

3. 인간관계로부터 좌절

학교구성원 간 인간관계는 다양하다. 교사를 중심으로 행정가(관리자) 간, 학생 간, 학부모 간, 동료교사 간 관계가 그것이다. 다양한 관계만큼이나 관계의 유형이나 형태도 다양하고 관계를 잘하기 위한 전략도 다양할 것이다. 서로 간 갈등과 그 속에서 느끼는 좌절에 따라 대처방법도 다양하겠지만 원론적으로 동료교사를 위하여 인간관계에 대한 지도 조언을 할 수 있는 것은 인지적 접근, 정서적 접근 그리고 문화적 접근이 있다. 인관관계에서 발생한 문제의 현상(증상), 원인, 결과를 분석하고 거기에 적합한 지식을 제공하는 것이 인지적 접근이라면, 이야기를 들어주고 정서적 지지 및 이해를 보내는 것을 정서적 접근이라 할 수 있다. 문화적 접근은 더 나아가 구성원 간 상호 소통의 방법을 모색하는 것이다. 이질적인 문화 혹은 사고방식을 가진 사람들 간 의사소통 능력을 증진하기 위해서 동료가 해 줄 수 있는 방법으로는 인식, 지식, 기술의 3단계를 적용해 보는 것이다.

여기서 인식이란 내가 일정한 방식으로 성장했기 때문에 일정한 정신적 소프트웨어(사고방식)를 지니고 있으며, 다른 환경에서 자란 사람들은 같은 이유로 다른 정신적 소프트웨어를 지닌다는 사실을 인식하는 단계[6]이다. 다음으로 서로 다른 사회화 과정을 가지고 있는 사람들과 상대하려면 우리는 이들의 사회화 과정 및 배경이 되는 문화에 대해서 배워야 한다. 다른 문화에 대한 타당한 지식을 얻기

---

6) 문화상대주의에 따르면 문화(사고방식)에 따라 모든 것이 다르다. 동일한 사건도 문화에 따라 서로 다르게 반응한다. 문화에 따라 동일한 현상도 다르게 보인다. 시간 개념도 문화에 따라 다르게 이해된다.

위해서는 처한 상황과 경험에 대한 정보가 필요하다. 그래서 문화를 구성하는 요소인 상징, 영웅, 의식에 대해 알아야 한다. 다른 문화의 가치는 흡수하지 못할지라도 적어도 그들의 가치가 우리의 가치와 어떻게 다른지 정도는 지적 수준에서 이해하고 있어야 한다. 홉스테 드(Hofstede, 1995)는 앞에 인용한 것처럼 문화 간 차이를 권력거리, 개인성과 집단성, 불확실성의 회피와 수용, 남성성과 여성성 그리고 장기지향성과 단기지향성의 차원으로 나누어 제시하고 있다. 끝으로 기술은 인식과 기술에 실천을 보탠 것에 기반을 두고 있다. 우리는 다른 사람의 가치와 사고방식을 이해하기 위해서는 역지사지하고 상대방의 처지를 간접 경험을 통해 체험해 볼 때 상호 간 소통능력이 습득되는 것이다.

4. 승진으로부터 좌절

교사의 직업적 좌절은 열심히 일해도 그것에 대한 보상이 기대에 미치지 못하거나 없을 때 자주 일어난다. 여기서 보상이란 물질적 보상뿐만 아니라 성취, 인정감과 같은 심리적 보상도 포함된다. 교직에서 보람과 만족을 얻는 것은 사람마다 천차만별이기 때문에 모두 승진을 추구한다고 할 수도 없으며, 승진을 추구하다가 뜻을 이루지 못했다 해서 반드시 직업적 좌절을 경험한다고 할 수도 없다. 대체로 승진으로부터 교사가 받는 스트레스는 '단계가 적은 수입 프로파일'이라는 교직 특유의 승진제도에서도 비롯되지만 승진을 위한 준비과정에서 관리자의 평가로부터 오는 경우가 오히려 더 많다.

이인효(1990)에 따르면 우리나라 교직문화는 수평적 조직과 수직적 역할분담 조직에서 교사가 담당하는 역할을 해석하고 실천하는 원리로서 나타난다. 수평적 조직과 관련된 활동을 이끄는 인지적 원리는 수업활동을 이끄는 '실력'과 학생지도 활동을 이끄는 '온정'인 반면, 수직적 조직 속에서 교장, 교감, 동료교사들 간의 관계를 이끄는 원리는 '유능'과 '복종'이다. 유능의 원리는 교사의 능력은 학생들의 성적으로 평가된다는 규범이며, 복종은 승진을 하기 위해서는 교장의 지시에 잘 따라야 한다는 원리이다. 학생들의 성적으로 평가되는 교사의 능력은 교과지도를 잘하는 '실력'과 학생들의 동의를 창출할 수 있는 '온정적 학생통제'를 얼마나 잘하느냐에 달려 있다. 현행 학교 구조 속에서 교장의 요구에 대한 '복종'은 교사의 개인적 승진과 연관된다. 그런 점에서 교사의 승진으로부터 오는 좌절은 관리자와의 인간관계에서 비롯되는 것이 더 많다(문제는 상호 복합적이지만).

성취와 만족을 위해 노력할 가치가 없다고 생각하는 동료교사를 도와줄 수 있는 방법은 무엇인가? 기본적으로 의식의 전환이나 교사의 교직생활을 통한 보람과 만족원이 무엇인가를 깨닫게 하는 방법밖에 없다. 좌절은 다른 것으로라도 보상받을 때 해소된다. 그러면 교사는 무엇으로부터 보람과 만족을 얻는가? 대체로 승진이나 금전적 보상과 같은 위생적 변인은 전문직의 내적 관족을 얻게 하는 동기적 변인에 비해 보람과 만족을 얻게 하는 데 비교적 영향력이 적다. 교직의 보상체계는 대체로 교사들의 노력과 능력의 변화에 부응하도록 되어 있지 않다. 로티(Lortie, 1975)에 따르면, 교직과 같이 단계가 없는 수입 프로파일의 직업에서는 교사가 열정을 다 바친다

해도 그에 걸맞은 금전적인 보상이 반드시 주어지는 것은 아니다. 일에 대한 관여도와 금전적 보상은 일치하지 않으며, 만족도 역시 관여도와 정적인 관계에 있지 않다.

교직에서의 보상은 크게 세 가지로 나눌 수 있다: 외재적 보상, 보조적 보상, 심리적 혹은 내재적 보상. 외재적 보상이란 어떤 역할을 함으로써 얻는 것으로 금전적 소득, 위신, 다른 사람에게 행사하는 권력 등이 여기에 속한다. 보조적 보상은 생각하기에 따라 달라지는 보상으로 근무시간의 융통성, 깨끗한 작업 환경 등과 같은 것이다. 심리적 보상은 전적으로 일을 하는 과정에서 이루어지는 주관적 평가에 근거하는 보상이다. 전통적으로 교사들의 보람은 명예, 권력, 금전적 보상 등 외적 보상보다 가르치는 일로부터 느끼는 기쁨과 같은 심리적 보상을 더 중요하게 생각하였고 그것은 수업의 결과에 대한 관심 즉 학생들의 성취와 연관이 더 있는 것으로 나타났다. 로티(Lortie, 1975)에 따르면, 교사들은 심리적 보상을 직업 만족감의 가장 중요한 원천으로 생각한다(외재적 보상 11.9%, 보조적 보상 11.7%, 심리적 보상 76.5%). 여기서 가장 큰 심리적 보상은 '한 학생 혹은 학생집단에 영향을 주어 그들이 무언가를 배웠다는 것을 알 때', 즉 가르치는 일의 즐거움에서 가장 큰 것으로 나타났다.

로티(Lortie, 1975)는 계속해서 교사들이 언제 가장 높은 성취감을 느끼는가에 대해서 아동의 변화, 제자의 성공 사례를 통하여(즉 제자들이 교사의 은혜를 알아줄 때), 성공적인 대회나 발표회를 했을 때, 객관적인 학습결과의 우수성, 학생들이 학교와 학습목표에 관심을 갖기 시작할 때, 특별한 프로젝트를 수행할 때, 타인으로부터 인정받을 때라고 밝히고 있다. 따라서 교사의 일에 대한 동기의 대부분은 매일매일의 과업, 즉 학생들을 실제로 가르치는 일을 중심으로 해서 유발된다. 외적 보상으로서 승진도 교직의 목표가 되겠지만, 승진으로부터 좌절을 경험한 교사들에게는 내적 만족을 추구함으로써 교직의 더 큰 보람을 느끼도록 하는 것이 필요할 것이다.

5. 업무로부터 좌절

교사의 업무와 관련하여, 대체로 교사들은 학교에서 교수-학습활동을 하고 학생지도를 하는 것을 교직의 고유의 일이라고 생각한다. 그러나 교사들이 학교에서 이러한 일 말고도 해야 하는 일로서는 문서처리 등 행정적인 일이 더 있다. 이를 '업무'라고 하는데, 교사들이 업무가 많다는 의미는 통상 이러한 행정적인 일이 많다는 의미로 받아들여진다. 특히 교육자치가 실시된 이래 공문이 더욱 많아졌다고 한다. 지역에 따라 차이가 있기는 하지만 대체로 일 년 중 1,500건에서 3,000건의 공문이 일선학교에 접수된다고 한다. 공문의 과다는 교사들이 의당 업무라고 생각하는 일을 방해하기도 하지만, 공문 중 학교에서 전시적인 성격의 행사를 요하거나, 불필요하다고 여겨지는 공문작성 그리고 공문을 처리하는 데 드는 시간의 촉박함이 교사들의 불만거리라고 한다.

교사들은 업무를 의당해야 하는 교육활동과 구분하여 추가적으로 해야 하는 일로 간주하는 경향이 강하며, 교사가 주관적으로 판단하여 교육적인 의미가 약하거나 그에 반하는 업두, 아니면 교사가 하지 않아도 되는 일은 '잡무'로 인식하기도 한다. 교사들이 잡무로 인식하여 기피하는 일로는 대외 학생 지도 업무, 공문처리 업무, 상급 기관 관련 업무 등을 들 수 있으며, 교사들의 업무 부담을 가중시키고 심리적으로 불편하게 하는 것들은 대체로 잡무에 속한다. 특히 상부로부터 하달되는 지시, 그중에서도 교수와 생활지도와 거리가 먼 업무는 잡무에 포함된다.

그런데 업무는 다른 영역과 달리 교사 개인이 정할 수 있는 것이 아니다. 사무분장이나 그 과정에서 동료교사들과 관계에서 발생하는 갈등이나 스트레스는 개인적인 접근방법을 활용하여야겠지만, 기본적으로 학교 전체 단위에서 업무를 처리하는 방법을 사전에 명료하게 정해 놓지 않으면 안 된다. 업무 분담과 관련하여 학교에 사전 규칙을 정하거나 관리자가 정하기보다 교사들이 정하게 하는 방법이 교사 스트레스를 줄이는 방법이다.

교사가 업무로부터 좌절하는 이유는 할 수 있는 것보다 더 많은 것을 요구받았을 때, 그것을 성취하기 위하여 과로하다가 좌절한다. 물론 교사 개개인의 목표가 무엇인가에 따라 그리고 그들이 가지고 있는 역량에 따라 일의 과다는 문제가 되지 않는 경우도 있다. 그러나 대체로 지나친 요구에 결과되는 신체적, 정서적 고갈이 좌절로 이어지는 경우가 많다. 이럴 경우 업무를 줄여 주고 지나치게 일에 헌신하려는 노력을 줄이도록 생각을 바꾸게 해야 한다. 업무와 잡무를 구별하여 필수 불가결한 업무가 아닌 잡무를 줄여 주도록 해야 한다. 그 외에도 다양한 업무 처리 방식을 학교가 공동으로 고민해야 한다. 거기에는 관리자가 역할갈등을 사전에 해소하는 방법, 규칙이나 규정을 제정하는 방법, 개개 교사 간 협상력을 높이는 방법을 통하여 업무를 처리하게 하면 된다(ex.『세계문화와 조직』, 홉스테드)(ex, 직물염색공장의 판매부와 제조부 간 갈등: 권력자의 관리부재(최고경영자의 명령) vs. 구조의 부재(구체적 규칙제정) vs. 상황요구 경시(개인들의 협상기술 연마)).

보다 적극적으로는 업무 처리 능력의 부족에서 오는 좌절 및 자괴감은 새로운 업무 처리 능력의 습득으로부터 즉 직무능력 개발을 통해서 극복 가능하다. 동료교사에게 그러한 연수에 참여하도록 권장하는 것이 가능한 방법일 수 있다.

Ⅲ. 결론: 연구하는 교사는 좌절하지 않는다

앞에서 교사의 직무스트레스를 완화하거나 탈진을 예방 혹은 치유할 수 있는 몇 가지 방안을 제시하였지만 그럼에도 근본적으로 이러한 문제가 해결되는 것은 아니다. 개별사안(이를테면 수업, 생활지도, 인간관계, 승진, 업무, 학교 풍토 등)에 따른 좌절의 유형별 처방도 달라져야 할 것이고 사람에 따라 적용하는 것도 달라야 할 것이다. 내용도 중요하지만 동료 컨설팅을 위하여 의뢰자와 컨설턴트가 해야할 역할 역시 다양하게 규정될 수 있을 것이다.

그렇다면 보다 근본적으로 교사의 좌절을 예방하고 교직 안팎으로의 도전을 교사들은 어떻게 대처해 나가야 하는가? 앞에서 언급한 것처럼 개인의 직업적 좌절(탈진)에 대해서는 개인적인 대처 방안을 강구할 필요가 있겠지만 전반적으로 교사는 자신의 실존적 가치에 대한 자신감을 가짐으로써 탈진이 극복 가능하다는 점에서 자기성찰의 필요성을 강조하고자 한다. 그리고 교사가 스스로 전문성을 확보하고 있을 때 탈진은 예방 가능하다.

교사가 자기성찰을 해야 하는 이유는 여러 가지가 있겠지만 교사가 연구를 통하여 자기성찰을 함으로써 스스로 변화의 동인이 될 수 있기 때문이다. 사회의 변화는 사람의 변화에서 시작되고 사람의 변화는 내적인 자기성찰에서 비롯된다. 구슨(Goodson, 1992)은 학교문화 변화의 주역으로서 자기성찰적 교사(self-monitoring teacher), 연구자로서 교사(teacher as researcher), 전문가로서 교사(the teacher as extended professional)가 되어야 한다고 주장한다(이정선, 2005 재인용). 이러한 개념은 교사가 연구자로서 느끼는 일종의 자각이다. 연구를 하면서 자신을 뒤돌아보는 자기성찰의 과정이다. 연구를 진행하지 않았더라면 전혀 이루어지지 않았을 타성에 젖어 있을 자기 자신에 대한 반성인 셈이다. 이는 '처방된 프로그램을 실천에 옮기는 수동적인 실천자'로서 교사의 개념을 거부하는 것이다. 따라서 교사가 연구자가 된다면, 그들은 많은 부분 교직의 좌절 요소를 스스로 극복할 수 있을 것이다.

제3장
연구자는 좌절하지 않는다

Ⅰ. 교육공무원의 연구동아리활동의 필요성[7]

교육공무원을 포함한 공무원들이 연구를 통하여 얻을 수 있는 이점은 무엇인가? 다양한 대답이 가능하겠지만 첫째, 연구자는 시대의 변화에 발 빠르게 적응할 수 있다(시대의 변화, 사회발전 선도, 새로운 공무원상 정립). 오늘날 미국사회에서 분야별 변화의 속도를 미래학자 앨빈 토플러는 다음과 같이 기술하였다.

---

7) 전남교육청 연구동아리 운영의 활성화 방안 관련 특강 자료(2009. 9. 17)를 재편집한 것이다.

<표 3-1> 미국사회의 변화 속도(앨빈 토플러)

변화 속도	업 종
시속 100마일로 달리는 차	기업체
시속 80마일로 달리는 차	NGO 및 사회단체
시속 60마일로 달리는 차	가정
시속 40마일로 달리는 차	정부, 공공기관
시속 30마일로 달리는 차	공무원
시속 10마일로 달리는 차	학교

이상에서 보는 것처럼 공무원과 학교의 변화 속도가 가장 느리다. 따라서 사회의 빠른 변화에 적절하게 대처하기 위해서는 이들 집단도 변화에 대해 민감하지 않으면 안 된다.

유사한 관점에서 일본의 노무라연구소에서 내놓은 사회발전 단계를 보면, 오늘날 창조화 시대에 부응하기 위해서는 공무원이 무엇을 어떻게 해야 하는가를 잘 보여 주고 있다.

<표 3-2> 사회발전 단계별 특징(일본 노무라연구소)

구분	농경시대	공업화 시대	정보화 시대	창조화 시대(crebiz)
시기	BC 3C -	18C -	20C 후반 -	21C -
혁명	농업혁명	산업혁명	정보혁명	창조혁명
가치	공동화	표준화	시스템, 네트워크화	사이버네틱스화
법칙	자연법칙	정치법칙	경제법칙	문화법칙
생산형태	소품종소량	소품종대량	다품종소량	다품종단종
권위	봉건	집권	분권	개성
기술	도구	엔진에너지	컴퓨터통신	이메지네이션
추구	豊穀多産	重厚長大	輕薄短小	假想無限
인체	발	손	눈, 귀, 입	머리
주도국	이집트, 중국	영국	미국	?

둘째, 연구를 하면 보이는 것도 다르게 보인다. 이 내용은 강의시간에 구체적으로 설명되었다.

- 동일한 사건도 해석이 다르다(ex, 텍사스 공대 총기사건, 『생각의 지도』, 니스벳).
- 현상을 다르게 보면 돈이 된다(ex, 도요타 자동차 광고).
- 시간 개념도 해석방식에 따라 다르게 이해된다(ex, 『시간은 인간은 어떻게 지배하는가』, 레빈).
- 문제의식과 해결방식도 문화에 따라 다르다는 것을 알게 된다(『세계문화와 조직』, 홉스테드)(ex, 직물염색공장의 판매부와 제조부 간 갈등: 권력자의 관리부재(최고경영자의 명령) vs. 구조의 부재(구체적 규칙제정) vs. 상황요구 경시(개인들의 협상기술 연마)).

셋째, 연구를 하면 일하는 것도 재미있다(『호모루덴스』, 호이징하). 연구에 몰입하다 보면 일하는 보람이 배가되고, 놀이가 즐거운 것처럼 자발적으로 하는 연구 역시 즐거워진다(『미하이 칙센트미하이』). '知之者 不如好之者 好之者 不如樂之者(지지자 불여호지자 호지자 불여낙지자)'이다. 즉 아는 것은 좋아하는 것만 못하고, 좋아하는 것은 즐기는 것만 못하다. 따라서 일을 할 때도 즐길 줄 알아야 한다.

노동기반사회의 핵심원리가 근면·성실이라면, 지식기반사회의 핵심원리는 재미이다. 즉 땀에 젖기보다 즐거움에 젖어야 한다. 일하는 것이 재미있으면 근면 성실하지 말라 해도 근면·성실해진다. 이러한 예는 주위에서 얼마든지 찾아볼 수 있다. 누군가 우스갯소리로 만들어 낸 이솝 우화에 나오는 개미와 베짱이의 현대판 버전이 그것이다. 우리가 잘 아는 개미는 근면성실의 대명사이고, 베짱이는 게으르고 나태함의 대명사이다. 개미가 겨울을 위하여 여름 내내 일하는 동안 베짱이는 시원한 그늘에 앉아서 노래나 부르고 있었다. 추운 겨울이 닥치자 먹을 것이 없는 베짱이는 개미에게 구걸을 한다. 그래서 근면 성실한 개미의 삶과 즐기기만 한 베짱이의 삶이 대비된다. 그런데 지식기반사회에서는 자기가 하고 싶은 것을 해야 부가가치를 산출한다고 한다. 여름 내내 쉬지도 않고 일한 개미는 비록 먹을 것을 장만하지만 겨울이 되자 관절이 도져서 오히려 벌어놓은 것보다 더 많은 병원비가 들어간다. 반면, 자기가 하고 싶은 음악을 실컷 했던 베짱이는 콘서트를 열어 많은 돈을 벌었고, 겨울이 되자 병석에 누워 있는 개미를 지원하는 좋은 이웃이 된다. 자기가 하고 싶은 일을 하면 즐겁고 스트레스도 없이 돈도 벌지만, 무조건 근면 성실하게만 일한 결과는 산업화 시대와 달리 지식기반사회에서는 환영받지 못한다는 이야기이다.

넷째, 연구는 다문화 사회에서 문화적 소통 능력인 인식, 지식, 기술능력을 향상시킨다. 앞 장에서 이미 인용한 것처럼 여기서 인식이란 내가 일정한 방식으로 성장했기 때문에 일정한 정신적 소프트웨어(사고방식)를 지니고 있으며, 다른 환경에서 자란 사람들은 같은 이유로 다른 정신적 소프트웨어를 지닌다는 차이 및 사실을 인정하는 것을 말한다. 지식이란 서로 다른 사회화 과정을 가지고 있는 사람들과 상대하려면 우리는 이들의 사회화 과정 및 배경이 되는 문화 내용에 대해서 알아야 하는데, 이때 내용을 말한다. 다른 문화에 대한 타당한 지식을 얻기 위해서는 처한 상황과 경험에 대한 정보가 필요하다. 그래서 문화를 구성하는 요소인 상징, 영웅, 의식에 대해 알아야 한다. 다른 문화의 가치는 흡수하지 못할지라도 적어도 그들의 가치가 우리의 가치와 어떻게 다른지 정도는 지적 수준에서 이해하고 있어야 한다(문화 간 특수한 문화와 일반적 문화의 차이 깨달기). 그리고 실천적 기술은 인식과 기술에 실천을 보탠 것에 기반을 두고 있다. 우리는 다른 사람의 가치와 사고방식을 이해하기 위해서는 역지사지하고 상대방의 처지를 간접 경험을 통해 체험해 볼 때 상호 간 소통능력이 습득되는 것이다.

다섯째, 연구는 자기성찰을 통한 성장이 가능하게 한다. 그런데 여기서 중요한 것은 전문성은 주어지는 것이 아니라 자기성찰을 통해 길러진다는 것이다. 그리고 본인이 수많은 경험을 통하여 축적한 임상적 경험과 노하우를 연구를 통하여 캐내고 성문화함으로써 하나의 지식으로 만들어 낼 수도 있을 것이다. 여기서 장자가 설명하고 있는 도와 그것을 캐내는 방법으로서 연구를 상정해 볼 수 있다.

장자의 도살업자에 대한 이야기이다. 소 잡기를 시작한 지 얼마 되지 않은 초보자는 날마다 칼을 갈아도 다음 날이면 다시 칼을 갈아야 하는 번거로움을 면할 길이 없다. 한 10년 가까이 동일한 일을 하다 보면, 칼을 가는 횟수는 현저하게 줄어들지만 그럼에도 비숙련 도살업자는 그 일을 계속해야 한다. 그러나 20년을 넘게 소 잡기를 계속한 도살업자는 칼날을 사용하는 대신에 칼등으로도 소의 뼈와 살을 쉽게 분리해 낼 수 있다. 뼈와 살 사이에 기공이 보이기 때문이다. 동일한 일을 반복해서 오래 계속하다 보면 그 일에 대한 노하우(know-how, 비법)가 축적되고 그러한 축적된 경험이 '도'에 통할 수 있다는 이야기이다. 오늘날과 같은 전문가 사회에서는 어느 분야에서건 그러한 축적된 전문적인 경험을 필요로 하게 되었고, 새로운 분야의 초보자들은 그러한 경험자의 전문성을 내면화함으로써 전문가에 입문하게 된다. 예컨대 의료인, 법조인이나 공학을 전공으로 하는 사람들이 오랜 기간의 체험을 바탕으로 한 그들만의 직업 사회화에 대한 가시화된 전문성을 가지고 있다는 것을 인정하는 일에 우리는 아무도 인색하지 않다. 즉, 법과대학 학생들은 판례를 가지고 있고, 의사들은 수 세기에 걸친 경험즉 치료법을 가지고 있으며, 건축가는 축적된 공학적 전문성을 가지고 있다고 당연히 인정한다. 당면하는 문제를 해결하는 데 있어서, 초보자들에게 이들의 임상적 경험은 어떠한 이론보다도 오히려 더 중시된다고 한다. 그런데 문제는 오랫동안 축적된 노하우를 가진 동일한 전문직이면서도 교직에서는 다른 전문 분야와 달리 현장으로부터 이러한 축적된 노하우를 캐내는 작업을 소홀히 해 오고 있다. 즉 교직에서는 대학에 기반을 둔 다른 전문직에서 볼 수 있는 것처럼 주요 문제와 대안들에 대한 경험들과 실제 지향적인 탐구가 지속적으로 이루어지는 경우가 거의 없었고, 설상가상으로 가르치고 배우는 일에 대한 단편적인 일이나마 성문화하는 작업을 소홀히 한 결과 가르치고 배우는 일에 대한 교수활동에 대한 기록을 거의 찾아볼 수가 없게 되었다. 초보자들이 이러한 자료를 활용할 수 있는 적절한 기회도 주어지지 않았던 것이 우리의 실정이다.

결과적으로 우리의 교육 현실 속에서 현장 교사들이 오랜 기간 축적한 전문성을 그렇게 존중하지 않는 풍토를 낳게 하였다. 대신에 수입된 교육이론을 어떻게 하면 시행착오를 줄이면서 우리 교육 현장에 적용할 것인가에 관심의 초점을 두어 왔다고 해도 과언이 아니다. 즉 교사들의 살아 있는 현장 이야기보다는 현실과 동떨어진 추상적인 이론들이 우리의 교육실제에서 더 중요한 비중을 차지해 오고 있다. 그 결과 추상적인 이론들은 교육과정이나 방법에 대한 이해를 돕기보다는 오히려 교육 현실에 대한 그릇된 인식마저 심어주는 결과를 초래한다는 우려의 목소리도 나오고 있는 실정이다. 따라서 이제는 추상적인 이론이나 수입된 외래이론을 교육 현장에 적용하기보다는 교육 현장으로부터 교육에 대한 축적된 이론을 캐내야 할 때라고 생각된다. 우리의 교육 현장에서 축적된 '교육적 도'를 캐내어 성문화하고 이를 활용하는 풍토가 조성되어야 한다. 현장교사들이 느끼고 소유하는 일상적이고 실질적인 교실경험에 대한 논의와 교사들의 주관적인 세계에 대한 이해는 교육 현장에 녹아 있는 이러한 '교육의 도'가 무엇인지를 알게 해 주는 하나의 단서가 될 것이다. 이제는 교사들이 쌓아 놓은 '교육의 도'가 무엇인지 그리고 이를 어떻게 캐낼 것인가에 교육 관련자들의 관심을 경주할 때이다(이정선의 칼럼, '교육의 도' 중에서).

II. 연구 동아리 활성화를 위해 필요한 Tips

1. 전문 리더가 있어야 한다(비전 제시, 이론과 방법 제시, 격려)(회장과 총무의 자기희생).
2. 회원 확보를 위한 노력이 있어야 한다(하고자 하는 사람이 있을 것, 자기변화에 대한 확신: 참여자가 무언가를 얻고 자신이 발전을 느끼게 할 것): 정예요원 확보
3. 추구하고자 하는 목표를 명확하게 정해야 한다.
* 미하이 칙센트미하이, 『몰입의 즐거움』
4. 구체적으로 실행계획을 세워야 한다(매년 운영계획서 세우기): 가능한 활동 목록 찾기 (스터디, 워크숍, 초청강연, 선진지 견학, 친목…)
* 구체적이고 자세하게 하기, 처음에는 한두 가지 활동으로 시작
5. 회원의 필요와 수준에 적합한 프로그램을 만들어야 한다(스터디 할 것: 마인드 형성 중요).
* 책읽기의 중요성(시카고 대학교 허친스 총장의 Great Books Program)
6. 프로그램의 실천을 위한 방법을 고안하여야 한다(구체적 실천 전략 수립 후 실천하기).
7. 실천사례(결과) 및 우수사례에 관한 정보 공유의 기회를 제공해 주어야 한다: 워크숍과 사례보고회 등을 통한 발표 기회 제공.
8. 사업 후 평가를 하고 그 결과에 대한 집단적인 반성의 기회를 제공하여야 한다(매년 실적 목록 정리하기).

* 허친스총장의 위대한 책들 프로그램

허친스(Hutchins)는 20세기 전반기 실용주의를 바탕으로 한 진보주의가 맹위를 떨치던 시기에 세속교육을 배격하고 과감히 지성교육을 주창했던 사람이다. 30대의 젊은 나이로 시카고 대학교의 총장이 된 그는 당시 교육의 반지성성에 대하여 신랄하게 공격을 가하는 동시에 대학 교육내용을 전면적으로 개편하였다.

총장 취임 이후 소위 대학 발전기금원이자 모든 재학생 및 동문들의 최대 관심사였던 인기절정의 미식축구부를 해체하고 미식축구 구장이 있던 자리에 도서관을 새롭게 건축하였다. 더 나아가 시카고 대학교의 교양과목으로 위대한 책들(The Great Books Program)을 개설하여 고전 중에서도 고전 100권을 선정, 전공에 상관없이 완독을 졸업의 필수 조건으로 제시하였다. 그 결과는 대단한 것이었다. 이후 해마다 노벨상 수상자가 이 대학 출신이 들어가지 않는 해가 없었다. 그리고 미국 전역에 걸쳐 거의 모든 도서관이 위대한 책들 클럽을 개설하게 하였다.

실생활에 요구되는 현실적인 기능과 기술을 습득게 하는 곳이 대학이 아니라 그 이면의 인간 본성을 결정짓는 이성의 기능을 높이는 것 즉 이성적 능력을 개발하는 것이 대학교육의 목적이 되어야 한다고 믿었기 때문이다. 변화보다는 항존성. 불변성을 실재의 본질로 보았으며 진리와 가치는 그 실효성에 따라 결정된다는 상대성을 과감히 배격하였다.

그는 "인간이 이성적 존재라면 문화와 시대에 상관없이 그 본성은 변하지 않는다. 따라서 교육은 어디서나 같은 것이다."라는 믿음을 가졌다. 그리고 이성을 도아하는 중요한 방법을 곧 고전 읽기에서 찾았다. 인간의 본성인 이성의 기능을 높이는 것 그것이야말로 상아탑으로서 대학이 해야 할 가장 중요한 임무라고 믿었던 것이다.

우리 사회에서도 실용적인 지식과 정보를 그 어느 때보다 강조하고 있다. 특히 도구교과인 영어와 컴퓨터 관련 교과목이 대학교육에서 중시되고 있다. 그러한 교과목의 수혜자는 소위 'N 세대'라고 불리는 사람들이다. 이들은 사유와 인간·이성의 계발과 관련된 교과에는 익숙하지 않으며 따라서 논리나 합리성보다는 감성을 중시하고, 전체 구조보다는 개별성을 더 선호한다. 자기중심적 사고에 터하여 행동하기 때문에 대인관계나 일에 있어서 감정의 싫고 좋음이 분명한 세대이다. 그러면서도 문제 상황에 봉착하면 문제를 합리적으로 해결하려는 논리나 능력이 부족하다. 종합적인 판단력이 부족하기 때문에 유행에 민감하고 감각적이고 표피적인 것 말초신경적인 자극에 쉽사리 동요한다.

왜 그런가? 사유나 이성적 성찰보다 감성을 너무 중시했기 때문에 빚어진 당연한 결과이다. 근본적인 것보다는 도구적인 것을 중시했기 때문이다. 이제 과잉으로 감성화된 세대들에게 이성적 삶의 방법을 일깨워 줌으로써 이성과 감성이 조화를 이룬 균형 잡힌 사람으로 만들어 주어야 하지 않겠는가. 그 가장 좋은 방법은 역시 고전 읽기밖에 없다. 고전은 본질적인 것을 고민하게 하고 바람직한 사고와 행위의 표준이자 문제해결의 모델이 될 수 있기 때문이다(이정선의 칼럼 중에서).

Ⅲ. 성공적 연구 활동을 위하여 필요한 것들

1. 기존의 우수 동아리활동 사례 공유: 타 연구동아리 사례 연구 (벤치마킹), 초청강연 등
2. 회원의 적극적인 참여 분위기 연출(시간, 노력, 에너지, 돈)
3. 참여형 계획하기(겨울방학 워크숍에서 계획, 여름 방학 워크숍에서 중간 점검)
4. 구성원 간 관계정립(인간관계): 경조사. 승진: 친밀성(Hall의 사회적 거리 형성하기)
5. 특별한 보상책 마련(활동 결과를 표현할 수 있는 장 마련: 출판 기념회, 연구 성과 발표 등 표현의 장을 통한 성취와 보람. 다양한 인센티브 제공: 포상, 예산 증대 등 지속적 지원, 인센티브 제공)
6. 계획단계에서부터 진행 및 결과 발표에 이르기까지 컨설팅하기

Ⅳ. 결론: 연구자는 좌절하지 않는다

교원을 포함한 많은 공무원들이 승진이든 업무든, 인간관계 때문에 좌절한다. 방법을 몰라서 직장생활에서 보람을 찾지 못하고 있다. 직업적 좌절에 대해서는 개인적인 대처 방안을 강구할 필요가 있겠지만 전반적으로 이들은 자신의 실존적 가치에 대한 자신감을 가짐

으로써 탈진이 극복 가능하다. 스스로 전문성을 확보하고 있을 때 탈진은 예방 가능하다. 그러한 자기성찰을 통한 실존적 가치의 회복과 전문성 신장은 연구를 통해서 가능하다.

교원을 포함한 공무원이 자기성찰을 해야 하는 이유는 여러 가지가 있겠지만 먼저, 연구를 통하여 자기성찰을 함으로써 스스로 변화의 동인이 될 수 있다. 사회의 변화는 사람의 변화에서 시작되고 사람의 변화는 내적인 자기성찰에서 비롯된다.

연구를 통한 전문성 확보와 자기성찰은 공무원으로서 자신의 가치를 재발견하는 길이며, 자긍심과 자신감의 회복으로 이어진다. 연구를 통하여 스스로 문제를 진단하고 그 원인을 발견하며 해결책을 모색하기 때문에 스스로 전문직으로서 자긍심도 제고할 수 있다. 그런 공무원은 직업적으로 좌절하지 않는다. 이 점은 여타 교육공무원의 직장생활에도 그대로 적용된다.

또한, 교원을 포함한 공무원이 자기성찰을 해야 하는 이유는 자기 전문성과 긍지를 갖는 일이기도 하지만 성문화된 기술문화를 축적하여 전체적인 교직사회 발전에도 기여할 수 있기 때문이다. 성문화된 기술문화는 본인이 수십년동안 축정한 노하우를 체계화 한 것이다. 결국 교원을 포함한 공무원의 직접적인 영향력 범위 내에 있지 않거나 직접 주체로 참여할 수 없는 외적 제도의 변화보다는 할 수 있는 내적 자기성찰을 통하여 전문성 신장과 아울러 자기 성장에서 해답을 찾아야 할 것이다. 그것이 곧 연구 활동이며 그러한 활동에 참여하는 사람은 결코 좌절하지 않을 것이다.

제4장
교실수업의 변화방법으로서 수업비평[8]

학교교육에 있어서 수업만큼 중요한 활동도 없다. 사용하는 시간 면에서만 보더라도 초등학교 교사 한 명의 연간 수업 시수는 1,200 시간이 넘는다. 10년이면 12,000시간이고 20년이면 24,000시간이나 된다. 대부분의 중요한 학교시간을 수업을 하면서 보낸다 해도 과언이 아니다.

실상 주변 여건이나 시설 및 제도를 개선하는 것도, 학습자료를 다양하게 구비하는 것도, 구성원 간 원활한 인간관계를 유지하기 위하여 노력하는 것도 그리고 행정이나 장학 등의 활동에 관심을 기울이는 것도 수업을 잘하기 위해서이다. 또한 아동의 심리적 이해나 교수-학습방법의 개선, 발문 방법 그리고 수업 기법 등을 연구하는 것도 보다 나은 수업(혹자의 표현처럼 '좋은 수업')을 하기 위해서이다.

물론 지금까지 교실수업이 크게 변하지 않는 것은 변화를 시도한 적이 없었기 때문만은 아닐 것이다. 교실수업을 변화시키기 위하여 다양한 제도가 고안되고 실천되었지만 여전히 교실수업이 과거 답습

---

8) 전주교대 특강 자료(2010. 1. 21)를 재편집한 것이다.

적 수준에 머물고 있는 것이 현실이다(물론 상당한 변화된 것도 없지 않다.). 그동안 수업과 수업분석에 대한 논의가 수없이 계속되었음에도 여전히 수업이 획기적으로 개선되지 않는 것은 수업이 그만큼 어렵다는 이야기거나, 아니면 기존의 수업분석 방향과 다른 접근방법이 있을 개연성을 내포하고 있다는 이야기이다. 문제의 진단을 위하여 먼저 지금까지의 수업 개선을 위한 수업 분석은 어떻게 이루어졌는지부터 살펴보자.

Ⅰ. 기존의 수업 개선 노력

그동안 교실수업 개선을 위한 수업분석은 크게 두 가지 접근법으로 이루어졌다(김종서, 김영찬, 1970). 그 하나는 질적 분석, 즉 내용분석이고, 다른 하나는 형태분석이다. 전자는 주로 전개된 수업이 교과의 목적이나 단원의 목적에 비추어 타당한가를 판단하는 방법이라면, 후자는 학습지도방법이 적절했는가를 판단하는 접근법이다. 후자는 특정 교수-학습방법이 적절했는지, 판서나 시청각 교재의 이용 등이 올바르게 이루어졌는지 등 주로 형태적이고 형식적 면에 대한 분석이다. 형태적인 면도 세 가지 측면에서 분석이 가능한데, 교사와 학생 간 언어적 상호작용 분석, 비언어적 상호작용 분석 그리고 작업 분석이 여기에 속한다.

지금까지 제시된 수업활동의 관찰 및 분석기법으로는 크게 수업언어의 상호작용 분석법, 수업 중 질의응답 분석법, 수업 분위기 분석

법, 교실 좌석표를 이용한 분석법, 필터식 수업 분석법 그리고 평정
척에 의한 분석법 등을 들 수 있다(변영계, 김경현, 2005). 특히 가
장 많이 사용하고 있는 평정척은 관찰자가 관찰 결과를 어떤 척도상
의 유목이나 수치에 의거해서 기록하고 정의하는 방법으로, 여기에
는 기술 평정척, 표준 평정척, 숫자 평정척, 체크리스트 평정척이 있다.

　수업관찰 및 분석을 위하여 수업관찰 체크리스트가 각 시도 교육
청에 의해 개발 활용되고 있다. 공통적으로 관찰영역에 포함되는 것
으로는 학습계획, 교사의 지도활동, 학생활동, 판서, 자료 활용 그리
고 학습결과 등이다. 일례로, 광주광역시교육청에서 개발한 수업참관
체크리스트를 소개하면 다음의 <표 4 - 1>과 같다. 수업분석을 위한
관찰 영역은 수업설계면, 수업과정면, 자료 · 환경 및 지원 활동면 등
3개 영역으로 구분되어 있으며, 21개 기준에 따라 수업활동을 분석
하도록 되어 있다. 수업설계면은 4기준, 수업과정면은 도입, 전개, 정
리에 걸쳐 13기준, 자료 · 환경 및 지원 활동면은 4기준으로 구성되
어 있다.

<표 4-1> 수업관찰 체크리스트

구 분		분석관점	특기사항 (장양 및 보완할 점)
수업 설계면		1. 학습목표에 행동 및 내용 요소가 포함되어 진술되었는가?	
		2. 학습목표 구현을 위한 학습요소 선정이 적절하며, 학습요소 달성을 위한 교수-학습활동 방법과 내용이 적절한가?	
		3. 교과 및 교재 특질에 적합한 학습방법이 적용되었으며 ICT를 활용한 수업으로 설계되었는가?	
		4. 학습형태에 적합한 학습 집단(좌석배열)을 고려하였는가?	
수업과정면	도입	5. 학습동기 유발이 적절한가?	
		6. 전시 학습요소를 본시 학습에 적절히 관련짓고 있는가?	
		7. 학생이 학습문제, 학습방법, 학습순서를 잘 이해하였나?	
	전개	8. 학습순서 및 방법에 따라 학습이 활발하게 진행되는가?	
		9. 학습자의 수준차를 고려한 학습이 이루어지는가?	
		10. 각자가 자기 주도적으로 학습계획을 세워 학습하였는가?	
		11. 개별, 소집단, 전체학습이 유기적으로 이루어지는가?	
		12. 교사는 안내자, 조력자, 촉진자 역할을 잘하였는가?	
		13. 학생의 학습 성취동기를 높이는 보상방법(칭찬, 격려)이 활용되었는가?	
		14. 수업 단계에 따른 교사의 발문은 적절한가?(도입: 재생적 발문, 전개: 확산적 발문, 창조적 발문, 정리: 적용적 발문)	
	정리	15. 학습내용의 요점을 명확히 인지시키는가, 인식하였는가?	
		16. 본시 학습목표에 대한 형성평가가 이루어졌는가?	
		17. 차시 학습안내, 해결방법, 자료안내 등이 적절하게 제시되었는가?	
자료·환경 및 지원 활동면		18. 환경과 시설이 학습자 활동 위주로 구성, 활용되는가?	
		19. 허용적이고 지지적인 학습문화(풍토)가 형성되고 있나?	
		20. 교수-학습 자료(적절한 학습지, 교육정보화 시설)의 선정과 투입 시기가 적절한가?	
		21. 수업설계, 자료 제작 등 수업연구 전반적인 활동이 동 학년 단위로 협동체제를 잘 구축하여 이뤄졌나?	

어떠한 방법과 평정기준이 보다 나은 수업결과를 보장해 줄 수 있는지는 효과 검증에 대한 많은 연구들에도 불구하고 정확하게 알 수 없다. 중요한 것은 수업관찰이 어떠한 방법으로 이루어지든 간에 그 관

찰 결과가 수업자에 위해 확인되고 수업자 스스로 자신의 행동을 개선하려는 데 도움을 줄 수 있어야 한다(변영계, 김경현, 2005). 지금까지 표준화된 수업관찰과 분석방법은 관찰과 수업결과를 해석하는 데 어느 정도 주관성을 배제하고 객관적인 기준을 마련했다는 점에서 긍정적인 기여를 한 것으로 평가된다. 그런데 문제는 수업분석 결과가 잘 나왔다 해서 곧 그 수업이 훌륭한 수업을 보장해 주는 것은 아니라는 점이다. 이 점은 우리나라에서 널리 활용되는 플랜더스(Flanders)나 하이만(Hyman) 등의 언어적 상호작용 분석법에서도 예외는 아니다.

Ⅱ. 수업 개선을 위한 전제 조건

새로운 제도가 모색되는 것은 기존의 이러한 제도적 실천이 순기능을 제대로 다하지 못했다고 판단하기 때문이다. 기존의 것이 순기능을 수행하지 못한 이유는 무엇인가. 한 가지 대답은 문화가 문제이다. 수업문화는 지극히 개인주의적이어서 가르침의 경험을 소통하는 대화의 문화가 존재하지 않기 때문이다. 즉 가르치는 사업은 동료 상호 간의 일이라기보다는 개인적인 일이라고 생각한다. 그래서 수업에 관한 한 왕도가 없다고 생각하고 스스로 해답을 찾으려 한다. 어떤 직업이 전문직으로 인정받고 발전하는 이유는 그 직업의 구성원들이 공공의 핵심적인 관심사에 대해 독특한 지식을 공동으로 소유하고 있어야 함에도 불구하고(전문직일수록 문제해결을 위하여 함께하는 공동체의 노력이 있어야 한다.) 교직은 그렇지 못한 것이 현실이다.

　다음으로 변화의 방향이 문제이다. 기존의 교실수업의 변화에 대한 시도가 주로 수업의 구조를 바꾸려고 노력한 결과 규범적 변화를 등한시했기 때문이기도 하다. 여기서 구조변화란 조직이나 구조를 바꾸자는 것이고, 규범적 변화는 그것을 작동시키는 사람의 생각을 바꾸자는 것이다. 장학이나 경영에서는 구조변화를 상대적으로 더 강조한다면, 문화를 바꾸려는 입장은 후자를 상대적으로 더 강조한다. 교실수업에 있어서도 마찬가지이다. 구조적 변화가 제도나 조직의 변화를 시도하는 것이라면, 규범적 변화는 사람들이 수업에 대해 생각하고 느끼고 행동하는 방법을 바꾸는 것을 말한다.

　좀 더 구체적으로 말하면 규범적 변화란 교육자가 학습이나 학습을 지원하는 교수의 본질에 대해 기존에 생각하고 있던 것을 바꾸는 것이다. 이는 무언가 새로운 것을 배우는 과정이며, 학습과정을 통하여 새로운 프로그램이나 개념이나 아이디어에 귀하여 이해를 심화시키는 과정이다. 이를테면 새로운 학습지도안을 학교에 도입하면, 이는 교사들이 지도안을 작성하는 방법에 변화를 주겠지만 그러나 교수에 대한 교사의 관점을 변화시키지는 못한다. 규범적 변화는 교사가 사물을 보는 시각, 믿는 것, 원하는 것, 아는 것, 행하는 것에 대한 관점의 변화를 시도한다. 따라서 교실수업의 변화를 위해서는 단순히 구조적 변화만 시도하면 변화는 지속되지 못하고 형식적으로 표면만 바뀌다 만다. 그렇기 때문에 교실수업을 진정으로 변화시키려고 한다면 구조적 변화와 아울러 규범적 변화가 동반되지 않으면 안 된다.

　규범적 변화의 관점에서 보면 교실수업의 변화는 조직이나 구조 혹은 체제의 변화를 통해서 변화하기보다는 그 속에서 살아가는 행위 주체자들이 그러한 구조에 대해서 가지고 있는 생각이 바뀜으로써 보다 구체적이고 실제적으로 변화 가능하다. 그렇기 때문에 학교 교실수업에서 규범적 변화가 일어나기 위해서는 교사 자신의 탐구와 자기성찰 그리고 부단한 실천이 중요해진다. 교사들의 수업에 대한 생각을 바꾸고 실천할 수 있도록 지원하는 역할을 하는 사람이 있어야 한다.

Ⅲ. 수업을 이해하는 새로운 시각: 수업비평

앞장에서 지적한 것처럼 교사의 수업 행위에는 과학적인 측면과 예술적인 측면이 동시에 녹아 있다. 그런데 지금껏 대부분 수업은 과학적 측면만 강조해 왔다. 과학적 측면은 객관적 관찰에 의해서 설명하고 예측할 수 있는 수업활동으로 여기에는 표준적인 교육과정, 표준적인 교과서, 표준화된 교수-학습방법 및 평가가 상정된다. 훌륭한 교사는 그러한 객관적이고 표준적인 행동을 잘 따르는 사람(기능인)이다. 이런 상황에서 교사의 수업 행위는 융통성 있고 창의적인 활동이기보다는 주어진 목표를 도달하기 위한 효과적인 교수 전략을 따라가는 거의 기계적인 활동으로 간주된다. 여기에는 교사의 창의성이나 수업에 대한 예술적 감각이 그다지 개입될 여지가 없다. 교사의 통찰력이나 감수성 대신 정해진 수업의 틀에 충실한 것이 중요하다. 교사 학생 간 가슴과 감동으로 어우러지는 상호작용이 잘 일어나지 않는다. 수업 분석 역시 지금껏 과정 – 산출식 분석에만 의존했거나 수업모형과 결과 간 상관관계에 기초하여 교실수업을 이해하려는 노력들이 주류를 이루어 왔다.

이혁규(2008)는 기존의 수업분석 방법은 모든 수업을 특정 표준에 비추어 판단하는 것이고, 그러다 보니 교과 내용, 교사, 학생, 수업환경 등 다양한 요소에 의존하는 수업의 맥락성을 충분히 고려하지 못하는 오류를 범하게 되었다고 비판한다. 특정 수업행동의 효율성은 항상 맥락과 관련하여 해석해야 하는 가변적인 것이다. 이를테면 모든 수업의 학습목표는 반드시 초반부에 명시적으로 제시되는 것도 아니고, 모든 수업이 학생들의 사고를 자극하는 확산적 발문을 수반하는 것도 아니다. 교과 내용에 따라 교사 중심의 강의를 진행해야 하는 수업도 있고, ICT를 활용하지 않아도 되는 수업도 있다. 따라서 수업에 대한 판단은 표준화된 기준을 넘어서 맥락에 따라 이루어져야 한다.

그렇기 때문에 단순히 수업모형과 효과 간 관계 분석에만 의존할 것이 아니다. 무언가 새로운 방식으로 교실수업을 이해할 수 있어야 한다. 그러한 방식 중 하나가 수업과 연관되는 교실의 상황맥락과 교사가 제시하는 주관적 상황정의 그리고 수업을 둘러싼 사회문화적 조건으로까지 이해를 확대하는 일이다.

또한, 기존의 표준적 목록 및 요소 중심의 접근 방법은 부분만 보고 전체를 보지 못하는 구성의 오류를 범할 수도 있다. 이를테면 어떤 수업은 목표가 명시적으로 제시되지 않았고, 학생들과 긴밀한 언어적 상호작용도 눈에 띄게 관찰되지 않았으며, 학습내용을 요약하고 정리하는 작업이 없었음에도 불구하고 상호 간 감동을 줄 수 있는 훌륭한 수업이 될 수 있는 반면, 도입, 전개, 정리에서 요청하는 기능적인 활동을 명시적으로 수행하였음에도 전체적으로 감동을 주지 못하는 수업이 있을 수 있다.

이러한 오류를 극복하기 위하여 이혁규(2008)는 대안으로 '수업비평'을 들고 있다. 이는 교육현상의 복잡하고 미묘한 특징을 섬세하게 구분할 수 있는 능력을 길러서 감식자가 지각하는 것을 타인에게 이해 가능한 형식으로 표상화하자는 것이다. '교사와 학생이 함께 구성해 가는 수업 현상을 하나의 분석 텍스트로 하여 수업활동의 과학성과 예술성, 수업참가자의 의도와 연행, 교과와 사회적 맥락 등을 종합적으로 고려하면서 수업을 기술, 분석, 해석, 평가하는 비판적이고 창조적인 글쓰기'(p.16)가 그가 말하고자 하는 수업비평이다.

먼저 이혁규가 주장하려는 수업비평은 수업 현상을 분석의 텍스트로 하여 그 의미를 드러내고자 한다. 이때 수업 현상은 교사와 학생들에 의해 공동으로 구성된다. 즉 교사와 학생이 배움을 매개로 어떻게 만나는지에 관심을 갖는다. 둘째, 수업비평은 텍스트로서의 수업을 기술, 분석, 해석, 평가한다. 수업에서 일어난 일을 세심하게 관찰하여 드러내는 것이 기술이며, 수업과 수업 상황에 대한 정보를 수집하여 그 정보를 비교, 분류, 대조하는 활동을 통해 수업 현상의 의미를 드러내는 것이 분석이다. 해석하기는 분석 작업을 바탕으로 하여 수업 현상의 의미를 좀 더 심층적으로 드러내는 것을 말하며, 평가하기는 기술, 분석, 해석 작업을 바탕으로 수업의 가치를 판단하고 그 판단의 합리적 근거를 명확하게 제시하는 것이다. 셋째, 수업비평의 대상은 수업활동의 과학성과 예술성, 수업 참여자의 의도와 연행(실천), 교과와 사회적 맥락이다. 수업활동의 과학성과 예술성뿐만 아니라 교과서나 수업안에 담긴 의도와 그것이 실제 수업에서의 연행 과정을 통해 구체적으로 실현되거나 수정되는 것까지도 포함한다. 넷째, 수업비평은 비판적이고 창조적인 글쓰기 작업이다. 비평문을 통해 비평가는 수업을 한 교사와 독자들이 수업 현상을 더 잘 이해하고 수업에 대한 비평적인 대화를 이어가도록 돕는다.

이러한 수업비평은 이혁규(2008)에 따르면 무엇을 초점으로 삼느냐에 따라 다양한 유형이 있다. 첫째, 수업 의도에 초점을 맞춘 비평, 연행에 초점을 맞춘 비평, 둘째, 수업의 맥락에 초점을 맞춘 비평, 교과내용에 초점을 맞춘 비평, 행위자에 초점을 맞춘 비평, 셋째, 교사중심의 비평, 학생중심의 비평, 교사와 학생의 상호작용을 중심으로 하는 비평, 넷째, 수업이 일어나는 공간을 중심으로 한 비평, 수업이 전개되는 시간의 특질을 분석하는 비평 등. 그러면서 그는 우리나라 수업비평이 다음과 같은 네 가지 방향에서 가능하지 않겠느냐고 주장한다. ① 수업의 의미를 수업 자체의 구성, 조직, 흐름 등을 중심으로 읽는 비평(기술적, 형식주의적 비평), ② 수업활동을 전개한 교사의 성장 이야기와 관련짓는 비평(역사적, 심리적 비평), ③ 사회적 맥락 및 현실세계와 연결시켜 읽는 비평(맥락적, 사회적 비평), ④ 수업이 다루고 있는 교과 주제의 의미나 변환 과정과 관련짓는 비평(학문적, 교과적 비평).

끝으로, 수업 분석과 이해에 있어서 수업비평은 기존의 수업장학, 수업평가, 수업컨설팅과 상호 다르다. 수업비평은 여타 개념들과 수업의 관찰 목적, 교사와 수업관찰자 간의 관계, 관찰 방법, 관찰 결과, 관찰 결과의 활용, 수업 공개의 강제성 여부에 따라 다음의 <표 4-2>와 같이 구별된다(이혁규, 2008. p.25).

〈표 4-2〉 수업 분석의 방법들(필자가 일부 수정함)

구 분	수업장학	수업평가	수업컨설팅	수업비평	비고
관찰 목적	교사의 교수행위 개선(교수-학습방법 개선)	교사의 수업능력 측정과 평가	교사의 고민이나 문제해결	수업 현상의 이해, 해석, 판단	수단의미 vs. 직접 지향
교사와 수업관찰자 간의 관계	교사/장학사	평가자/피평가자	의뢰인/컨설턴트	예술가/비평가(비평공동체)	관찰자의 비교우위 여부
주 관찰 방법	양적, 질적 방법	양적 방법	양적, 질적 방법	질적 방법	양적 관찰 척도
관찰 결과	수업관찰 협의록	평정지	컨설팅 결과 보고서	질적 비평문	
관찰정보 공유자	관련 당사자	관련 당사자	관련 당사자	잠재적 독자	
관찰 결과 활용	교사의 수업전문성 향상에 관한 정보 제공	교사의 수업설계 및 실행능력에 대한 평가	원칙적으로 의뢰인 판단에 의존함	수업 현상에 대한 감식안과 비평능력 제고	감식안의 성장
참여	의무적 참여	의무적 참여	자발적 참여	자발적 참여	강제성 여부

결론적으로 교실수업 개선의 가장 강력한 동인이었던 수업장학의 실제가 변할 필요가 있다. 이제는 기존의 과학적이고 계량적이며 형식적인 수업관찰의 틀에서 벗어나서 학생과 교사가 가슴으로 상호작용하고 동료교사들 간 소통이 가능한 그래서 수업의 예술성과 민감성을 살릴 수 있는 수업비평에 주목해 볼 필요가 있다. 수업비평의 시각에서 교사들은 학생들을 수업에 몰입하게 하는 방법이 무엇인가를 새롭게 고민하고 연구해야 한다. 수업에서의 몰입 경험은 삶을 충만케 하고 축적된 경험은 창의성으로 발현될 수 있다는 점에서 더욱 그렇다.

수업은 일단 재미있어야 한다. 그러나 재미만 추구하면 수업은 내용이 없어지기 때문에 유익함도 있어야 한다. 거기에 수업에 참여하는 사람들에게 감동까지 줄 수 있다면 그러한 수업이 진정으로 우리가 바라는 수업이 아닐까 한다. 즐겁게 배우는 그래서 감동을 느끼는 에듀테인먼트(edutainment)로서 수업, 그것을 몸소 실천으로 보여주는 사람이 바로 교사들이다.

제5장
콜맨과 사회자본론[9]

제임스 콜맨(Coleman, J.)은 20세기 미국이 낳은 가장 위대한 사회학자이자 교육사회학의 대가이다. 그는 실천적 민감성을 갖춘 연구자이면서 동시에 이론가이다. 그의 학문적 관심은 개인의 사회적 행위, 합리적 선택이론, 학업성취, 사회자본, 사회체제, 사회변동, 수학사회학 등 광범위하게 걸쳐 있다. 우리나라에는 소위 '콜맨 보고서'로 더 잘 알려져 있는데 실상 그를 스타덤에 오르게 한 것도 그 보고서라 해도 과언이 아니다. 학생들의 학습활동에 가장 큰 영향을 미치는 것은 교사나 학교가 아니라 가정 배경이라는 콜맨 보고서 내용은 학교는 말할 것도 없고 학생들을 직접 가르치는 교사들에게도 무력감을 갖게 할 정도로 충격적인 것이었다. 사회적 관심은 물론이고 하버드 대학에서는 보고서 내용을 재분석하기 위해 교수 세미나를 1년 동안이나 열 만큼 대단한 반향을 불러일으켰다. 이러한 사건의 중앙에 서 있었던 인물이 제임스 콜맨이다.

---

9) 우리교육 〈배움의 깊이를 더해가는 교육인물열전〉 특강용(2007. 2. 27) 원고를 재편집한 것이다.

Ⅰ. 화공기술자가 교육사회학 대가가 되기까지

그런데 특이하게도 콜맨은 다른 위대한 교육자나 교육학자와 달리 처음부터 교육학도는 아니었다. 콜맨의 삶의 경로는 버거(Berger, B.)가 편집한 책 『자기 자신의 삶의 저자들(*Authors of Their Own Lives*)』의 일부분인 「1950년대의 컬럼비아(*Columbia in the 1950s*)」에 수록된 콜맨의 <자전적 스케치(Autobiographical Sketch)(Ⅰ-Ⅱ)>라는 글을 보면 어느 정도 알 수 있다.

1926년 5월 12일 인디애나 주 베드포드에서 고등학교 교사 부모의 외아들로 태어난 콜맨은 교육에 관심이 많은 가정에서 성장했다. 어린 시절 여러 차례 이사를 반복한 끝에 1941년 켄터키 주 루이즈빌에 정착을 하게 되었고, 그곳에서 콜맨은 인문계가 아닌 직업기술 고등학교에 진학했다. 1944년 여름 고등학교를 졸업하고 해군에 입대하게 되었는데, 군 복무 시절 1년 동안 에모리 대학에서 공학을 공부할 기회가 있었다. 콜맨은 권투 선수 겸 풋볼 선수였는데 제대 후에는 대학의 풋볼 장학금을 받을 수 없게 되었다. 그래서 풋볼 선수의 길을 접고 화학을 공부하기 위해 인디애나 주립대학에 진학을 했다. 화학이 자기의 적성에 적합한지 확신이 서지 않던 차에 절친한 친구로부터 화학과 공학을 결합할 수 있는 화학공학을 전공하면 어떻겠느냐는 권유를 받고 1학년 말에 퍼듀 대학으로 전학을 했다.

대학 졸업 직후 뉴욕에 있는 이스트만 코닥 회사에 화학 기술자로 취직을 하게 되었는데, 콜맨은 곧바로 출근하지 않고 늦은 신혼여행을 프랑스에서 자전거 여행을 하며 여름을 보냈다. 그 당시 미국에서는 금서가 된 책들을 그곳에서 읽게 되었는데, 프랑스에서 겪은 이러한 경험이 콜맨의 삶에 중대한 영향을 미치게 되었다. 코닥 회사에서 일에 매력을 느끼지 못하고 진로를 고민하다가, 다시 대학에 가서 물리화학을 공부할 궁리를 했다. '위대한 책들(Great Books)'이라는 클럽에 가입해서 활동하면서 자신의 적성은 공학이 아니라는 것을 깨닫고 안정되고 승진이 보장된 직장을 버리고 스물다섯 늦은 나이에 모험적으로 진로를 바꾸었다.

"가장 중요한 것은 사람들의 삶을 변화시키는 것이라고 콜맨은 생각했다." 콜맨의 시카고 대학 동료 교수였던 슈나이더(Scheneider, B.)의 회고처럼 콜맨은 자신의 학문에서 인간적인 요소를 잊은 적이 없었다고 한다. 즉 과학과 도덕의 중요성을 결합하려는 시도로 사람과 사람들의 사회적 관계, 사회조직에 대해 관심을 기울인 것이 결국 전공을 사회학으로 바꾸게 한 계기가 되었다.

1951년 여름, 콜맨은 유일하게 입학을 허가해 준 컬럼비아 대학원 여름학기에 100명의 대학원생 중 한 명으로 입학하게 되었다. 그러나 그의 지적 영민함은 많은 교수들의 눈에 금방 띄게 되었고, 특히 머튼(Merton, R.) 교수와 라자스펠드(Lazarsfeld, P.) 교수 사이에는 서로 콜맨을 제자로 삼으려는 보이지 않는 경쟁이 벌어졌다고 한다. 대학원 시절 콜맨은 이 두 교수와 논문 지도교수였던 리프셋(Lipset, M.) 교수의 영향을 많이 받는다.

1955년 박사학위를 받은 콜맨은 1956년부터 1959년까지 시카고 대학의 교수를 거쳐 1959년 사회관계학과(현재 사회학과)를 만들어서 존스홉킨스 대학 교수로 자리를 옮겼다. 1973년까지 그곳에서 학과장으로 일하면서 '학교 사회조직센터(Center for Social Organization of Schools)'라는 연구소를 맥딜(McDill, E.)과 공동으로 설립했다. 존스홉킨스 대학의 사회학과 동료였던 알렉산더(Alexander, K.) 교수의 회고에 따르면 그곳에서 콜맨은 사회적 틀 속에서 교육 문제를 규명하려고 노력했다. 교육이 작동하는 것을 규정하는 것은 전체 사회의 맥락이라고 주장할 만큼 그는 교육의 사회적 관계에 관심이 많았다.

1973년 시카고 대학으로 자리를 옮겨 자신이 만든 '국립여론연구센터(National Opinion Research Center)' 소장으로 일하다가 1995년 3월 25일 시카고 대학 병원에서 향년 68세로 영면했다. 부인과 네 명의 아들을 유족으로 남긴 채. 그는 국립학술원 회원, 미국철학회 회원, 미국 예술과학원 회원, 국립교육원 및 스웨덴 왕립과학원 회원 그리고 1970년부터 1973년까지 대통령자문과학위원회 위원으로 활동을 했으며, 그의 이력서에 기재된 것처럼 28권의 저서와 301편의 논문과 공저의 장을 집필했다. 그 공로로 1983년 라자스펠드연구상, 1989년 교육자유상, 1992년에는 『사회학 이론의 기초(Foundations of Social Theory)』가 미국사회학회 우수저술상에 뽑히는 영예를 안았다. 1994년에는 시카고 대학에서 가장 위대한 업적을 남긴 학자에게 주는 사회과학분과의 피닉스(Phoenix)상을 수상했고, 20세기 위대한 교육사회학자의 공을 기리기 위한 수상 기념 학술대회가 이틀 동안이나 열렸다. 그 당시 한 개인의 공을 기리기 위하여 이틀 동안이나 학술대회와 리셉션을 연 것은 유례가 없는 일이었다.

Ⅱ. 경험적 연구자이자 사회학 이론가

학자로서 콜맨은 어떤 사람이었고 어떤 업적을 남겼는가? 콜맨 서거 5일 후인 1995년 3월 30일 <시카고대학 학보(The Univ. of Chicago Chronicle)>에 실린 부고에서 베커(Becker, G)가 회고한 내용은 그가 어떤 학문적 업적을 이룬 사람이었는지 잘 나타내 준다.

"예외적으로 출중한 능력, 풍부한 상상력, 반대 의견을 무릅쓸 용기와 혹독한 공격도 막아 낼 용기가 그의 탁월한 업적을 더욱 두드러지게 하며, 사회과학에 대한 지대한 공헌을 잘 설명해 준다. 그의 관심과 영향력은 사회학, 사회과학을 넘어 전체 학문 세계로까지 확대되었다. 그의 주요 공헌은 사회 변동의 분석, 집단적 행위와 합리적 선택을 포함한 사회학 이론과 교육사회학 그리고 공공정책에 걸쳐 있다."

콜맨의 3대 학문적 지주가 된 사회학 이론, 연구방법론 그리고 경험적 연구와 실제 간 연관성은 콜맨이 1985년 쓴 글 <자전적 스케치 Ⅱ>에서 밝힌 것처럼 컬럼비아 대학원의 머튼, 라자스펠드 그리고 리프셋 교수의 영향에서 비롯되었다. 머튼으로부터는 개인 행위에 대한 사회적 결정론자와 뒤르켐의 사회학 이론을, 20세기 양적 연구의 대가였고 사회조사 연구방법론 및 수학사회학의 선구자였던 라자스펠드 교수로부터는 양적 방법론과 수학사회학을, 리프셋 교수의 연구팀에 합류해서는 경험적 연구와 실제 세계 간 연관성을 배우게 되었다.

특히 머튼과 라자스펠드의 영향력이 지대했다는 것은 그가 시카고 대학에서 학자로서 첫발을 내딛으며 썼던 자신의 사회학에 대한 비전을 드러낸 글에도 잘 나타나 있다. "사회학에서 분석 단위는 개인이 아니라 사회체제여야 한다. 그러나 양적 방법이지 않으면 안 된다. 이는 설명이나 인과관계의 부족이나 복제 불가능성 그리고 연구자의 편견에 사로잡힌 비체계적인 방법을 극복할 수 있기 때문이다. 왜 나를 비롯한 컬럼비아 학생들은 이러한 비전을 갖게 되었는가? 머튼과 라자스펠드의 독특한 결합으로 가능한 일이었다." 콜맨은 자신의 역작이라고 생각하는 『사회학 이론의 기츠』(1990)을 머튼 교수에게 바쳤는데 그만큼 머튼으로부터 받은 영향력이 컸음을 반증한다.

콜맨은 박사학위 논문을 리프셋 교수의 즁험적 연구프로젝트에 참여하면서 쓰게 되는데 그 결과는 1956년 『노조민주주의(Union Democracy)』라는 공저로 발간되었다. 연구의 초점은 정치사회학에서 실제적인 거시 사회적 문제, 즉 정치적 민주주의의 사회적 기초에 대한 것이었다. 콜맨은 이 프로젝트에 참여하면서 특정한 직업사회의 중요성과 노조의 정치적 참여에 대한 이해의 폭을 넓혔다. 그리고 노조라는 특정한 사회체제에 대한 연구경험을 바탕으로 자신의 연구 실험실이라고 여겼던 고등학교라는 사회체제로 눈을 돌리게 되었다. 사회체제로서 학교와 그러한 체제 속에서 살아가는 청소년의 행위를 분석하기 위한 새로운 연구를 1957부터 2년에 걸쳐 수행했고, 청소년사회의 지위와 규범은 전체 사회체제를 통하여 형성된다는 내용을 골자로 하는 연구 결과를 1961년 『청소년사회(Adolescent Society)』라는 책으로 발간했다.

그 이후 콜맨의 학문적 관심은 크게 두 갈래로 전개되는데, 하나는 실천적 혹은 경험적 관심이고, 다른 하나는 기론적 관심이다. 후자는 과학적 방법을 통하여 사회현상을 설명하는 사회학 이론을 정립하는 것이었고, 전자는 사회문제 탐구에 대한 실천적, 정책적 민감성이 뛰어난 연구를 수행했다는 의미이다. 먼저, 이론적 관심으로는 1960~70년대의 수학사회학(Mathematics Sociology)에 대한 관심과 합리적 선택이론(Rational Choice Theory)을 활용하여 인간의 사회적 행위를 규명하려는 시도가 있다. 다음으로, 실천적 경험적 관심은 교육기회 균등 연구를 기점으로 시작된 불평등과 학업성취 관련 연구들이다. 크게 세 개의 보고서를 발표했는데, 1966년 교육기회균등보고서, 1975년 인위적인 버스통학을 통한 인종통합정책의 효과 검증 보고서 그리고 마지막으로 1980년대 공·사립, 종교학교에 재학 중인 가난한 학생들의 차별적 성취 수준을 검증한 보고서가 그것이다.

Ⅲ. 콜맨 보고서의 탄생

흔히 '콜맨 보고서'라고 많이 알려져 있는 보고서의 원제는 「교육기회 균등 보고서(Equality of Educational Opportunity, 1966)」이다. 이는 2차 세계대전 이후(특히 1960년대에 이르러) 미국사회의 심각한 사회문제였던 인종 간, 계층 간 갈등 및 불평등 현상을 학교교육을 통해서 줄여 보자는 미국 행정부와 의회의 노력에서 비롯되었다. 1964년 미 의회는 '시민권리법안(The Civil Right Act)' 제402조를 제정하기 위하여 미 교육부 장관에게 2년 이내에 법안 제정에 필요한 사항(미국 공립학교 내에서 인종, 피부 색깔, 종교, 국적이 다르다는 이유로 교육기회를 균등하게 받지 못하는 실태)을 대통령과 의회에 보고하도록 권고했다. 학교현장에서 일어나는 불평등 현상을 실증적으로 조사해 달라는 연구를 의뢰한 것이다.

1965년 어느 날 콜맨은 교육부 차관이자 국립교육통계센터 소장으로부터 연구프로젝트의 책임자를 맡아 줄 것을 부탁하는 전화를 받는다. 처음에는 선뜻 내키지 않았으나 결국 수락했다. 콜맨은 이 연구를 위하여 대대적인 설문 작업을 벌이는데 동원된 학교 수만 해도 미국 전체 학교의 5%에 해당하는 4,000개에 달했고, 설문에 응한 이들은 교사 60,000명, 학생 약 570,000명(1, 3, 6, 9, 12학년)에 이른다. 이들에게 받은 설문을 바탕으로 학생의 학업성취와 학교 자원 그리고 학교 시설 간 관계를 분석했다. 연구가 끝나고 보고서를 발표하는데 이것이 바로 '콜맨 보고서'로 알려진 「교육기회 균등 보고서」이다.

내용은 충격적이었다. 학생들의 학업 성적에 영향을 미치는 것은 교사나 학교가 아니라 가정 배경이라는 것이다. 보고서의 주요 내용은 학생들 부모의 사회경제적 지위를 고려할 때 학교 변인은 학생들의 학업 성적에 큰 영향이 없으며, 소수민족이나 불우한 환경에 처한 학생들은 백인 학생들이 많은 학교에 재학하는 것이 더 이익이라는 것이었다. 또한 보고서는 소수민족 학생이 백인 학생보다 성적이 열등하며 고학년으로 갈수록 성적 격차는 더욱 커지는데 이는 가정 변인 즉 빈곤, 부모의 교육 정도, 환경 탓이고 학교의 교육과정이나 시설, 교사의 자질은 학생들의 학업성적의 극소수밖에 설명하지 못한다는 것이다. 오히려 학생 자신의 운명에 대한 통제 가능 의지가 학교 변인의 합보다 더 학업성취에 영향을 미친다는 내용도 포함되어 있다.

이 보고서에서는 소수민족이나 불리한 환경에 처한 학생의 학업성취를 향상시키기 위해서는 학교를 통합하여 가능한 한 백인 학생이 많은 학급을 구성해 줌으로써 성취를 조장하는 학급 환경을 조성하고 역할 모델을 제공해 주는 것이 중요하다고 제언했다. 당시 대체로 흑인은 흑인학교에 백인은 백인학교에 다녔는데, 백인 학생이 많은 학교에 재학 중인 흑인학생의 학습결과가 더 높게 나타났다. 흑인의 사회경제적 지위는 대체로 백인에 비해 낮았고 따라서 흑인이 백인 학생과 혼합될수록 흑인 학생들에게 유리하다는 것이다. 이러한 제언에 따라 열악한 환경에 처한 흑인 학생들에게 통합학급에서 배우도록 하기 위해서 학교를 통합하고 대규모 통학버스를 운행했다. 이는 1954년 이른바 브라운(Brown) 사건으로 흑백 인종 간 분리 교육을 하는 것이 위헌이라는 대법원의 판결이 내려진 후 10여 년 만의 일이다.

학생의 학업성취에 영향을 미치는 것이 학교의 차이(자원)가 아니라 학생의 배경과 사회경제적 지위라는 보고서 내용은 많은 비판과 다양한 반향을 불러일으켰다. 보고서 내용에는 다른 많은 내용과 단서가 있는데도 언론이나 정책 입안자들은 흑인들이 통합학교에 다닐 때 가장 우수한 결과를 낳는다는 내용에 주목했다. 학술적으로는 학교 효과 논쟁에 기름을 끼얹은 결과를 가져왔다. 특히 하버드 대학에서는 일 년 동안 교수세미나를 개최하여 보고서 결과를 재분석했고 그 결과를 학술지에 게재했다. 결과는 약간의 문제에도 불구하고 콜맨의 결론을 지지했지만 말이다.

비판론자들이 지적한 콜맨 보고서의 단점은 크게 세 가지이다. 먼저, 학교자원에 대한 측정 기준이 빈약하다는 것이다. 교수 비용이나 교사의 봉급이 제외되었으며, 학교 시설과 관련해서는 과학실과 도서 수만 포함되었고, 선행학습 경험이 현재 경험에 미친 영향을 고려하지 못했다는 것이다. 둘째, 학생의 사회적 배경에 대한 통제가 적절하게 이루어지지 못했고, 셋째 자료 수집 과정에서 통계적 오류가 있었다는 것이다. 요약하면 학생 배경 효과는 과장되었고, 학교 변인의 역할은 과소평가되었다는 점이다(물론 나중에 콜맨 자신도 단순히 사회체제로서 학교보다는 그러한 체제가 학교구성원들의 삶에 어떻게 영향을 미치는지와 제도와 규범 간 관계를 제대로 규명했으면 하는 아쉬움을 토로한 적이 있다.).

콜맨 보고서의 제언에 따라 하층 흑인 학생을 통합학급으로 등교시키기 위한 통학버스제도가 도입되었다. 그리고 이 정책의 효과를 검증하는 연구를 진행하게 되었는데 이 연구 보고서가 콜맨이 두 번째로 발표한 「인위적인 버스통학을 통한 인종통합 정책의 효과 검증 보고서」이다. 이 보고서를 통해 콜맨은 의외의 결과를 발표한다. 인위적인 버스통학 정책이 백인 중산층들이 교외로 이주하게 만들었고 오히려 흑인 학생들은 더 열악한 교육환경에 처하게 했다고 주장한 것이다. 교외로 이주한 중산층 백인들은 자신의 자녀들만을 위한 학교를 만들게 되었는데 이것이 바로 오늘날 미국의 사립학교의 근간을 이루게 된다. 우수한 사회경제적 배경을 가진 부모의 자녀들만이 그 학교에 진학하게 된 것이다. 즉 투입변인이 우수하기 때문에 결과적으로 이러한 학교의 학습결과 역시 우수하게 나타나게 되는데, 공립과 사립학교 간 학습결과의 차이는 여기서 비롯된다.

인종통합을 위한 통학버스 정책을 주창했던 콜맨이 자신의 초기 주장을 뒤집는 내용을 발표한 것은 미국 사회학회 역사에서 논쟁적 에피소드로 기록되었고, 콜맨의 주장을 지지했던 많은 시민운동지도자, 교육자, 정책입안자, 사회학자들은 콜맨이 초기에 주창했던 인종통합정책을 폐기했다고 분노했다. 일부 사회학회 회원들은 그를 미국 사회학회에서 축출하려고까지 했다(물론 그를 지지하는 일부 사람들은 그가 경험적 증거가 요구하는 대로 자신의 견해를 바꿀 줄 아는 진정한 과학자라고 칭송했지만 말이다.).

Ⅳ. 콜맨 보고서와 상반된 보고서들

1. 피그말리온보고서(교사변인의 중요성)

학생들의 학습활동과 가장 밀접한 교사나 학교 변인보다 가정 배경이 학습결과에 더 직접적인 영향을 미친다는 콜맨보고서는 학습결과에 영향을 미치는 주요요인이 무엇인가에 대한 논쟁을 불러일으켰고, 먼저 제기된 반론은 교사가 차이를 만든다는 주장이었다. 소위 피그말리온 효과로 더 잘 알려진 로젠탈과 제이콥슨(Rosenthal & Jacobson)의 실험 결과가 1968년 발표된 것이다.

피그말리온(Pygmalion)은 그리스 신화에 나오는 조각가이다. 그는 세상 여인을 사랑하는 것을 포기하고 백옥 같은 상아로 아름다운 여인상을 조각했는데 그 작품의 아름다움은 당시 세상의 어느 여자와도 비교가 되지 않을 정도였다고 한다. 기도하며 정성껏 보살폈더니 그의 간절함이 아프로디테의 도움으로 현실화되어 조각상이 진짜 여인으로 변하게 되었다고 한다.

소원이 현실화된다는 믿음은 교육적으로도 피그말리온 효과를 통해서 널리 알려져 있다. 특정 학생에 대한 교사의 기대가 학생의 학습결과를 통하여 현실로 나타난다는 것이다. 피그말리온의 긍정적 효과는 로젠탈과 제이콥슨에 의해 학교 현장에서 실험을 통해 입증되었다. 즉 특정 학생에 대해 교사는 서로 상기한 기대치를 갖게 되고 그러한 기대는 학교에서 다양한 교육활동을 통해 학생의 학업성취로 나타난다는 것이다. 로젠탈과 제이콥슨은 Oak초등학교 전교생인 640명에게 지능검사를 실시한 후, 검사결과와 상관없이 무작위로 20% 학생을 표집한 다음, 이들의 두뇌가 우수하기 때문에 이후 검사에서도 사전검사에서처럼 우수한 성적을 낼 것이라고 소문을 낸다. 8개월 후 동일 검사를 시행하고 사전검사와 사후검사 간 성적 차이를 비교하였다. 그 결과 통제집단은 평균 8.4점이 향상된 반면, 실험집단은 평균 12.2점이 향상되었다.

이러한 연구 결과는 그 당시 교사들에게는 하나의 희망의 메시지와도 같은 것이었다. 그도 그럴 것이 그러한 연구는 학생의 학업결과가 부모의 사회경제적 배경에 따라 달라진다는 콜맨의 주장이 제기된 직후 나왔기 때문이다. 학생들의 학습활동과 가장 밀접한 교사나 학교 변인보다 가정 배경이 학습결과에 더 직접적인 영향을 미친다는 콜맨의 주장은 교사들로 하여금 한계상홍에 따른 무력감을 갖게 하기에 충분했다. 그러나 교육의 결과는 교사에 따라 달라진다는 피그말리온 효과는 상반된 입장에서 교사들에게 새롭게 힘을 실어 주었다고 해도 과언이 아니다. 소위 오늘날 운위되고 있는 교육의 질은 교사의 질을 능가할 수 없다는 주장의 근거를 제공해 준 셈이다.

2. Brookover와 동료들의 연구보고서(학교 변인의 중요성)

부르크오버(Brookover)의 1977년 보고서와 1979년 보고서의 요지는 학교의 학습풍토가 학교 간 학업성취의 격차를 초래한다는 것이다. 여기서 학교의 학습풍토란 학생들의 학업성취를 향상시키거나 저해하는 학교의 집합적 규범, 학교의 형식·비형식적 조직구조, 교사와 학생 간의 수업실천 행위에 반영된 기대, 지각, 태도 등을 말한다.

부르크오버는 1977년 연구에서 학생, 교사, 교장의 학교특성에 대한 지각요인분석을 통하여 학교학습풍토 요인을 밝혔는데, (1) 학생풍토는 학구적 무력감, 장래의 평가 및 기대, 교사의 기대 압력과 규범에 대한 지각, 학업성취를 강조하는 학구적 규범으로 구성되며, (2) 교사풍토는 대학진학에 대한 능력, 평가, 기대, 교육의 질, 고교졸업에 대한 현재의 기대, 평가, 학력증진에 대한 교사-학생 기대의 일치도, 교장의 기대에 대한 교사의 지각, 학구적 무력감으로 구성되고, (3) 교장풍토는 질적 교육에 대한 부모의 관심 및 기대지각, 학력증진을 위한 노력, 현 학교의 질에 관한 학부모와 교장의 평가, 학생에 대한 현재의 기대 및 지각으로 구성된다. 학업성취에 가장 크게 영향을 미치는 요인으로는 학생풍토가 가장 중요하며 그중에서도 학생의 학구적 무력감, 학생에 대한 교사, 부모의 평가, 기대 지각이 학업성취에 가장 중요한 요인이라는 것이다.

부르크오버는 더 나아가 1979년 연구보고서를 통하여 학교의 투입, 구조, 풍토와 평균 학업성취, 자아개념, 학생 자신감의 관계를 분석함으로써 학생의 학업성취는 학교 변인에 의해 설명이 가능하다는 주장을 한다. 즉 (1) 사회체제로서 학교는 학생들이 내면화하는 역할, 규범, 기대, 가치 그리고 신념에 영향을 미치며, 이러한 요소들의 사회화는 학생의 학업성취, 자아개념 그리고 다른 정의적 영역에도 영향을 미친다. (2) 학생들이 학습하는 행동과 학업성취는 학교마다 다르다(이는 투입변인인 교사와 학생의 질, 학교의 구조 그리고 풍토에 의해서 설명 가능하다.). (3) 교사와 학생이 가지고 있는 질은 학교의 구조, 과정 그리고 신념에 의해서 변화된다. 여기서 학교의 사회적 구조란 학부모의 개입, 프로그램의 분화 정도, 학급구조의 개방성, 시간표 운영, 학교구조에 대한 교직원의 만족도를 말한다. 이를 도표로 나타내면 <그림 5 - 1>과 같다.

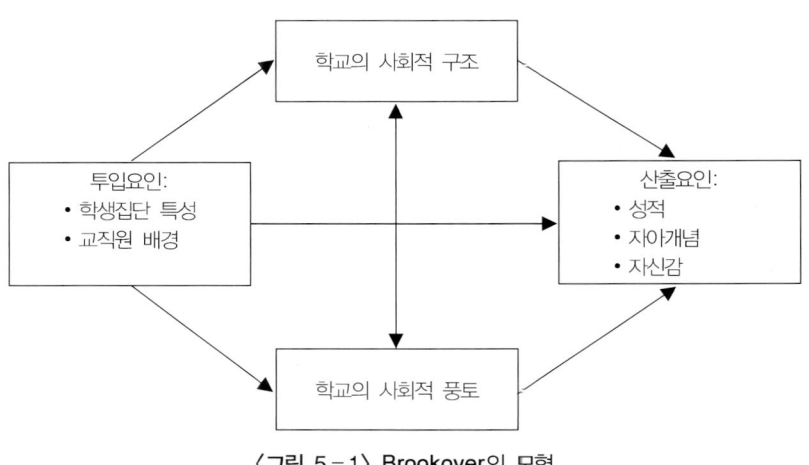

〈그림 5 - 1〉 Brookover의 모형

Ⅴ. 콜맨의 반응

이러한 교사와 학교 변인의 중요성을 강조한 보고서에 대하여 콜맨은 1981년 학교 변인이 학업성취에 미치는 영향 분석 보고서와 1980년 후반부터 학부모의 중요성을 강조하는 연구들을 연이어 발표한다.

1. 1981년 보고서

또 다른 논쟁을 불러일으킨 보고서는 1981년에 발표한 공립학교와 사립학교 간 학업 결과 차이에 관한 보고서이다. 1980년 당시 고등학교 2학년과 4학년이었던 7,500명의 학생을 대상으로 학교교육이 자신의 직업이나 삶에 미친 영향을 분석한 이 보고서는 가정 배경변인이 통제된 후에도 가톨릭학교와 사립학교가 공립학교보다 우수한 교육을 한다는 결과를 제시해서 공립학교 위주의 교육제도를 유지하던 미국 교육의 근간을 뒤흔드는 결과를 가져왔다.

연구 결과를 좀 더 구체적으로 살펴보면, 사립학교는 공립학교보다 안전하고, 잘 가르치고, 보다 질서정연한 환경을 유지한다. 또 사립학교는 공립학교보다 교사와 학생의 비율이 현저히 낮고 사립학교는 종교적 분리 정책을 견지한다. 사립학교는 흑인 학생이 적고 공립학교보다 직업교육이나 비전통적인 교육프로그램을 적게 제공하는 것도 한 이유이다. 이 외에도 사립학교 학생들은 공립학교 학생보다

방과 후 활동에 더 적극 참여한다는 것과 더 확고한 자아 존중감과 운명에 대한 통제력을 가지고 있다는 내용도 있었다. 따라서 가정환경 변인이 통제된 후에도 사립학교 재학생이 공립학교 재학생보다 우수하다는 것이다. 이는 학교가 사립이기 때문이 아니라 사립학교가 공부를 더 시키고, 출석률도 높고, 숙제가 많고, 어려운 과목을 학생들이 선택하고, 면학 분위기가 잘 조성되었기 때문이다. 즉 학업성취를 조장하는 기능적 사회(functional society)의 규범을 가지고 있기 때문이라는 설명이다. 물론 이러한 사립학교 내에 형성된 기능적 사회는 사립학교에 학생을 보내는 학부모의 교육적 관심이 높고 그들에게 가정에서부터 학업성취에 필요한 규범을 형성시키기 때문이다. 따라서 학교가 단순히 가톨릭이나 사립이기 때문에 우수한 학습결과를 갖는 것이 아니라 투입변인부터 공립과 다른 변인이 투입되기 때문에 우수한 결과를 내놓고 학교를 기능적 사회로 만드는 데 일조를 한다는 것이다.

결국 인종통합 정책을 가져온 첫 번째 보고서는 1975년에 발표한 효과 검증보고서에서 보는 것처럼 일부 중산층 백인의 공립학교 탈출로 사립학교를 낳게 했고, 공·사립 간 학습결과의 차이는 그러한 투입변인의 차이로 인하여 잉태되었다고 볼 수 있다. 따라서 학교제도 자체는 교사나 행정가들의 자율적인 의지나 노력에 의하여 작동하기보다는 학교와 연관된 학부모의 의지가 많은 영향을 미치고 있음을 보게 된다.

2. 사회자본론

이러한 규범은 1980년 후반에 이르러 사회자본으로 발전했다. 사회자본은 가정과 학교 그리고 지역사회 내에 다양한 형태로 존재한다. 이런 사회자본이 학생들의 학습결과를 좌우한다는 것이다. 물론 추후 다른 학자들에 의해 수행된 경험적 연구 결과들은 이러한 주장을 사실로 밝혀 주었다. 특히 가정과 지역사회의 사회자본이 학교의 사회자본 형성에 밀접하게 연관되어 있다고 주장함으로써 콜맨은 시종여일하게(물론 공·사립학교 보고서에서 학교 정책이 일부 학습결과에 영향을 미친다는 사실을 인정했지만) 학업성취에서 학부모 역할의 중요성을 강조하고 있다. 학업성취에 있어서 학부모가 가지고 있는 사회자본의 중요성을 보다 구체적으로 살펴보면 다음과 같다.

콜맨은 자본을 물적 자본, 인간자본 그리고 사회자본으로 구분한다(1990: 304). 물적 자본은 도구, 기계 혹은 다른 생산 설비와 같이 실체화된 자본을 의미하는 것으로 이는 생산을 촉진하는 도구를 형성하기 위하여 물질을 변경함으로 생성된다. 인간자본은 사람들로 하여금 새로운 방법으로 행위를 할 수 있도록 하는 능력과 기능을 부여하기 위하여 사람을 변경시킴으로써 생성되는 자본이다. 형식교육을 통하여 획득할 수 있는 기능과 지식이 대표적인 인간자본이다.

사회자본은 행위를 촉진시키는 방법으로, 사람들 간의 관계를 변화시킴으로써 생성되는 자본이다. 물적 자본은 가시적이고 물질에 내재하며, 인간자본은 물적 자본에 비해 덜 가시적이긴 해도 개인이 획득한 지식과 기능에 의존하는 반면, 사회자본은 가장 비가시적이며 사람들 간의 관계 속에 존재한다. 사회자본에 대해서 좀 더 구체적으로 그의 설명을 추적해 보면 다음과 같은 내용을 발견하게 된다.

사회자본은 가정과 학교 그리고 지역사회 내에 다양한 형태로 존재한다. 가정에서는 부모-자녀 간의 유대감, 부모가 가지고 있는 교육에 대한 정보, 자녀교육에 대한 개입의 방식으로, 학교에서는 교사와 학생관계, 기능적 사회가 가지고 있는 규범이나 기대의 형태로 그리고 지역사회 내에서는 지역사회 거주 학부모들 간의 사회적 상호작용, 관계 구조의 긴밀성 그리고 학부모와 지역사회 내에 있는 제도들 간의 다양한 관계로 존재한다. 이를 보다 구체적으로 살펴보면 다음과 같다.

① 가정 내에서 사회자본은 부모-자녀 간 긍정적 상호작용이나 자녀교육에 대한 부모의 개입 등으로 나타난다. 콜맨은 가정 내에서 사회자본을 자녀와 부모 간의 관계로 파악하고, 부모의 존재 유무와 관심사 등도 여기에 포함된다고 보았다. 특히 부모의 역할은 가정 내 사회자본에 있어서 핵심적이다. 왜냐하면 부모는 자녀에 대한 정서적 지지, 재정적 지원 그리고 생활지도의 기초적인 자원이 되기 때문이다. 부모와 친척이나 다른 성인 그리고 친구들과의 개인적 상호작용 역시 자녀의 발달과정에 영향을 미친다.

가정 내 존재하는 사회자본은 의도적 목적을 산출하기 위하여 기대, 규범, 제재를 교환하는 부모-자녀 간 상호작용에 기초를 두고 있다. 즉 사회자본은 부모와 자녀 간에 일어나는 비형식적 사회적 관계를 통하여 발전한다. 이때 부모-자녀 간 사회자본이 영향력을 발휘하게 하기 위해서는 자녀들이 부모의 인간자본에 접근할 수 있는 가정 내 부모-자녀 간의 긴밀한 관계(이를테면 대화 및 상호 이해)가 형성되어야 한다. 또한 부모의 인간자본이 자녀들에게 관련을 맺게 하기 위해서는 부모가 자녀들 삶의 중요한 일부가 되지 않으면 안 된다. 즉 "만약 부모가 소유한 인간자본이 가족관계에서 구체화되는 사회자본에 의해 보충되지 못하면 부모가 가지고 있는 인간자본은 자녀의 교육적 성장과 무관하게 된다."(Coleman, 1988: 110)

이러한 사회자본과 부모의 인간자본은 모든 가정에 다 유사하게 존재하는 것은 아니다. 인간자본이 존재하지만 사회자본이 없는 경우도 있고, 그 역인 경우도 있다. 그리고 인간자본과 사회자본이 모두 존재하거나 아니면 둘 다 없는 경우도 상정해 볼 수 있다. 콜맨 (1988)은 가정 내에 사회자본이 부족한 가정을 결핍가정이라고 하였다. 그러한 가정은 두 가지로 분류되는데, 부모가 부재한 가정을 구조적 결핍가정으로, 부모-자녀 간의 상호작용이 부족한 가정을 기능적 결핍가정으로 구분하였다(1987).

② 학교 내에서 사회자본은 대체로 구성원 간의 관계 그리고 규범이나 기대와 같은 형태로 존재한다. 그러한 사회자본은 학교마다 차이가 있고 그러한 차이가 재학생들의 학습결과의 차이를 낳는다. 이러한 주장은 콜맨과 동료들(1987)의 연구에 의하여 입증되었다. 즉 그들은 공·사립학교와 가톨릭 학교 간 교육결과(성적 및 학교 중퇴율)의 차이를 사회자본의 차이에 입각하여 설명하였다. 공립학교보다 사립학교가 그리고 가톨릭 학교가 성적이 우수하고 상급학교 진학률이 높으며 중퇴율이 낮은 이유는 학업성취를 조장하는 학교 내 규범이 다르기 때문이라는 것이다. 거기에 가톨릭 학교는 긍정적 성취규범을 조장하는 요소들(학부모)이 존재하기 때문이라고 설명하였다.

콜맨은 특히 가톨릭 학교가 종교를 기반으로 하는 기능적 사회

(functional society)를 형성하기 때문에 거주지를 기반으로 하는 공립학교와 다르다는 것이다. 기능적 사회일수록 규범창출을 촉진하기 위하여 교사, 학부모, 학생들 간 사회적 연결이 매우 강하다. 그러한 규범은 모든 아동들에게 질 높은 교육이라는 공통의 목표로 발전한다. 그러한 학교에 재학하는 학생들의 부모는 자녀의 교육문제와 관련하여 상호 긴밀한 유대를 가지고 있다. 사회적 연결을 통하여 갖게 되는 개인 간의 상호 관련성이야말로 규범이 전달되고 제재가 부과될 수 있는 도관(통로) 역할을 한다.

③ 지역사회 내의 사회자본은 지역사회 거주 부모들 간의 사회적 관계와 상호작용, 관계 구조의 긴밀성(대가족제도 등) 그리고 부모와 지역사회 내에 있는 제도들 간의 관계에서 발견된다. 그리고 이러한 사회자본은 지역사회의 사회적 구조의 안정성과 강도에 따라 달라진다(Coleman, 1988).

지역사회 내 가정의 유대망이 기대와 규범과 제재를 공유할 때 관계의 긴밀성, 특히 세대 간 긴밀성은 더욱 강화된다. 그 역도 성립한다. 부모가 자기 자녀 친구의 부모와 친구라면 자녀교육에 관한 정보교환을 증진할 수 있는 사회적 유대망이 존재하는 셈이다. 즉 공고한 유대망이 형성될 때, 구성원들은 더 많은 규범, 기대, 제재 등을 공유하게 된다. 반면, 공고한 유대망을 갖지 못한다면 행동은 불확실해지고 제재 사용은 일관성을 잃게 된다.

요약하면, 콜맨은 자본을 물적 자본, 인간자본 그리고 사회자본으로 구분하였다. 특히 사회자본은 그 기능에 의하여 규정되며 다차원적인 개념이다. 그러나 관계와 자원으로 존재하며 그 형태는 다양하다. 이는 사회구성원들 간 관계에 의하여 생성되기도 하고 변화한다. 사회자본은 가정, 학교, 지역사회 내에 각각 다른 형태로 존재하며 자녀의 교육과도 연관된다.

Ⅵ. 실천적 연구에 더한 이론적 관심

앞에서도 잠깐 이야기했지만 콜맨이 실천적 정책 연구만 한 것은 아니다. 이론에 대한 관심 역시 지대했다. 그는 "사회학의 최우선적인 임무는 행위의 미시적 수준에서 규범, 사회적 가치, 지위 분배 그리고 사회적 갈등과 같은 거시적 수준으로 이동하게 만드는 이론의 발전에 있다."고 주장했다. 이 시기에 콜맨은 특별히 수학사회학에 대한 이론적 관심이 많았는데, ≪수학사회학개론(Introduction to Mathematical Sociology)≫(1964), ≪집단행위의 수학(Mathematics of Collective Behavior)≫(1973)이라는 저서를 통해서 수학사회학에 대한 이론적 관심을 확대했다. 수학사회학은 수학을 활용하여 사회학 이론을 구축하려는 시도이다. 이는 전통적으로 사회학에서 해오던 수학과 사회학의 결합 방식인 자료 분석 방법 및 통계적 모델을 활용하던 방식에서 더 나아가 별도의 수학적 모델을 구축하려는 노력이다. 즉 수학적 대상에 대한 가설을 구체화하고 그러한 아이디어에 대한 경험적 해석을 제공하여 모델의 속성을 추론하고 그 결과를 연관된 경험적 자료와 비교하려 한 것이다.

콜맨의 또 다른 이론적 관심은 합리적 선택이론의 정립 및 확산으로 나타났다. 이는 1975년 통학버스 정책에 대한 효과 검증에서 비롯되었는데 공립학교에서 교외로 나가는 백인의 탈출에 대한 연구가 그로 하여금 인간의 사회적 행위의 기초를 깊게 연구하도록 만든 것이다. 사회적 행위에 대한 합리적 선택이론을 적용하여 개인의 선택이 어떻게 사회적 규범과 동료의 압력 그리고 지도자나 다른 집단과 경쟁하려는 욕구에 의해서 영향을 받는가를 밝히려는 노력의 결과로 나온 것이 ≪사회학 이론의 기초≫이다. 물론 합리적 선택이론에 대한 관심은 1980년대 베커와 함께 시카고 대학에 사회과학에서의 합리적 선택에 대한 세미나를 개설하여 운영하면서 구체화되었다. 1989년에는 ≪합리성과 사회(Rationality and Society)≫라는 잡지를 발간하여 합리적 선택이론의 확산에도 주력했다.

콜맨이 생각하는 합리적 선택이론은 기본적으로 인간의 의사결정 법칙을 구체화함으로써 인간의 사회적 행위를 기술하려는 것이다. 여기에는 두 가지 가정이 필수적인데, 첫째는 개인의 의사가 행동을 결정한다는 것이고, 둘째는, 의사결정은 일련의 일반법칙을 따라간다는 점이다. 합리적 선택이론은 개인이 일련의 잠재적 행위 과정들 사이에서 심사숙고하는 방법으로 그 속에서 합리성은 어떤 행위 과정이 가장 적합한가를 결정하거나 어떤 행위 과정이 적합할 것인가를 예견하는 역할을 한다. 이를테면 사람들은 어떻게 투표할 후보를 정하는가? 일반적으로 의사결정 과정에서 미디어의 영향을 많이 받는데, 미디어 자체보다는 친척이나 친구 중 미디어에 밝은 사람을 따라가는 경향이 있다. 여기서 일반법칙이란 이러한 경향을 말한다. 콜맨은 이렇게 사회 속에서 인간이 어떻게 합리적으로 선택을 하고 행동을 하는가를 이론적으로 설명하려고 노력한 것이다.

Ⅶ. 결론: 뛰어난 사회학 이론가이자 방법론자

콜맨은 공공정책 입안에 기초를 제공한 경험적 연구자이자 사회학 이론의 대가였다. 20세기 교육사회학의 거장으로서 교육의 사회적 문제에 관심을 가진 경험적 연구자이고 이론가였다. 이론을 중시하면서도 경험적 연구를 통해 정책을 입안하도록 하여 이론과 공공의 정책을 통합하려고 노력했던 학자였다.

이론과 경험적 연구 외에도 그가 추구했던 또 하나의 지적 지주인 연구방법론은 경험적 연구를 위한 도구로 활용되거나 이론을 구축하는 방법으로 활용되었다. 대학원 시절 세 명의 은사에게 배웠던 이론, 연구방법 그리고 경험적 세계와의 연관성이 콜맨에 와서 하나로 통합된 것이다. 이런 점에서 콜맨이 수상한 피닉스상 기념 학술대회에서 머튼이 발표한 <내가 가르친 콜맨(Teaching James Coleman)>이라는 글 속의 콜맨에 대한 평은 탁월했다고 보인다.

"우리의 질문은 나와 라자스펠드 둘 중에서 누가 콜맨의 진수를 올바로 발견해 내느냐였다. 라자스펠드는 자신 있게 콜맨은 최고의 방법론자이자 수학사회학자가 될 것을 확신했고, 나 역시 사회학적 이해를 확대시키고 심화시키기 위한 체계적 경험적 연구에 초점을 둔 현상학적 이론가가 될 것을 확신했다. 언제 그렇게 되었는지는 알 수 없으나 우리 둘 다 옳았다는 것을 깨닫게 되었다. 콜맨은 두 가지를 다 이루었으며 오히려 그 이상이었다. 그는 사회학적 탐구의 정책적, 실천적 민감성을 갖춘 뛰어난 사회학 이론가이자 방법론자였다."

제6장
홀(Hall, E.)과 소통의 공간학(Proxemics)[10]

I. 공간에 대한 학문적 관심

공간에 대한 학문적 관심은 비단 어제오늘의 일이 아니다. 생활하는 장소에 대해 관심을 갖는 것은 어쩌면 당연한 일이다. 그래서 그런지 통시적으로 보면 공간과 장소는 고대로부터 오늘에 이르기까지 지속적인 학문적 관심의 대상이 되어 왔다. 그리고 특정 학문의 독점물도 아니었다. 다양한 학문 분야에서 다양한 주제와 접근방법으로 다루어 왔다. 이를테면 철학, 물리학, 건축학, 지리학, 심리학, 예술분야(문학, 시, 음악, 조각, 회화 등)[11] 그리고 인류학에 이르기까지 공간을 주제로 삼고 있는 학문 분야는 실로 다양하다.

그중에서도 공간에 대한 관심의 역사가 가장 오래된 분야는 학문의 역사만큼이나 오래된 철학이 아닐까 한다. (본문과 직접 관련이

---

10) 2009년 초등학교문화연구소 6회 학술대회에서 발표한 글을 재편집하였다.
11) 예술분야에서 공간이 어떻게 다루어지고 있는가는 Stephen, Kern 지음, 박성관 역(2004), 시간과 공간의 문화사, 휴머니스트를 참조하면 좋을 것이다.

있는 것은 아니지만 열거하면) 플라톤의 기하학적 공간, 아리스토텔레스의 장소적 공간, 뉴턴이나 라이프니츠, 데카르트, 이어지는 칸트의 선험적 공간, 오늘날 볼노프(Bollow)의 실존적 공간에 대한 철학적 관심에 이르기까지 다양하게 전개되었다.

그러나 현재 철학에서 공간에 대한 주 관심은 인간존재가 갖는 구체적이고도 원초적인 경험세계 혹은 삶의 세계를 있는 그대로 드러내어 인간과 그가 삶을 영위하는 터전으로서 세계와의 역동적 관계성 속에서 인간 됨의 독특한 의미를 파악하려는 현상학에서 집중적으로 다루어지고 있다. 현상학은 경험을 통해 의식에 드러난 것을 일체의 독단과 편견 및 선입견을 배제한 채 현상을 있는 그대로 기술하고자 한다. 그렇기 때문에 사람들이 임의로 분류하고 조작하는 것이 아니라 사물이 그 자체를 드러내는 방식에 충실하고자 한다.

현상학에서는 우리가 그 속에서 체험한 것에 대한 반성 혹은 성찰을 인도하는 4가지 경험요소로 시간, 공간, 몸(신체) 그리고 관계를 중요하게 여긴다(이근우, 2007). 여기에서 공간이 중요한 주제로 등장한다. 우리가 공간에 주목하는 이유는 공간이 삶을 영위하는 데 필요한 근본조건 중 하나이기 때문이며, 역으로 공간의 특질과 질서는 그 속에서 체험하고 살아가는 사람들을 표현하고 반영하기 때문이다. 그렇기 때문에 공간은 인간의 실존을 파악할 수 있는 하나의 현실적 차원이라 해도 좋을 것이다(물론 현상학에서 수행된 공간에 대한 연구 결과는 많을 것이나 여기서는 공간이 현상학의 중요한 연구주제라는 것만 지적하고 넘어가고자 한다.). 이러한 4요소에 의하여 특정 현상은 있는 그대로 기술될 수 있다. 그리고 그 속에서 사람들이 체험하는 경험을 편견이나 선입견 없이 그려 낼 수 있다. 이를테면 양로원 할머니들의 죽음경험을 이러한 4가지 요소에 의해 이해하고자 하는 것을 보면 공간이 현상을 이해하는 데 차지하는 비중이 중요하다는 것을 알 수 있다. 시간을 통해 인식하는 죽음(멈춤), 사람과의 관계를 통해 본 죽음(단절) 그리고 신체를 통해서 인식하는 죽음(이탈)과 더불어 공간을 통해 인식하는 죽음의 의미(분리)가 죽음에 대한 이해를 보다 생생하게 한다(박미란, 2008).

최근 우리나라 교육학계에서도 공간에 대한 다양한 담론들이 소개되고 있다. 대표적인 것이 교육사학회 주관의 2008년 연차학술대회이다. '역사 속의 교육공간, 그 철학적 조망'이라는 주제를 통하여 근대적 교육공간이 갖는 교육적 혹은 문화적 의미를 밝히고자 하였다. 즉 사람들은 공간에 대한 어떤 해석을 통해 학교라는 공간을 만들어 내고 있으며, 하나의 교육공간이 인간의 삶에 어떤 영향을 끼칠 것인가에 대한 역사적 성찰을 시도하였다. 공간 구성의 기본적 원리를 파악해 가는 과정에서 한국교육의 계기적 변화, 즉 각 시대의 교육공간이 어떠한 목적에서 기획되고 설계되었는가에 대한 통시적 접근을 통하여 교육공간 구성의 시대적 변천과정을 읽어 내고자 하였다.

이들이 다룬 주제로는 공간의 본질에 대한 퇴계의 입장, 전통적 교육공간으로서 서원, 전통 주택과 궁궐, 근대적 교육공간 및 학교공간, 현대공간으로서 집과 박물관 등이었다. 각각이 주장하는 바가 다양함에도 불구하고 공통적으로 전달하려는 메시지는 교육공간은 그 시대의 교육의 본질을 달성하기 위하여 고안되었다는 점이다. 이를테면 한용진(2008)은 교육공간을 대우주로서의 자연, 물리적 교육공간(학교 등), 실존적 공간 그리고 소우주로서 인간의 몸을 상정하고 교육공간은 각 시대가 추구하는 교육의 본질을 달성하기 위하여 구성된다고 보았다. 그러면서 근대적 교육공간은 전근대와 달리 훈육조직으로서의 성격과 훈육의 기술을 과학적으로 발전시키면서, 점차 인간의 의지적 특성을 강화하기 위한 훈련과 이성적 과목 탐구를 위한 교수의 효과성을 높이기 위한 형태를 갖게 되었다. 따라서 이러한 교육공간은 근대교육의 본질인 인간도야와 생명에 대한 외경심과는 유리된 형태를 띠게 되었고, 그 결과 학생들의 능력이 증가하고 효율성은 높아졌지만, 점차 학생들이 규준에 맞도록 정형화되고 규준과 다르게 행동하는 학생들을 비정상적으로 취급하는 경향이 나타나게 되었다는 것이다. 그렇기 때문에 교육의 본질인 훈육과 교수, 양육이 균형적으로 발전할 수 있도록 교육공간을 재구성해야 하며, 학교 이외에도 자연과 실존적 만남의 장이 마련되어야 한다고 주장하였다.

교육공간이 교육의 본질을 실현하기 위한 도구라는 주장은 교육을 훈육으로 이해하고 그에 맞는 공간 구성을 했던 일제강점기에도 그대로 나타난다(송순재, 2008). 즉 교지(校地)와 교사(校舍)의 구조를 일제의 훈육방식에 들어맞도록 운동장은 연병장식으로 만들고, 교장실은 관리통제를 위해 중앙에 자리 잡도록 하고, 교실 내부는 일사불란한 규율에 따라 수업이 가능하도록 구성하였다.

물론 이러한 교육사학회라는 지식공동체에서 교육공간을 학술적으로 조명하려는 노력 이외에도 교육공간에 대한 연구는 지금까지 몇몇 연구물들을 통하여 간헐적으로 시도되었다. 이를테면 이은미(1994)는 통시적 변천과정의 분석을 통하여 학교공간이 갖는 교육적 의미를 밝히고자 하였다. 학교공간은 아동들에게 근원적인 안정성을 제공하는 실존적 공간이라기보다는 즉, 교육적 안정감과 신뢰를 심어주는 공간이라기보다는 생활과 유리된 채 불안과 경쟁을 위한 장소로서 기능을 수행해 왔으며, 교실배치가 주는 잠재적 교육과정 역시 강요와 순응, 인내였다는 것이다.

김계현(1994)은 공간에 대한 교육인간학적 의미 분석을 통하여 인간에게 있어서 공간은 안정된 삶의 장소이며, 따라서 학교공간은 규율 중심에서 벗어나 아늑한 공간으로, 획일성을 극복하고 다양성을 확보하는 심미적 공간으로 구성되어야 한다고 주장하였다. 그 속에서 인간의 본질적인 존재 상태에 머물 수 있도록 돕는 것이 교육의 역할이라고 보았다. 학교가 삶의 공간이 아니라는 것은 최성욱(2006)도 지적하고 있다. 그는 교육공간이 갖추어야 할 조건으로 교육내재율이 실현되는 가지(可知)의 공간, 즉 주체의 자발적 참여와 노력으로 창조되고 구성되는 인격적 공간을 내세웠다.

그 외 조채영과 하정연(2006)은 생태유아교육기관에서 생활공간의 구성방식과 활용방법에 대한 연구를 통하여 아동들에게 적합한 심리적, 물리적 그리고 생태적 공간으로서 유아교육기관이 어떻게 구성되고 활용되어야 하는가를 보여 주었다. 구수경(2007)은 푸코의 공간 담론에 입각하여 권력 - 지식의 관계를 동가적으로 보고 그 양자를 매개하는 힘이 교육이라는, 즉 권력의 관점에서 교육을 파악하여 근대적 공간의 특징을 규율주의(displinism)라고 규정하였다(정순우, 2008 재인용).

정순우(2008)에 따르면, 1970년 이후 우리나라에서 진행된 교육공간에 대한 이러한 연구들은 대체로 근대적 시공간관의 본질이 과연 무엇이고 그것이 학교건축이나 공간에 어떻게 투영되었는가를 확인하는 형태로 진행되었다고 한다. 그 과정에서 활용되었던 이론적 배경은 크게 두 가지인데, 하나는 푸코의 공간 담론이고, 다른 하나는

짐멜의 도시공간론, 르페브르(Lefevere)의 헤겔적 마르크스주의 공간론, 하비(Harvey)의 공간정치경제학이라는 것이다. 전자에 따르면 학교는 군대나 감옥과 마찬가지로 조직적인 감시와 규제 그리고 훈련이 지배하는 공간(총체적 기관)이며, 후자는 학교를 근대성의 개념에서 파악한 규격화와 규율로부터 이탈할 수 있는, 즉 탈근대적인 공간으로 이해하려는 데 공헌할 수 있을 것이라 한다. 후자에 대한 연구나 이에 대한 교육학에서의 이해를 시도한 연구는 아직 찾아볼 수 없다.

아무튼 이들이 공통적으로 내세우려는 것은 오늘날 학교공간은 삶을 위한 공간이라기보다는 기능이 더 강조된 장소이며, 실존적인 공간이라기보다는 효율성이 강조되는 공간이고, 생활공간이라기보다는 관리되고 통제되는 공간이라는 점이다. 이러한 교육학에서의 공간에 대한 연구 노력은 이제 시작에 불과할 뿐, 지속적으로 영역을 확대하여 전개되어야 할 것이다. 학교공간을 조명해 보려는 노력은 또 다른 학문 발전의 계기가 될 것이고, 실제적으로도 학교공간에 대한 이해를 통하여 구성원이 공간에 부여하는 의미를 앎으로써 학교공간을 어떻게 구성하여야 하는가에 대한 시사점을 얻을 수 있을 것이다. 그러면 교육인류학에서는 지금껏 공간에 대해 어떻게 다루어 왔는가?

Ⅱ. 문화와 공간: 교육인류학에서의 공간에 대한 관심

공간은 르페브르(Lefevere)가 주장한 것처럼, 사회적 산물이고 그 문화가 내포한 다양한 사회관계와 문화 형식을 담고 있는 장소이다

(정순우, 2008, 재인용). 이러한 점에서 교육공간이 문화에 따라 어떻게 지각되고 이해되는지 그리고 활용되는지에 대한 연구가 대단히 중요하다.

서양에서 공간은 다양한 방법으로 개념화되었다. 이를테면 보가더스(Bogardus)의 사회적 공간(social space), 스로킨(Sorokin)의 사회문화적 공간(sociocultural space), 레빈(Lewin)의 위상학(topology) 그리고 채플과 쿤(Chapple & Coon, 1955) 및 할로웰(Hallowell, 1955)의 문화에 따라 측정방법이 서로 상이한 기계적 거리(technical distance) 등이 그것이다(Hall, 2003). 1990년대에 와서 사회과학 전반에 걸쳐 공간과 장소에 대한 관심이 부활되었으며, 이 점은 인류학에서도 예외가 아니었다.

오래전부터 인류학자의 관심을 끈 것은 문화적 가치와 실제에 대한 공간적 차원이었다. 원시 부족사회나 촌락이 대한 연구는 일상적으로 자연경관과 일상생활의 물리적 상황을 기술하거나 이러한 현상을 이론적 관점에서 분석하는 것에 집중되었다. 그러다 차츰 인류학자들은 문화의 공간적 차원을 배경(background) 혹은 후면으로서가 아니라 전면(foreground)으로 바라보기 시작하였고, 그로 인하여 모든 인간 행동은 문화에 의해 형성되고 문화 속에서 일어난다는 개념이 새로운 의미를 갖게 되었다. 즉 문화의 공간적, 물질적 양상에 관심을 집중한 것이 아니라 공간이 사회문화 이론의 핵심 요소라고 인식하게 되었고, 그로 인하여 인류학자들은 공간적 방법으로 문화에 대한 이해를 새롭게 하게 되었다.

1990년 이후 공간과 장소에 대한 인류학에서의 연구 결과들은 크게 다음과 같은 6가지 하위 주제로 분류될 수 있다(Low & Lawrence-

Zúñiga, 2003). 신체 공간(embodied space), 성차 공간(gendered space), 각인 공간(inscribed space), 경쟁 공간(contested space), 탈국가적 공간(transnational space), 공간 전략(spatial tactics). 이러한 영역이 곧 인류학에서 공간에 대한 현재의 탐구 방향이라고 해도 무방할 것이다. 물론 이러한 영역은 결정적인 것도 아니고 상호배타적인 것도 아니다. 사회공간적(sociospatial) 문제가 규정되고 이론화될 때는 오히려 상호 중복적이라고 해야 옳을 것이다.

먼저, 신체공간이다. 로우와 로렌스쥐니가(Low & Lawrence - Zúñiga, 2003)에 따르면, 그동안 주관적 신체와 객관적 신체 간 이원론과 신체공간의 물질적(material) 국면과 표현적(representational) 국면으로 신체를 구분하여 보던 것을 인류학에서는 통합적으로 보려 한다. 즉 신체는 물리적 생물학적 통합체이자, 생동적인 경험의 주체이며 세계 속에서 말하고 행동하는 위치인 활동의 중심체(center)이다. 신체는 사회적 생물학적인 특성으로 나타나며, 세계 속에 관여하고 출현하는 형태 그리고 감각적 경험에 의해 규정되는 불확실한 방법의 영역으로서 체화(embodiment)된다. 따라서 신체 공간이란 인간의 경험과 의식이 물질적 공간적 형태를 나타내는 지점(location)이다. 신체경험에 대한 문화적 설명에는 공간학(proxemics), 신체에 대한 현상학적 이해, 공간적 정위(spatial orientation) 그리고 언어적 차원이 포함된다. 즉 신체 공간은 공간적 정위, 운동, 언어를 통하여 장소를 새롭게 구성하고 이해하는 하나의 모델이다.

둘째, 성차 공간은 행동유형과 상징적 표현 방법이 성(gender)에 의하여 어떻게 다른가, 권력, 권위, 가치의 차이가 성차에 따라 얼마나 다르게 나타나는가에 초점을 둔다. 남성이나 여성과 같은 성차(gender)

는 신체적, 해부학적, 혹은 발달적 차이에 대한 문화적 해석에 의해 규정된다. 비록 성(sex) 그 자체는 생물학적 특성에 의해 구분되지만, 성차[12] 혹은 성역할은 문화적으로 규정된다. 여기서 성차 공간이란 문화가 성 차이에 의미를 주는 특별한 장소(locale), 성차별적인 관행(practices)이 일어나는 장소(site) 그리고 권력과 권위에 대한 상호대칭적 성 연관성을 전략적으로 생산하거나 재성산하는 데 사용되거나 성 정체성을 알려주기 위하여 전략적으로 사용되는 장면(setting)을 말한다. 따라서 공간과 성차를 상호 교차시켜, 문화마다 성차에 따라 공간에 대한 인식이 어떻게 다르게 지각되며, 어떻게 다르게 해석되는가를 규명하고자 한다. 집(house)은 대표적인 성차 공간으로 인식되는데, 그 이유는 여성이 주로 점유하고 있는 여성 활동의 경계이자, 여성의 역할이 공간적으로 접합되는 장소이기 때문이다.

셋째, 각인 혹은 기록공간은 인간과 인간이 점하고 있는 환경 간의 관계에 초점을 둔다. 여기서는 인간은 어떻게 그들이 점하고 있는 장소와 의미 있는 관계를 형성하는가, 어떻게 공간에 의미를 부여하는가, 공간(space)을 장소(place)로 변형하는가에 관심이 있다. 그리고 어떻게 경험이 장소에 기록되는가(새겨지는가) 그리고 사람과 사건을 연관시킨 기록을 공간은 어떻게 간직하는가에 초점을 둔다. 사람과 환경 간 관계는 공간에 의미를 부여하는 것 그 이상이다. 즉 이야기와 실천(praxis)을 통하여 상호 구성적 방법으로 인식된 환경의 속성에 대한 문화적 동화와 인식을 포함한다. 여기에는 건축술적인 공간, 장소로서의 경관 그리고 이야기를 간직한 장소 등이 포함된다.

---

12) 홉스테드(Hofstede, 1995)는 남성(male), 여성(female)은 생물학적으로, 남성성(masculine), 여성성(feminine)은 문화적으로 규정된다고 보았다.

넷째, 경쟁 공간에서는 특정 장소에 초점을 둔 사회적 갈등을 강조한다. 여기서 경쟁 공간은 권력에 대한 차별적 접근과 자원에 대한 차별적 통제에 의해 규정되는 서로 다른 사회적 지위를 가진 행위자들을 반대, 대결, 타도 그리고 저항 형태의 갈등에 연루시키는 지리적 장소를 말한다. 이러한 갈등은 기본적으로 장소(site)에 부여하는 의미에 집중되거나 그 해석에서 비롯되지만, 뿌리 깊은 집합적 신념에 대한 보다 넓은 사회의 투쟁을 표현하는 것이기도 하다. 경쟁 공간은 사회생활의 수많은 국면의 표현에서 발견되는 지배적인 문화적 주제와 협상하고, 반박하고, 만들어 내고, 공포하기 위한 구심점(locus)으로서 역할을 하거나 이에 대한 외적 표현을 제공하는 역할을 한다. 여기서 공간들은 경쟁적이다. 왜냐하면 공간들은 기초적이고 계속해서 반복되는 관행(practices)을 구조화하는 이념적 사회적 틀을 공고히 하기 때문이다. 경쟁 공간을 이해하기 위한 이론적 접근방법은 다양한데, 장소의 형태에 따라 그리고 경쟁하는 장소의 사회적 맥락에 따라 접근방법이 다르기 때문이다.

다섯째, 탈국가적 공간은 사람들의 이주에 초점을 두면서 후기자본주의 경제에 의해 야기되는 공간의 변형에 주목한다. 공간이 변형되는 방법에 따라, 지구촌 공간, 탈국가적 공간, 탈지역적 공간으로 구분한다. 지구촌 공간은 세계 경제와 자본의 흐름이 지역적 장소를 변형시켰고, 동질적이고 탈영토적인 공간을 낳게 한 결과이다. 탈국가적 공간은 경제의 세계화에 따라, 국경을 넘어 사람들이 이주함으로써 새로운 다국적 공간과 영토 관계를 변화시킴으로써 나타났으며, 탈지역적 공간은 세계화로 인하여 전자 미디어와 이주 그리고 그로 인한 공간과 장소와 문화의 동질성의 붕괴로 지역적 장소와 사회적 관계가 변화한 결과이다. 이러한 문화적 세계화는 탈지역적인 새로운 공간을 창조하였으며 사람들의 마음속에 이미지로 붙박여 있던 국가 중심적 영토성의 개념을 해체하고 새로운 대중문화를 낳게 했다.

끝으로, 공간 전략이란, 공간을 권력과 사회통제의 기술이나 전략으로 활용하는 것을 말한다. 여기서는 공간이 어떻게 권력관계를 모호하게 만드는가에 초점을 둔다. 공간의 중립성은 각본에 쓰인 이야기와 특별한 이데올로기를 가르침으로써, 사회체제를 유지하는 역할을 감추어 왔다. 르페브르(Lefevere)는 공간을 사회적 결과물의 모순을 감추는 사회적 산물이라고 보았다. 공간의 영역에서는 알려진 것과 투명한 것은 하나이고 동일한 것이다. 이를테면 남미의 거리광장에서 식민공간은 중요한 토착 종교의 의미와 장소가 만드는 의미를 감추게 한다. 이러한 혼란은 스페인 주도적인 관행에 직면하여 토착민들의 정치적 저항과 문화적 계속성을 부호화하는 주요한 공간 관계에 대한 역사적, 인류학적, 고고학적 연구를 통하여 투명하게 밝혀졌다. 후기 자본주의와 대중적 의사소통 시대의 권력과 공간 간 관계를 규명하고자 한 푸코의 노력은 여기에 속한다.

아무튼 교육인류학에서 공간은 사람들이 문화에 따라 어떻게 이를 지각하고 이해하는지 그리고 활용하는지를 밝히고자 한다. 공간 그 자체가 주는 의미도 밝히지만, 그 속에서 일어나는 일과 거기에 사람들이 어떻게 의미를 부여하는가를 포괄한다. 즉 공간 그 자체를 탐구 대상으로 하기도 하고, 그 속에서 일어나는 활동이나 그 공간에 대한 활용 방법 그리고 공간과 사람의 행동 간 관계 등을 장소나 문화에 따라 어떻게 다르게 이해하고 해석할 것인가를 밝히고자 한다. 전술한 것처럼 우리나라에서는 권력의 관점에서 교육을 파악하여 근대적 공간의 특징을 규율주의(displinism)로 규정하려 했던(위의 분류에 따르면 공간 전략에 속한다.) 구수경(2007)의 논문을 제외하고는 아직 이렇다 할 연구가 없다. 그런 점에서 공간에 대한 문화적 혹은 교육적 접근을 시도했던 홀(Hall)의 노력은 이 분야의 선구자적 업적으로 앞으로도 교육공간을 연구하는 하나의 모델이 될 수 있을 것이다.

Ⅲ. 홀(Hall, E.)의 공간학에 대한 이해

인류학자 홀(Hall, E. T)은 주로 다양한 문화 간 의사소통 방식(inter - cultural communication)에 관심이 많았으며, 특히 침묵의 언어로서의 시간과 공간에 대한 분석과, 문화의 한 기능으로서 사람들이 공간을 활용하는 방식, 즉 문화에 따른 공간을 구조화하는 방식에 그의 학문적 관심이 있었다. 전자의 연구 결과가 『침묵의 언어(1955)』이며, 공간을 지각하는 형식에 대한 문화적 차이를 다룬 것이 『숨겨진 차원(1966)』이다. 홀(Hall)의 공간학을 이해하기 위해서 그의 성장 배경과 비언어적 의사소통에 대한 학문적 노력 그리고 그의 공간학을 형성하는 데 영향을 미쳤던 다양한 지적 전통에 대해 알아보고, 그 결과로 나타난 그의 학문적 성과를 살펴보고자 한다.

1. 홀(Hall)의 학문적 배경

인류학자 홀(Hall)은 1914년 미국 미주리 주 세인트루이스에서 출생하였다. 젊었을 때는 미국 인디언 봉사단으로 호피와 나바조 거주지에서 댐과 다리 공사를 하는 건설단 일원으로 일했다. 1942년 컬럼비아대학교에서 인류학 박사학위를 받고, 흑인봉사단의 일원으로 2차 대전에 참가하였으며, 전후 다시 컬럼비아대학교 후박사과정으로 복귀하여 문화인류학 연구를 계속하였다. 이때 Kardiner, Kluckhohn, Benedict 등 인류학자와 정신의학자들과 같이 세미나에 참여하였다. 그 후 덴버 대학에서 가르쳤고, 버몬트의 베닝턴 대학에서 가르칠 때는 프로이트 심리학자인 프롬(Fromm, E.)과 교류하였다. 1950 - 1955년까지는 미국의 외교관 등 해외 근무자를 위하여 만들어진 해외봉사단(Foreign Service Institute) 단장으로 일하였다. 그 후 그는 저술활동과 워싱턴학교의 정신의학과와 제휴하여 일을 하다가 1963년부터 은퇴할 때까지(1977) Northwestern 대학의 인류학교수로 근무하였다.

그의 문화 간 관계(inter - cultural relation)에 대한 관심은 앞서 이야기한 것처럼, 성장과정에서의 개인적 경험, 즉 인디언 보호구역 근무, 2차 세계대전 참가 그리고 해외봉사단에서의 경험이 밑바탕이 되었다. 특히 공간에 대한 문화적 인식의 차이를 연구하게 된 것은 바로 2차 세계대전 중 유럽과 필리핀에서 근무했던 경험이 계기가 되었다. 전쟁 참여 경험과 해외봉사단장으로서 경험을 통하여 홀(Hall)은 많은 사람들의 문화 간 의사소통의 차이를 목도하고, 실체(reality)에 대해 문화마다 인식하는 방법의 차이가 기본적으로 문화

간 의사소통의 장애가 된다는 점을 발견하였다(CSISS classics). 그
러나 그의 문화 간 의사소통 연구에 대한 학문적 영향력은 컬럼비아
대학 인류학과에서의 훈련과정과 해외봉사단장으로서 실천과정이 더
큰 몫을 했다. 그는 그의 문화 간 비언어적 의사소통 방식의 차이에
대한 연구에 영향을 미쳤던 지적 전통을 다음과 같이 네 가지로 들
고 있다(Rogers, Hart, & Miike, 2002).

첫째, 문화인류학의 영향이다. 컬럼비아 시절 그는 인류학자 보아
스(Boas)와 베네딕트(Benedict)의 영향을 받았다. 문화적 상대주의와
의사소통(communication)이 문화의 핵심을 구성한다고 주장하였다.
또한 미드(Mead)로부터는 인류학적 이해를, 버드휘스텔(Birdwhistell,
R.)로부터는 동작학(Kinesics)에 대한 기초를 배웠다 한다. 그러나 그
는 기존 인류학에서의 문화에 대한 접근, 즉 거시적 수준, 단일 문화
내의 경제, 정부, 친족관계, 종교적 체계에 대한 연구보다는 미시적
수준에서 다른 문화 사람들 간 상호작용 행동의 차이를 분석하는 데
연구의 초점을 두었다.

둘째, 언어학의 영향이다. 해외봉사단에서 근무할 때 홀(Hall)과 가
장 절친했던 사람은 동료였던 트래거(Trager)였다. 그는 예일대학교
에서 언어학자인 사피어(Sapir, E.)와 훠프(Whorf)의 지도를 받았는데,
홀(Hall)은 특히 미국 남부 원주민인 호피족의 언어에 대해서는 훠프
교수의 그리고 타노안족 언어의 이해에 대해서는 트래거의 영향이
컸다고 한다. 그들의 영향으로 홀(Hall)은 언어가 인간의 사고와 의
미에 영향을 미치는 과정과 이를 기초 언어상대주의를 알게 되었고,
비언어적 의사소통 방식을 통하여 인간의 행동을 규명하고자 하였다.

셋째, 동물행동학(ethology)의 영향이다. 생물학, 특히 동물의 행동

에 대한 홀(Hall)의 관심은 동물의 혼잡성(crowding)과 공간을 다루는 방식에 연유하여 인간의 밀집성과 공간에서의 행동을 다루는 방식을 이해하려 했으며(『숨겨진 차원』), 그의 『침묵의 언어』에 나오는 문화 지도(map of culture)는 생물학에 기초하고 있다. 또한 그의 형식적, 비형식적 그리고 기계적 시간에 대한 구분도 생물학의 이론에 기초하여 발전된 것이다.

넷째, 홀(Hall)의 문화 간 의사소통 방식 및 공간학의 기초 형성에 영향을 미친 것은 프로이드 심리학 이론이다. 이러한 영향은 베닝턴 대학에서의 프롬과 지적 교류에서 비롯된 것이기도 하고, 컬럼비아에서의 후박사과정 중 정신분석적 접근에 대한 세미나 참여의 영향이기도 하다. 그리고 워싱턴학교와의 정신의학 제휴를 할 때 그곳의 설리번(Sullivan, H. S)으로부터 받은 영향이기도 하다. 이들을 통하여 홀(Hall)은 정신분석 이론에 대한 심층적 이해를 할 수 있었고, 실제로 본인도 7년 동안 정신분석가로 활동하였다. 『침묵의 언어』에서 주장한 것처럼 의사소통 방식에 있어서 암묵적 혹은 무의식적인 수준이 중요하며 말보다는 행동이 중요하다. 언어는 많은 것을 감추고 있기 때문에 드러난 말보다 드러나지 않은 언어가 더 중요하다고 보았다. 이러한 상황은 그로 하여금 겉으로 드러난 정보교환의 외현적 의식수준보다 침묵의 언어에 주목하게 하였다.

따라서 홀(Hall)은 공간학이나 문화 간 의사소통에 관한 패러다임을 구축함에 있어서 크게 두 종류의 지적 전통으로부터 영향을 받았다고 할 수 있다. 하나는 인류학자인 보아스계(보아스, 베네딕트, 사피어, 휘프, 트레저)의 영향이고, 다른 하나는 프로이드 심리학(프로이트, 설리번, 프롬)의 영향이다. 그렇기 때문에 짐델의 타인이론(theory of stranger)이나, 다윈의 얼굴표현을 통한 비언어적 의사소통에 대한 연구 결과와는 무관하다고 한다.

2. 홀(Hall)의 공간학

홀(Hall)의 관심사 중 하나가 서로 다른 문화를 가진 개인들이 어떻게 효과적으로 의사소통을 할 수 있는가에 있었다면, 또 다른 관심사는 서로 다른 문화를 가진 사람들은 공간을 어떻게 구성하고 행동하며, 의미를 부여하는가를 이해하는 것이었다. 물론 비언어적 의사소통 방식과 공간의 이해방식은 상호 별개의 것이 아니다. 그는 문화가 곧 의사소통이고, 의사소통이 곧 문화이며, 의사소통이 일어나는 시공간이 문화마다 다르다고 보았다.

'공간학'(Proxemics[13])이란 용어는 1966년 『숨겨진 차원(Hidden dimension)』을 통하여 홀에 의해서 처음으로 소개되었다. 처음에는 사람들이 상호 작용할 때 사람들 간 거리(대인거리)를 나타내기 위하여 사용하였으며 공간 내에서 사람들이 차지하는 영토성(영역의식), 위치선정 그리고 공간 활용 및 그 결과로 나타나는 사람들의 행동의 차이를 문화적 관점에서 설명하는 용어로 확대되었다.

홀(Hall, 2003)에 따르면, 자신의 '공간학'이라는 용어는 지금까지 서양의 학계에서 논의되었던 공간 개념, 즉 앞에서 언급한 보가더스

---

13) 공간학이라는 용어를 개발하하는 과정에서 홀은 처음에는 생리적 의사소통으로서 사회적 공간(social space as bio - communication), 개인 간 접촉하는 미시적 공간(micro - space interpersonal encounter)으로 명명했다가, 외부 공간 연구자와 구별하기 위하여 인간위상학(human topology), chaology, 빈 공간 연구, oriology, 경계연구, (생물)분포학, 조직된 장소 연구 등으로 명칭하기도 했다.

(Bogardus)의 사회적 공간(social space), 소로킨(Sorokin)의 사회문화적 공간(sociocultural space), 레빈(Lewin)의 위상학(topology) 그리고 채플과 쿤(Chapple & Coon, 1955) 및 할로웰(Hallowell, 1955)의 기계적 거리(technical distance)와도 무관하고, 자머(Jammer)의 물리학에서의 공간 개념과도 무관하다고 한다.

홀(Hall)의 공간에 대한 관심은 앞서 언급한 것처럼 해외봉사단에서 일할 때, 시간과 공간을 다루는 방식이 의사소통의 형태를 구성하고, 공간을 다루는 방식의 문화적 차이로 인하여 많은 사람들이 난관에 봉착하고 있다는 사실(상이한 공간 활용 방식이 사람 간 관계에서 기대치 않은 긴장을 야기한다.)에 입각하여 서로 다른 문화를 가진 사람들이 공간을 사용하는 방법에 주목하면서부터이다.

공간 행동 차이로 인하여 발생하는 사람 간 오해, 문화충격이 그로 하여금 훠프(Whorf)에 주목하게 하였고, 그의 언어 관련 이론을 문화적으로 유형화한 행동, 특히 당연한 것으로 간주되는 문화적 국면에 응용하게 하였다. 공개적으로 인식된 현상에 대한 경험조차도 문화가 다르면 달라질 것이고, 더더군다나 암묵적인 경험은 두말할 것도 없다. 사람들의 감각기관은 상호 다르게 프로그램화되었기 때문에 문화가 다르면 공간을 다르게 구성할 것이고 그에 대해 다르게 경험한다는 것이다.

만약 공간 경험이 환경의 구체적 국면에 대한 감각과 선택적 관심에 따라 서로 다르게 유형화된다면, 어떤 사람이 혼잡하다고 생각하는 것은 다른 사람에게는 그렇지 않다고 이해될 수 있다. 따라서 보편적인 혼잡성은 존재하지 않는다. 이를테면 사람들이 스트레스를 받는다면, 스트레스 강도는 어느 정도이고, 어떤 감각기관이 관여되는가에 대한 답을 하기 위해서는 오히려 동물행동학, 생화학, 실험심리학, 동작학 등이 필요할 것이다. 따라서 홀(Hall)은 기존의 사회학적 접근에 의존하기보다 오히려 활동의 복잡성이나 생태학(동물행동학)에서 이야기하는 영토성과 연관된 학문 분야에 의존하려고 하였다.

그중 하나가 앞서 언급한 것처럼 트래거(Trager)의 언어적 모델에 입각하여 문화 이론을 전개한 것이다. 홀(Hall)은 문화체제를 생리학의 유기체에 적용하였다. 그는 처음에는 문화에 선행하지만 후에 문화로 정교화되어 포함되는 행동을 드러내기 위하여 기층문화(infraculture)라는 용어를 제시하면서, 이는 기초적인 문화적 체제를 분석하는 데 유용할 것이라고 하였다. 동물세계에서 영토성이 어떻게 나타나는가를 살펴보면, 공간에 대해 인간이 어떻게 보다 복잡하고 정교하게 공간을 고려하는지를 알 수 있을 것이다. 이는 동물형태학의 관점에서 보면 인간유기체는 자연을 급속도로 변화시킬 정도로 연장물(extension)을 정교하게 구체화하였다. 인간은 역동적 균형과 연관하여 새로운 차원인 문화차원을 창출한 것이다. 인간과 자연환경이 서로를 구조화하는 과정에 참여한 것이다. 인간은 자기 자신의 소생활권(biotope)을 창조하는 위치에 있다. 따라서 인간은 어떤 종류의 유기체가 될 것인가를 결정할 수 있는 위치에 있다는 것이다.

홀(Hall)의 공간학 형성에 영향을 미친 또 다른 사람은 인간과 동물이 야생의 상태, 동물원, 실험실, 서커스 등의 상황에서 상호 작용할 때 어떤 일이 일어나는가를 연구했던 동물학자 헤디거(Hediger)였다. 그는 헤디거의 연구를 통하여 상호 소통하는 유기체의 의사소통 체계의 중요성을 인식하게 되었고, 종의 감각적 상징 세계(이를테면 영토 표시 방법 등)에 대한 이해의 중요성을 알게 되었으며, 특별히 엄격히 구분된 영토를 벗어났을 때 동물들이 어떻게 거리를 다루는가 그 방식을 알게 되었다. 후술할 4가지 형태의 공간거리 중 헤디거가 제시한 도주거리, 위험거리, 사적 거리, 사회적 거리를 수정하여 홀(Hall)은 4가지 거리 형태를 고안하였다(친밀한 거리, 사적 거리, 사회적 거리, 공적 거리).

홀(Hall)은 동물행동학과 심리학에서 많은 영향을 받았는데, 영토성과 인구밀도[14] 간 관계도 그중 하나이다. 가체수의 혼잡으로 인하여 동물들이 느끼는 스트레스 간 관계가 인간의 공간 이해에도 적용될 수 있다는 것이다. 밀집지역의 주거환경과 신체적 사회적 병리현상 간의 관계에 대한 연구도 그중 하나이다.

결과적으로 동물행동학이 홀(Hall)에게 미친 영향은 개개 유기체는 감각적 도구의 역할을 수행하는 주관적 세계(subjective world)에 거주하며, 그 세계로부터 임의적으로 분리되면 맥락을 변경시키게 되고, 결과적으로 그렇게 함으로써 의미를 왜곡시킨다. 유기체의 내적, 외적 환경을 구분하는 기준은 정확하게 구분할 수 없다. 유기체와 소생활권(생활공간)은 거시적 체제 내에 단일한 그리고 응집력인 강한 체제를 구성한다. 따라서 다른 요소를 고려하지 않고 단독으로 어떤 것을 고려하는 것은 의미가 없다는 것이다.

이러한 영향으로 나타난 홀(Hall)의 공간에 대한 연구는 크게 4가지로 정리할 수 있다. 첫째, 공간이해의 기초로서 문화에 따른 의사소통의 형태, 즉 고맥락적 문화와 저맥락적 문화, 둘째, 공간의 형태, 즉 고정된 공간, 반고정적 공간, 비형식적 공간, 셋째, 공간 속에서

---

14) 밀집성 혹은 밀도는 물리적인 것과 사회적인 것으로 나눌 수 있다. 전자는 일정한 면적에 개체수가 얼마나 밀집해 있느냐의 정도를 말하며, 후자는 개체수와 상관없이 개체들 간 얼마나 많은 사회적 접촉이 일어나느냐이다.

나타나는 공간의 거리, 즉 친밀함의 거리, 사적 거리, 사회적 거리, 공적 거리가 그것이다. 이를 차례대로 살펴보면 다음과 같다.

가. 의사소통 방식의 차이

문화에 따라 공간 이해의 기초가 되는 의사소통 방식, 특히 비언어적 의사소통 방식이 다르다. 홀(Hall, 1966)에 따르면 사람들이 대화할 때는 메시지의 일부만 공급하고 나머지는 듣는 사람이 채워 넣는다. 말해지지 않는 부분은 당연한 것으로 받아들여진다. 그러나 문화가 달라지면 채워지는 내용도 달라진다. 그는 신체 거리나 자세를 사람의 목소리의 억양이나 음향과 같은 미묘한 감각적 변화나 동요에 대한 비의도적 반응이라고 보았다. 채워지는 형식적인 내용으로서 언어는 말할 것도 없고, 비언어적 의사소통 방식15)에서 더욱 큰 문화적 차이가 나타난다고 보았다.

홀(Hall, 2000)은 문화를 구성하는 주요한 요소가 문화마다 다르다고 보고, 주요한 문화적 구성요소를 고맥락적 문화 요소와 저맥락적 문화 요소로 구분하였다. 이러한 문화 요소에 따라 의사소통 방식이 달라진다. 고맥락적 문화에서는 사람들이 규칙을 이해하는 데 도움을 주는 많은 맥락적 요소가 있으며, 그 결과 많은 것이 당연한 것으로 간주된다. 반면, 저맥락적 문화에서는 암묵적인 것보다는 명시적으로 표현되지 않으면 안 된다. 따라서 이심전심으로 상황이 이

---

15) 지금까지 분류된 비언어적 의사소통 방식으로는, 동작학(kinesics: 제스처, 자세, 얼굴표정, 시선), 접촉학(tacesics: 악수, 포옹, 손바닥을 마주치는 행위 등 신체 접촉), 공간학(proxemic: 대인거리, 영역의식, 위치선정, 공간 활용 방식), 시간학(chronemics: 시간을 대하는 태도 및 인식), 주변언어(paralanguage: 음성적, 음운적 요소(목소리, 웃음, 음세, 발음습성, 침묵, 망설임), 운율적 요소(음성의 악센트, 억양, 높이, 길이, 속도 등)) 등이 있다.

해되는 것이 아니라 현상에 대한 명백한 설명이 필요하다. 양자 간 상호 차이 점을 메시지의 공개성, 실패와 성공의 귀인 요소, 비언어적 의사소통의 활용 방식, 반응의 표현 방식, 집단의 응집성, 사람 간 유대망, 관여도, 시간의 활용 방식에 입각하여 요약하면 다음의 <표 6‑1>과 같다.

〈표 6‑1〉 고맥락 문화와 저맥락 문화의 이해(Hall)

요 소	고맥락 문화(High context)	저맥락 문화(Low context)
메시지의 공개성	매우 은밀하고 함축적 메시지, 은유나 행간읽기가 중요	단순 명료한 공개적이고 드러난 메시지
통제와 실패 귀인 소재	내적 통제, 실패의 개인적 수용 (내 탓)	외적 통제, 실패에 대한 타인 원망(네 탓)
비언어적 의사소통의 활용	많은 비언어적 의사소통	보디랭귀지(body language)보다는 언어적 의사소통 강조
반응의 표현 방법	보류된 내성적 반응	가시적, 외적, 즉각적 반응
집단의 응집 및 분리	내집단과 외집단 간 강한 구분, 강한 가족애	필요시 가변적 개방적인 집단
사람 간 유대감	가족과 지역사회에 대한 강한 소속감	낮은 충성심으로 사람 간 깨지기 쉬운 유대감
관계 관여도	지속적인 관계에 높은 관여, 일보다 관계가 더 중요	관계에 대한 낮은 관여도, 일이 관계보다 중요
시간의 융통성	시간은 가변적이고 개방적임, 과정이 결과보다 중요	시간은 매우 조직적, 결과가 과정보다 중요

출처: http://changungminds.org/explanations/culture/hall_culture.htm

나. 공간의 형태

홀(Hall)은 인간의 공간 사용에 관한 상호 연관된 관찰과 이론을 정의하기 위하여 앞에서 말한 것처럼 '공간학'(Proxemics)이라는 용어를 사용하였다. 그는(1966) 미시문화적 수준[16]에서 인간이 고정되거나 반쯤 고정되거나, 움직일 수 있는 공간을 어떻게 구성하는지, 세 가지 공간(고정된 공간, 반고정적 공간, 비형식적 공간) 속에서 동료들과 상호 작용하면서 어떻게 다양한 거리를 사용하는지를 분석하였다.

여기서 고정된 공간이란 개인이 마음대로 이동시킬 수 없고 그 상황의 지배를 받아야 하는 공간을 말한다. 이러한 공간은 벽이나 영토적 경계가 분명해서 움직일 수 없는 것들로 구성되어 있다. 반고정적 공간은 이동 가능한 물건들로 구성된다. 고정적 공간인 영토적 경계는 계절에 따라 거주지를 바꾸는 사람들에게는 반고정적 공간이 된다. 이 점은 칸막이 등 이동 가능한 가구배치나 교실에서의 책상이나 의자도 마찬가지이다. 비형식적 공간은 신체를 둘러싼 개인공간으로 구성된다. 이 공간 속에서는 마음대로 돌아다닐 수 있으며, 사람들 간 개인적 거리를 임의로 결정할 수 있다. 대체로 비공식적 공간은 역동적이다.

이러한 공간의 차이를 이해하는 일은 문화 간 차이에서 오는 불안과 오해를 불식시키기 위해서라는 실용적 목적도 있지만, 사람들이 어떤 공간을 구성하느냐 그 자체로서도 곧 그 집단의 의식과 신념을 표현하는 수단이라는 점에서 그 사회를 이해하는 현실적 차원도 된다. 그러나 홀(Hall)은 전자의 용도 즉, 의자에 대한 고정공간으로서 독일인의 인식과 미국인의 인식차이처럼 공간에 대한 사람 간 지각차이는 심리적 불안이나 당혹감을 낳게 하고, 따라서 문화 간 공간

---

16) 홀(1966)은 문화를 기층문화적 수준(infraculture), 전문화적 수준(preculture) 그리고 미시문화적 수준으로 구분하고, 문화의 기저가 되는 조직화의 수준이 낮은 행동으로 인간의 생물학적 과거에 뿌리를 두고 있는 문화를 기층문화라 보았으며, 생물학적이고 다분히 현재적인 문화현상을 전문화적 수준으로 불렀다.

의 구성 방식을 이해하는 일은 이러한 요소들을 제거해 준다는 실용적 관점을 더 강조하였다.

또한, 홀(Hall, 1966)은 공간을 사회원심적 공간(socio – fugal) 및 행동과 사회구심적(socio – petal) 행동 및 공간으로 구분하였다. 사람들 간 의사소통이 원활할 수 있도록 구심적으로 공간을 구성하는 경우와 소외감을 느끼도록 원심적으로 구성하는 방식은 물론 문화에 따라 다르다. 이를테면 사람 간 접촉이 가능하도록 조그맣게 구심적으로 구성된 놀이방은 독일인에게는 아늑하고 편안한 방으로 선호되는 반면 아랍사람들에게는 답답하고 공격적인 장소로 인식된다. 또한 부모에게 야단을 맞고 자기 성찰할 수 있는 혼자만의 공간(원심적 공간)이 없는 아파트 구조 속의 오늘날 아이들의 행동을 생각해 보면 원심분리적 공간의 필요성을 알 수 있을 것이다. 아무튼 문화와 상관없는 고정된 공간이란 존재하지 않는다.

다. 공간의 거리

홀(Hall)은 기본적으로 인간은 거리기제(distance mechanism)를 태어날 때부터 가지고 나오는데, 그것은 문화에 의해 수정된다고 한다. 거리기제는 사회상황에서 사람 간 접촉을 조정하는 데 도움이 된다고 가정한다. 사회적 관계와 상황에 따라 사람들이 필요로 하는 공간의 크기는 사람마다 다르다. 사람들은 자기만의 영토를 침범하면 그것을 위협으로 간주하거나 불안요소로 받아들인다.

사람들은 그 속에서 활동하며 움직이기에 편리한 자기만의 고유한 영토를 필요로 하며, 대상과 적절한 거리를 필요로 한다. 이것이 공간 인식에 따라 집의 크기, 사무실 크기, 차의 크기 등을 선호하는 것이 달라지는 이유이다. 그 결과 광범한 영토성(high territoriality)과 협소한 영토성(low territoriality) 간에는 차이가 있다. 전자의 세계에서는 자신만의 영토에 대한 명확한 표시를 통하여 자신을 구분하고자 한다. 공간에 대한 명확한 표시를 통하여 나타나는 영토성은 책상에 줄 긋기에서부터 국가 간 영토 분쟁으로 나타나기도 한다. 공간에 대한 소유권은 물질적인 것으로 확대되기도 한다. 이러한 자기소유의 영토권에 대한 주장은 저맥락적 사회에서 주로 나타난다. 반면, 협소한 영토성은 소유의식과 경계 의식에 덜 미감한 사회에서 나타나며, 영토와 소유권을 상대방과 공유하기까지 한다. 더 나아가 이런 사회에서는 물질적 소유 욕심이 강하지도 않고 타인의 물건에 대해 욕심도 많지 않다. 이런 현상은 주로 고맥락적 사회에서 나타난다.

  사람들 간 유지해야 할 공간의 크기 혹은 근접성(거리)도 문화마다 다르다. 즉 사회적 장면과 문화적 배경에 따라 개인 간 유지하는 거리가 다르다. 전깃줄에 앉은 제비나 투표장에 늘어선 사람들의 줄은 그러한 결과이다.『숨겨진 차원』에서 홀(Hall)은 기본적으로 인간의 공간 인식은 문화에 의해 유형화되고 구조화된다. 공간을 규정하고 조직하는 문화적 틀의 차이는 사회화 과정에서 무의식적으로 내면화되는데, 이것이 통문화 간(cross-cultural) 의사소통과 이해의 성패를 좌우한다.

  홀(Hall)은 사람들 간 관계나 대상 혹은 사물 간 관계에서 사람들이 위협이나 불안에서 벗어나 편안한 마음을 갖게 하는 데 필요한 거리를 구분하였다. 공간 속에서 사람 간 거리에 대한 홀(Hall)의 관점은 독일의 동물학자 헤디거(Hediger)가 정립한 거리공간이론에 기초하고 있다(Wikipedia 사전). 헤디거(Hediger)는 동물 간 거리의 형태를 네 가지로 구분하였다: 비행거리(flight distance: 도주 가능한 경계), 위험 거리(critical distance: 공격 가능한 경계), 사적 거리[17](personal distance: 비접촉 종의 구성원들과 분리 거리), 사회적 거리(social distance: 종간 의사소통이 가능한 거리). 홀(Hall)은 여기에 기초하여 많은 사람들과의 면담을 통하여 사람들 간 거리에서는 비행거리와 위험거리는 극히 일부를 제외하고 나타나지 않는다고 보고 대신 이를 수정하여 사람 간 공간의 거리를 친밀함의 거리, 개인적 거리(사적 거리), 사회적 거리, 공적 거리로 나누었다.

친밀함(intimate distance)의 거리는 사랑을 나누고, 맞붙어 싸우고, 위로해 주고, 보호해 주는 등의 행위가 일어나는 거리, 즉 상대방을 만지고 껴안고 속삭일 수 있는 거리를 말하는 것으로 가깝게는 15cm에서 멀게는 45cm 정도의 거리이다. 사적 거리(personal distance)는 친한 친구들 간 상호 작용할 수 있는 거리로 상대방을 만지거나 잡을 수 있는 거리이다. 가깝게는 45 – 75cm에서 멀게는 75 – 120cm 정도의 거리를 말한다. 사회적 거리(social distance)는 아는 사람들 간 일상적인 상호작용이나 비개인적 업무가 행해지는 거리로 대략 가깝게는 1.2 – 2.1m부터 멀게는 2.1 – 3.6m까지의 거리에 해당한다. 끝으로 공적 거리(public distance)는 대중들과의 의사소통 거리로 가깝게는 3.6 – 7.7m 정도에서 멀게는 7.7m 이상의 거리가 여기에 해당한다.

개인들이 어떤 거리를 선택하느냐는 교류상황, 즉 상호 작용하는 개별자들이 어떤 관계인지, 어떻게 느끼는지 그리고 무엇을 하고 있

---

17) 개인적 공간 혹은 사적 공간(personal space)이란 용어는 카츠(Katz, D.)가 1937년 동물들의 영토보존 행동을 표현하기 위하여 처음 사용하였으며, 개인의 신체를 둘러싸고 있는 영역으로 타인이 그 속으로 침범해 갈 수 없는 영역을 말한다(이은미, 1994 재인용).

는지에 달려 있다. 홀(Hall)은 이러한 공간 내에서 사람 간 거리가 문화에 따라 다르기 때문에 간문화적 이해를 위해서는 문화 간 거리의 차이를 이해하는 것이 필요하다고 보았다. 편안한 사람 간 거리 역시 문화, 사회적 상황, 성차, 개인적 선호도에 따라 다르기 때문에 상호 의사소통을 원활하게 하고 공간 속에서 행하는 사람들 간 다른 행동을 이해하기 위해서는 공간의 거리를 이해하는 일이 필수적이라고 보았다(실제로 그는 독일, 영국, 프랑스, 일본, 아랍세계에서의 공간의 활용에 대해서 비교연구를 하였다.).

아무튼 홀(Hall)은 문화상대주의 시각에서 인간이 문화와 상관없이 보편적으로 공유하는 현상적 경험은 없다고 본다. 인간은 공간을 다르게 구성할 뿐만 아니라 그것들을 다르게 경험한다. 이는 그것이 공간의 거리가 되었건, 형태가 되었건, 공간행동이 되었건 마찬가지이다. 여기서 중요한 것은 우리의 신체(몸)인데, 몸은 환경이나 타인들과 상호 작용하기 위한 다기능 스크린을 가진 공간 방위의 중심처 (site of spatial orientation)이기 때문이다. 공간 속에서 사람들의 공간행동18)이 달라진 것은 그들이 가진 스크린이 다르기 때문이다.

---

18) 공간행동은 공간 속에서 사람들이 어떻게 행동하느냐이다. 이는 동물행동학에서 비롯된 개념인데, 모든 동물은 적절한 공간을 유지함으로써 상호 간 싸움을 피하고 상호 의존하며 공존하기 위하여 필요한 적절한 행동을 한다. 자신의 영토성을 보존하면서 그 속에서 하는 상호 공존의 행동양식이다.

Ⅳ. 초등학교와 공간 연구에 주는 시사점

그러면 지금까지 홀(Hall)의 업적을 통하여 초등학교 공간을 이해하는 데 우리가 얻을 수 있는 시사점은 무엇인가? 물론 홀(Hall)이 주장하는 인간의 공간 인식과 행동에 미치는 문화적 영향을 아는 것도 중요하고, 문화의 한 형태로서 공간을 사람들이 어떻게 활용하는가를 아는 것도 의미가 있다. 문화 차이에 따라, 비언어적 의사소통 방식의 차이나 공간 거리, 공간의 형태, 공간행동 등에 대한 차이를 이해하는 데도 홀(Hall)의 패러다임은 적용 가능할 것이다. 그러나 더 나아가 그것을 넘어 우리가 할 수 있는 구체적 연구거리가 무엇인가, 그것을 통하여 우리가 얻을 수 있는 시사점은 무엇인가를 아는 것도 중요하다. 이하 교육공간을 협의로 초등학교 학교공간에 한정하여 우리가 할 수 있는, 특히 연구자로서 교사가 할 수 있는 주제들로는 어떤 것들이 있는가를 제시하면 다음과 같다.

첫째, 학교라는 물리적 공간 그 자체에 대한 연구가 가능할 것이다. 공간 형태(건물 구조, 교실의 배열, 책걸상의 배치, 분단 구성, 환경정리 등), 공간의 구조(물리적, 건축적), 기능별 공간 형태 및 배치(교무실, 교실, 동 학년 연구실, 과학실 등), 혹은 학교나 교실 구조가 물리적으로 변천해 온 통시적 과정에 대한 연구가 가능할 것이다. 또한 공간 활용에 대한 연구가 가능할 것이다. 특정 공간을 어떻게 보고 활용하는가, 어떻게 서로 다르게 공간을 사용해 왔는가에 대한 공간 활용 혹은 용도에 대한 연구가 가능할 것이다.

둘째, 공간 그 자체가 주는 의미나 메시지도 중요하지만 공간을 사람들이 어떻게 인식하고 의미를 부여하는가, 그 결과 그 속에서 어떤 활동이나 행위들이 일어나는가에 대한 연구도 필요하다. 공간의 활용 및 공간 속에서 일어나는 구성원 간 상호작용 및 활동에 대한 연구가 가능할 것이다. 수업공간 속에서 학생들의 활동이 어떻게 일어나는가에 대한 분석, 교사와 학생 간 상호작용 방식에 대한 분석 등은 여기에 속한다. 초등학교 공간이나 환경이 문화적으로 공유한 아이디어를 어떻게 표현하는가, 사람 간 불평등한 관계를 어떻게 지속하는가에 대한 탐구도 여기에 속한다.

셋째, 공간과 구성원 간 상호작용에 대한 연구, 혹은 공간이 구성원에게 주는 의미연구도 필요하다. 인간의 행동과 정서는 공간의 밀도, 형태와 배치 등의 영향을 받는다. 이를테면 미술실과 수학실 공간과 환경을 구성하는 방식에 따라 달라지는 구성원의 행동연구(Woods), 생물실과 물리실 환경 속에서 다르게 나타나는 개인의 적응유형 연구(Delamont, 1976) 등은 그러한 사실을 잘 보여 주고 있다(손직수 역, 1998 재인용). 따라서 공간이 구성원에게 주는 의미가 무엇인가를 탐구하는 일이 중요하다. 초등학교 교육공간(학교, 교실, 교무실, 동 학년 연구실, 실험실, 과학실, 화장실 등)이 학교구성원에게 주는 의미가 무엇인가를 분석하는 일이다. 공간 배치(학교 건물, 교실 가구, 크기, 환경정리, 책걸상 배치)가 주는 잠재적 교육과정에 대한 연구도 여기에 속한다.

공간 구성과 인간의 행동 간 관계에 대한 다양한 연구도 가능할 것이다. 구성원의 공간행동과 이 공간 속에서 구성원이 체험하는 경험은 무엇인가에 대한 탐구는 여기에 속한다. 이를테면 교실수업이 공간에 따라 어떻게 다르게 나타나는가, 교실 구성이 수업분위기에 어떻게 영향을 미치는가. 학교의 규모, 크기와 인간 행동, 과밀학급이 구성원에게 주는 의미(밀집된 공간), 학습 공간에 따른 학습형태의 차이 분석 등도 가능할 것이다.

넷째, 학교구성원들에게 유의미한 체험을 가능하게 하는 학교공간은 어떤 것인가. 학교 공간 조성의 조건은 두엇인가를 밝히는 일이다. 같은 내용의 수업이라도 성패가 다른 것은 교실의 형태나 책걸상의 배치구도, 조명과 같은 요인이 만들어 내는 특정 분위기가 참가자의 의식상태를 일정한 방향으로 이끌어 가기 때문이다. 따라서 다양하고 창의적인 교수학습 활동을 위해서는 이에 상응하는 공간을 어떻게 조성해야 하는가. 어떤 공간 형태가 학생들의 삶과 태도와 학습동기를 유의미하게 자극하고 불러일으키는지, 어떤 형태와 색채와 분위기가, 사물과 가구배치가 그렇게 하는지, 학교, 교실 공간 구성 시 고려해야 할 점은 무엇인지를 밝히는 연구들이 필요할 것이다.

그 외에도 공간과 연관되는 다양한 주제들을 탐구해 볼 수 있을 것이다. 이를테면 언어와 공간 간 관계에 대한 탐구도 그중 하나이다. 대화의 내용은 거리와 상황, 참가자, 그들의 감정 그리고 활동과 연관된다. 홀의 공간거리를 이용하여 언어와 공간거리와 상황 간 관계를 분석한 주스(Joos, 1962)의 연구[19]는 참고할 만하다(Hall, 2003 재인용).

아무튼 이러한 연구는 학술적 가치를 추구하는 것도 있지만 실용적 가치를 위해서도 필요하다고 본다. 그래서 공간에 대한 간학문적 연구가 활발하게 이루어지고 그 결과를 활용하여 실질적으로 초등학

---

19) 그는 친밀한 거리, 일상거리, 상담거리, 공적 거리, 위협 거리에 따라 언어가 어떻게 사용되는가를 분석하였다.

교 공간 구성과 활용에 도움을 줄 수 있는 방법이 무엇인가를 찾아야 할 것이다. 이러한 연구들이 결실을 맺어서 건축학이나 디자인, 예술가, 학교행정가 그리고 학교문화를 연구하는 사람들이 모여서 모델이 되는 학교 공간을 구축하고, 이를 모델로 삼아 지역의 특성에 맞는 학교공간을 만들어 가면 어떨까 한다. 그런 점에서 이제 우리는 막 학교 사람들이 학교 공간에 대해 성찰을 시작했다고 하겠다.

문화를 알면 학교가 보인다 제 **2**부

취약계층과의 나눔

제7장
빈곤아동과 학습동기[20]

Ⅰ. 서 언

빈곤은 어느 시대에서나 있었던 오래된 문제이자, 어느 사회에서나 찾아볼 수 있는 보편적인 문제이다. 우리나라의 경우 빈곤문제는 급속한 경제성장 과정에서 사회적 주목을 받지 못했다. 그러다가 1997년 말 IMF 경제위기를 계기로 빈곤은 중요한 사회적 관심의 대상이 되었고 빈곤아동의 심각한 실태가 알려지기 시작하였다. IMF 경제위기로 말미암아 가정해체 현상이 빈발하였고 이로 인한 빈곤아동 문제 역시 사회적으로 심각하게 인식되기 시작하였다. 통계에 따르면 2005년 기준 전체 학령아동 1,137만 명 중 약 10%인 110만 명 이상 아동이 빈곤선 아래에서 생활하고 있는 것으로 알려지고 있다(정익중, 2006). 빈곤아동은 줄어들기는커녕 해가 갈수록 늘어나고 있는데, 이는 경제시장의 변화와 가족구조의 변화(이혼율의 증가, 편

---

20) 제주교육청 연수자료(2008. 8. 21)를 재편집한 것이다.

부모 가정의 증가 등) 때문이며, 사회 양극화 현상의 심화로 빈곤아동의 불평등은 더욱 심화되고 있다.

최근 빈곤경향은 뚜렷하게 부모세대 빈곤의 만성화와 자식세대로의 빈곤의 대물림 현상으로 나타나고 있다. 우리나라 절대빈곤층은 차상위 계층 이상으로 소득수준이 상승하여 실질적으로 빈곤에서 벗어나는 빈곤 탈출률은 6%에 불과하다고 한다. 또한 빈곤은 아동들에게 정상적인 발달과업을 성취하는 데 장애를 가져올 뿐만 아니라 그 장애들이 누적되어 성인이 되어서까지 부정적인 영향을 미쳐서 빈곤이 세대 간에 대물림되는 현상으로 나타나고 있다. 그래서 빈곤한 상황에 있는 부모에게서 태어나거나 빈곤한 형편에 있는 부모나 성인에 의존하여 살아가는 아동은 선택의 여지없이 빈곤아동이 될 수밖에 없다. 특히 아동기에 경험하는 빈곤은 이들의 신체적, 지적, 정서적 발달에 계속해서 영향을 미침으로써 평생 동안 장애로 작용한다는 점에서 부정적 영향의 심각성이 더욱 크다 하겠다.

빈곤이 아동에게 미치는 영향[21]은 발육부진, 발달지체 등과 같은 신체발달의 문제에서 저지능, 학습부진 등과 같은 인지발달의 문제, 우울, 불안 등과 같은 내면화된 정서적 문제 및 공격성, 주의력 결핍과잉행동장애(ADHD) 등과 같은 외현화된 문제를 포함한 심리 정서 발달에 이르기까지 광범위한 것으로 밝혀지고 있다. 또한 빈곤은 아동을 다양한 환경적 위기에 노출시키기 때문에 비행의 근본 원인 중 하나로 간주되고 있다. 빈곤은 단순히 물질적 결핍으로 끝나는 것이 아니라 계속해서 연쇄반응을 일으켜 역할 모델의 부재, 사회자본의 부족, 문화적 결핍으로 이어지는 경향도 있다.

---

21) 물론 가난하다고 반드시 다 그러는 것은 아니다. 그 역인 경우도 얼마든지 많다.

이러한 직접적인 영향 이외에도 빈곤은 부모의 지도감독이나 양육 방식에도 영향을 미쳐서 간접적으로 아동에게 영향을 주는 경우도 있다. 일반적으로 빈곤 부모들은 훈육이 비일관적이거나 언어적 훈계보다는 신체적 체벌을 더 자주 사용하고, 아동행동 자체에 대한 지도감독을 잘하지 못하고, 자녀들과 양질의 상호작용을 잘하지 못하며, 자녀에 대한 정서적 지지 수준이 낮다. 이러한 부정적 부모-자녀 간 관계는 아동의 자아개념을 손상시키기도 하는데, 낮은 자아 존중감은 불안, 우울과 같은 심리적 문제뿐만 아니라 자기 파괴적 행동이나 약물남용, 비행 등과 같은 일탈 행동을 낳게 하는 경우도 있다. 또한 빈곤아동에게는 가정에서의 부모-자녀 간 상호작용의 부족과 잘못된 양육태도 혹은 바람직한 언어 모델의 결핍 등으로 인하여 낮은 언어능력이나 표현력의 결핍 등이 나타나기도 한다. 즉 수준 높은 단어의 사용, 다양한 어휘력 등 언어적 측면의 발달도 낮게 나타나고 그 때문에 표현력의 결핍을 보이기도 한다.

빈곤아동은 누구인가? 왜 생기는 것인가? 빈곤이 아동들에게 미치는 영향은 무엇인가? 그 결과 갖게 되는 이들만의 특성은 무엇인가? 그리고 빈곤의 악순환 고리를 끊는 방법은 없는가? 빈곤아동들이 가지고 있는 학구적 무력감(학습 흥미의 부족)을 극복하기 위하여 가정이나 학교 그리고 지역사회가 할 수 있는 노력은 무엇인가? 즉 학습동기를 유발할 수 있는 방법은 무엇인가? 이하 본문에서 다루게 될 내용들이다.

Ⅱ. 빈곤아동의 특성

빈곤아동이란 아동복지법에서 정의한 18세 미만인 자로 경제적 어려움과 부모의 사망, 유기, 방임 등으로 충분히 부양을 받지 못하는 그래서 사회적 보호가 필요한 요보호 아동을 의미하며, 소년소녀가 장세대, 저소득 한 부모 가정의 아동과 법적 지원체계에서 벗어난 차상위 계층에 속하는 결손, 결식 가정의 아동들이다.(김혜경 외, 2007).

1. 빈곤아동의 인구·보건학상 특성

김혜경 외(2007)의 전국 14개 시도 106개 아동센터 이용 아동 3,061명을 대상으로 한 연구에 따르면 2006년도 전국 가계조사를 활용하여 아동 빈곤율을 산출한 결과 절대빈곤율[22]은 7.93%, 상대빈곤율[23]은 9.34%인 것으로 나타났다. 아동 빈곤율은 연령대가 12 - 14세 일 때, 가구주가 노인 혹은 모자가구일 때, 편부보다는 편모가정일 때, 서울 외 지역에서 더 높은 것으로 나타났다.

동 연구에 따르면, 빈곤아동의 신체 건강상 특징은 신장과 체중 발달 상황이 일반 아동의 평균치보다 부진하였고(저체중), 시력교정 대상이 많았으며 치아 발육 상태도 열악하고 빈혈과 고혈압 유병률도

---

[22] 생존을 위한 최저한의 물질도 결핍된 상태로 2000년 통계에 따르면, 가처분 소득＝총소득(경상소득＋비경상소득) - 사회보장부담금 - 직접세로 규정할 때, 가구원수별 최저생계비(4인 기준 92만 원)에 미달한 경우를 말한다.

[23] 공동체 인식을 반영하여 상대적으로 사회의 다른 사람보다 적게 가지고 있다고 생각하는 빈곤층으로 중위소득의 40%, 혹은 50%, 때로는 60% 이하의 소득선을 말한다.

높은 것으로 나타났다. 또한 빈곤아동은 일반 아동에 비해 우울감을 더 많이 경험한 것으로 나타났으며, 자살에 더한 생각도 더 많이 한 것으로 조사되었다. 특히 편부 가정의 아동에게서 저체중, 비만, 빈혈, 치아우식증 비율이 높은 것으로 나타났다.

김미숙 외(2007)의 도시가계조사 데이터와 전국가계조사 데이터를 분석한 연구보고서에 따르면, 도시지역의 절대 아동 빈곤율은 1998년 7.4%였고, 2002년 4.1%였으며, 2006년에는 5.3%로 나타났다. 상대빈곤율은 1998년 8.0%에서 2002년에는 4.4%로 그리고 2004년에는 7.4%로 증가한 것으로 나타났다. 가구유형에 따라 아동 빈곤은 노인가구(조손세대), 모자가구, 일반가구, 맞벌이 가구 순으로 빈곤율이 높은 것으로 나타났다. 여성 가구주의 아등 빈곤율이 남성 가구주의 아동 빈곤율보다 3배에서 5배까지 높은 것으로 나타났다.

동 보고서에 따르면 최저 생계비 이하를 극빈층(절대빈곤층), 최저생계비 이상 절대빈곤층의 소득 대비 120% 이하로 빈곤 추락 가능성이 높은 계층을 차상위계층, 최저생계비 120% 이상 150% 이하를 차차상위층, 최저생계비 150% 이상을 비빈곤층으로 분류할 때, 2006년 가계조사자료를 분석한 결과, 우리나라는 극빈층 8.9%, 차상위층 3.7%, 차차상위층 7.1%, 나머지 80.3%가 비빈곤층으로 나타났다. 가구주가 여성, 노인, 저학력일수록 빈곤수준이 높은 것으로 조사되었다. 빈곤 여부를 결정짓는 요인으로는 가구주의 성, 연령, 학력, 가구유형, 가구주의 직종에 따라 빈곤수준이 달랐는데, 아동가구주의 가구주가 저학력의 고령인 사별여성, 보육아동이 있는 다자녀 가구, 조손가정이나 모자가구, 취업인원수가 적거나 단순노무직이나 서비스·판매직에 종사하는 경우 빈곤 확률이 높은 것으로 나타났다.

2. 빈곤아동의 개별적 특성

아동 빈곤과 같은 사회적 문제는 단순히 아동 개인의 특성이나 하나의 사회적 원인으로 발생하는 것이 아니라 아동과 아동을 둘러싼 환경 간의 상호작용에 의해 발생한다. 주체와 환경과의 상호작용의 결과로 해석하려는 입장이 생태학적 접근이다. 이 접근은 아동을 둘러싼 환경이 가족, 지역사회, 국가 등 다양한 체계로 구성되어 있으며, 이들 체계를 아동과의 근접성과 영향성의 정도에 따라 미시체계, 중간체계, 외체계, 거시체계로 구분한다. 따라서 아동 빈곤은 한 체계의 단선적 영향으로 나타나는 것이 아니라 모든 체계가 상호 작용한 결과이다.

여기서 미시체계는 빈곤아동이 참여하는 가장 기초적인 체계를 말하는 것으로 아동이 소재한 가구주의 인구통계학적 특성과 같은 개인적 요인을 말하며, 미시체제 간 연결 관계를 말하는 체계가 중간체계인데, 여기에는 개인적 요인에 영향을 미침과 동시에 개인적 요인으로부터 영향을 받는 가구구조와 같은 가족적 요인이 포함된다. 외체제(exo - system)는 아동 발달에 간접적으로 영향을 미치는 사건이나 장면을 말하는 것으로 가족적 요인에 영향을 미치는 경기변동이나 일자리 증감과 같은 사회경제적 요인이 포함된다. 거시체제는 아동의 발달에 영향을 끼치는 사회 문화적 환경을 말하는 것으로 의존성과 같은 빈곤문화와 빈곤정책에 영향을 미치는 복지 철학이나 신념체제 혹은 이데올로기 등이 여기에 속한다. 이를 그림으로 나타내면 다음과 같다.

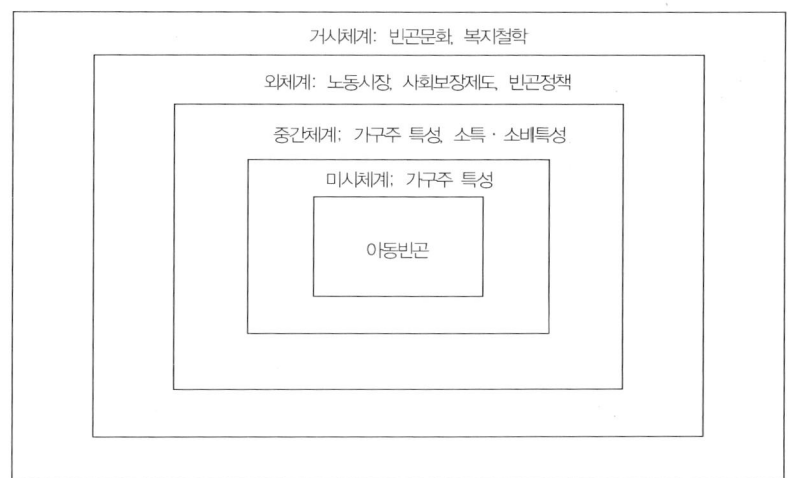

〈그림 7-1〉 아동 빈곤의 생태학적 모델

여러 요소들 간 상호작용의 결과로 나타나는 빈곤아동의 개인적인 특성으로는 어떤 것들이 있는가? 즉 빈곤아동은 그렇지 않은 아동에 비해 어떤 면이 상호 다른가? 지금까지 나온 연구 결과를 바탕으로 허남순 외(2005)가 제시한 내용을 도표로 나타내면 다음과 같다.

〈개인〉
빈곤 --→인지능력을 자극하는 자원 부족 --→인지능력의 부족 --→정보처리 단계상의 문제 --→반사회적 행동, 비행, 낮은 학업성취

첫째, 빈곤아동은 그렇지 않은 아동에 비해 신체 발달 수준이 낮다. 전술한 김혜경 외(2007)에 따르면, 빈곤아동은 발육부진이나 발달 지체가 더 많은 것으로 나타났다. 즉 신장과 체중 발달 상황이 일반 아동의 평균치보다 부진하였고(저체중), 시력교정 대상이 많았

고 치아 발육 상태도 열악하였으며 빈혈과 고혈압 유병률도 높았다.

둘째, 빈곤아동은 학업수행 능력이나 학업성취 등 인지적 측면의 발달 수준도 낮은 것으로 나타났다(김미숙 외, 2007). 물론 빈곤의 직접적인 영향보다는 부모가 자녀에게 제공하는 재화나 서비스의 형태를 매개로 나타난 결과이다. 즉 빈곤가정에서 성장하는 아동들은 인지적 능력을 계발할 수 있도록 지원하는 자원이나 기회 획득의 가능성이 낮은 결과 저지능, 학습부진 등과 같은 인지발달상의 문제를 안고 있는 것으로 나타났다. 가난으로 인하여 지적 자극을 줄 수 있는 환경에서 성장할 확률이 낮고, 결과적으로 인지능력의 부족이나 학업실패를 가져온다는 것이다.

셋째, 전술한 것처럼 빈곤아동은 사회정서상의 결함을 더 많이 갖는 것으로 나타났다(김미숙 외, 2007). 빈곤아동은 그렇지 않은 아동에 비해 높은 수준의 문제행동, 우울증, 낮은 자아존중감, 빈약한 사회적응력을 보인다. 이러한 우울, 불안 등과 같은 내면화된 문제 및 공격성, 주의력 결핍 과잉행동장애(ADHD) 등과 같은 외현화된 문제를 포함한 심리 정서 발달에 이르기까지 이들이 안고 있는 문제는 광범위한 것으로 밝혀졌다(허남순 외, 2005). 빈곤은 아동을 다양한 환경적 위기에 노출시키기 때문에 비행의 근본 원인 중 하나로 간주되고 있다.

이러한 직접적인 영향 이외에도 빈곤은 부모의 지도감독이나 양육방식을 통하여 간접적으로 아동에게 영향을 주는 경우도 있다. 일반적으로 빈곤 부모들은 훈육이 비 일관적이거나 언어적 훈계보다는 신체적 체벌을 더 자주 사용하고, 아동행동 자체에 대한 지도감독을 잘하지 못하고, 자녀들과 양질의 상호작용을 잘하지 못하며, 자녀에 대한 정서적 지지 수준이 낮다. 이러한 부정적 부모 - 자녀 간 관계는 아동의 자아개념을 손상시키고, 계속해서 낮은 자아존중감은 불안, 우울과 같은 심리적 문제뿐만 아니라 자기 파괴적 행동이나 약물남용, 비행 등과 같은 일탈 행동으로 발전하기도 한다. 직접적인 위험요인에 과다하게 노출된 것에 대하여 부모의 지지나 복지서비스 등과 같은 보호요인이 제대로 작동되지 않은 결과이다.

넷째, 이와 더불어 빈곤아동은 언어적 측면에서 발달 수준도 낮다. 부모와 자녀 간 상호작용의 부족과 잘못된 양육태도 그리고 지역사회로부터 바람직한 언어 사용모델을 제공받을 수 없기 때문이다. 언어 능력이 계발되어 있지 않으면 갈등상황에서 언어적 방법을 통한 이해와 설득보다는 강압과 폭력과 같은 물리적 방법으로 해결하려는 경향이 더 강하게 나타난다.

3. 빈곤아동의 가정생활 관련 특성

빈곤아동의 문제는 단순히 개인적인 문제로 생기는 것이 아니라 빈곤가정 때문에 생기는 현상이다. 따라서 아동의 삶에 가장 많은 영향을 미치는 가정과 주 양육자인 부모의 영향을 무시할 수 없다. 먼저 빈곤아동이 소재한 가정은 가정 내에서 부모의 역할이 제대로 수행되지 못한다는 특징을 가지고 있다. 부모는 보호와 애정을 통하여 자녀들의 기본적인 욕구를 충족시켜야 하고, 성장과 발달에 필요한 다음과 같은 기능을 수행하여야 한다. 그런데 빈곤가정의 아동은 부모의 이러한 기능을 제대로 수행하지 못한 환경에 노출되어 있다 (허남순 외, 2005).

첫째, 생존을 위한 필수적인 의식주의 기본적인 욕구를 충족시키며 의료적인 보호, 교육, 여가활동 등을 제공하여야 한다. 둘째, 사랑과 안정감 등 정서적인 욕구를 충족시켜야 한다. 셋째, 지적, 사회적, 정신적 발달을 위하여 필요한 자극을 줄 수 있는 환경을 제공하여야 한다. 넷째, 자녀를 새로운 사회성원으로 사회화하는 역할을 수행하여야 한다. 다섯째, 바람직한 행동과 태도를 습득하여 적절한 훈육을 제공하여야 한다. 여섯째, 신체적, 정서적, 사회적 위험으로부터 아동을 안전하게 보호하여야 한다. 일곱째, 성역할의 적절한 모델을 제공하여야 한다. 여덟째, 가족원 전체의 욕구가 충족되도록 안정되고 만족스러운 상호작용을 하여야 한다. 아홉째, 안정된 자아정체감을 제공하기 위하여 확실한 역할과 지위를 부여하여야 한다. 열째, 아동과 외부세계를 순조롭게 연결해 주어야 한다.

가정의 역기능과 주 양육자의 양육태도, 부모-자녀 간의 상호작용 등을 변수로 아동 빈곤을 살펴보려는 입장이 가족과정 모델이다. 이는 부모의 정서적 안녕과 부부 간 및 부모-자녀 간 관계와 같은 비물질적 관계 등이 가족과정에 영향을 미치고 이러한 가족과정을 통해 아동발달이 영향을 받는다는 입장이다. 다시 말하면 빈곤이 가족구성원의 경제적 스트레스를 가중시켜 부부관계나 부모-자녀관계 등 가족관계를 악화시키고, 부정적 아동양육을 유발하여 아동발달에 부정적 영향을 미칠 수 있다는 것이다. 이를 그림으로 나타내면 다음과 같다.

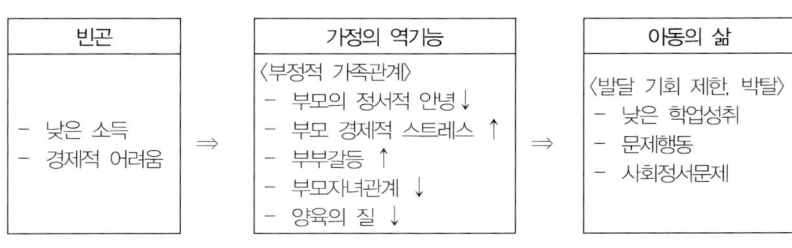

빈곤		가정의 역기능		아동의 삶
- 낮은 소득 - 경제적 어려움	⇒	〈부정적 가족관계〉 - 부모의 정서적 안녕↓ - 부모 경제적 스트레스↑ - 부부갈등↑ - 부모자녀관계↓ - 양육의 질↓	⇒	〈발달 기회 제한, 박탈〉 - 낮은 학업성취 - 문제행동 - 사회정서문제

〈그림 7-2〉 가족과정모델

이처럼 빈곤이 아동에게 미치는 부정적 영향은 대개 가족을 매개로 하여 간접적으로 이루어지며 특히 가족 내에서 아동에게 가장 중요한 존재인 부모의 특성 또는 부모와의 관계를 통하여 나타난다. 비일관적이고 부적절한 양육태도, 재정적 갈등으로 인한 부모의 정서적 불안정 등이 문제이다. 즉 빈곤이나 재정적 불이익은 부정적 부모-자녀 간 상호작용, 비일관적인 양육태도 낮은 부모의 자녀교육에의 관여 및 기대, 부부갈등, 부모의 심리적 스트레스에 영향을 미치고 이는 다시 자녀의 학업실패 및 문제행동에 영향을 미친다. 더 나아가 아동학대나 가정폭력에 아동이 노출된 경우에는 아동의 심리사회적 적응에 문제가 심각하게 나타나는데, 심각한 아동학대는 외상 후 스트레스 장애나 다중인격장애와 같은 정신장애를 가져올 수 있으며, 인지나 정서체계를 왜곡시켜 불안이나 우울, 손상된 자아감을 유발하기도 한다(김미숙 외, 2007).

가정에서 부모를 매개로 일어나는 빈곤아동의 문제를 허남순 외(2005)는 다음과 같이 도식화하고 있다.

<가족>
빈곤 --→부모의 경제적 스트레스, 우울증 증후 --→가족갈등, 양육방식의 문제(지도감
독 부족, 가혹한 훈육 등) --→아동 학대, 방임 --→반사회적 행동, 비행, 낮은 학업성취

4. 빈곤아동의 학교생활 관련 특성

학교는 아동이 필요로 하는 신체적, 지적, 정서적, 사회적 발달을
돕는 기관이다. 이와 연관하여 빈곤아동은 무엇보다도 다양한 이유
(선수학습의 결핍, 가정의 지적 환경의 취약 등)로 인하여 지적 발달
수준이 낮다. 물론 학업성취는 아동의 학습습관, 학습 환경, 가정환
경 등 다양한 요소들에 의해 영향을 받는다. 그런데 빈곤가정에서는
아동에게 적절한 학습 공간을 제공하거나 필요한 자원을 제공하지
못한다. 부모의 낮은 교육 수준은 자녀의 양육방식 및 교육태도에
영향을 주고 이는 다시 아동의 학업성취나 자아존중감에 영향을 미
친다.

또한, 아동의 학교생활은 교사와 또래집단의 사회적 지지와 관심
이 중요하다. 그런데 빈곤아동은 그렇지 못하다는 데 문제가 있다.
우호적인 관계 형성에 실패한 결과 낮은 자아존중감, 사회·정서적
부적응 등의 부작용이 나타난다. 빈곤아동은 대체로 학교에서 문제
해결방식으로 물리적 방법을 선호하며, 친구를 때리고, 욕을 하며 질
서를 지키지 않는 등의 이유로 친구 및 교사와의 관계가 원활하지
못한 경우가 많다. 또래나 교사로부터의 낮은 기대는 말할 것도 없
고 소외는 좀 더 심각한 비행의 원인인 동시에 초기 부적응 행동의

결과이기도 하다. 건전한 또래 관계 형성의 실패나 또래로부터 괴롭힘을 경험한 아동은 우울, 불안을 경험하고, 자존감이 낮으며 낮은 학업성취와 학교부적응의 원인이 된다. 이러한 허남순 외(2005)의 주장을 다음과 같이 도식화할 수 있다.

〈학교〉
빈곤 - -→낮은 인지능력, 높은 공격성 - -→교사의 낮은 기대, 또래 집단에서의 소외 - -→비행또래 집단과 교제 - -→반사회적 행동, 비행, 낮은 학업성취

5. 빈곤아동의 지역사회환경 관련 특성

빈곤아동은 빈곤 때문에 지역사회 해체나 사회적 소외로 특징지어지는 지역에 거주하는 경우가 많다. 지역사회 해체는 범죄, 실업 등으로 그 지역에 사는 아동에 대한 집합적 지도감독이 불가능하고 지역사회구성원 간의 비공식적인 네트워크가 부족한 경우도 많다. 즉 사회자본(네트워크, 신뢰, 규범)이 잘 형성되어 있지 못하다. 지역사회 내 따를 만한 역할 모델이 존재하지 않고 군화적 학습기회가 부족한 경우도 많다. 비행이나 바람직하지 못한 행동에 대한 암묵적 사회적 제재나 압력의 수단이 없을 뿐만 아니라 더 나아가 비행모델이 과다하다는 것도 문제이다. 즉 빈곤 지역에 거주하는 아동은 지역사회 내 긍정적 역할 모델의 결핍, 부정적 역할 모델의 과잉, 사회자본의 결핍 등으로 반사회적 행동에 빠져들 의험성이 크다(허남순 외, 2005). 이를 도식화하면 다음과 같다.

<기역사회>
빈곤 -→지역사회 해체 -→사회적 소외 -→지역사회의 낮은 비공식적 지지, 낮은
집합적 지도감독, 낮은 사회 통제 -→반사회적 행동, 비행, 낮은 학업성취

Ⅲ. 빈곤아동을 위한 학습동기 유발 방안

지금까지 빈곤의 직접적 영향이든 무언가 매개를 통한 간접적 영
향이든 빈곤이 아동들에게 미칠 수 있는 다양한 영향을 살펴보았다.
빈곤의 악영향과 더불어 그 속에서 빈곤의 악영향을 줄일 수 있는
가능성 역시 엿볼 수 있었다. 빈곤과 관련된 다양한 위험 요소가 갈
등적 가족과정을 가속화하고 빈곤아동의 사회심리적 적응에 부정적
영향을 미치지만, 학교나 지역사회로부터 적절한 지지와 관심을 받
으면, 즉 복지서비스를 받으면 그렇지 않은 아동에 비해 건강한 사
회심리적 적응이 가능하다. 따라서 취약한 환경 조건하에서도 위험
요인과 부정적 발달부산물을 경감시키는 보호요인[24]의 역할이 강조
되고 있다. 다양한 분야에서 빈곤아동을 위한 보호요인이 강구되겠
지만 이하 학습동기와 관련한 직·간접적인 노력들을 살펴보면 다음
과 같다.

---

[24] 빈곤아동이 잘 적응하지 못한 이유가 그렇지 않은 아동에 비해 더 많은 위험요인에 노출되어
있다고 보는 위험모델에서는 빈곤아동은 출생 시 저체중, 부모의 낮은 교육수준, 실직, 모성
의 우울, 사회적 지지의 결핍, 스트레스적인 생활사건, 부적절한 양육 태도 등과 같은 생물학
적, 환경적 위험 요인에 노출되어 있고 이러한 빈곤 관련 요인들은 아동발달과 부정적인 상
관관계를 갖는다고 설명한다. 그러나 보호모델에서는 보호요인이 존재한다면 취약한 환경하
에서도 위험요인과 상호 작용하여 부정적인 발달 산물을 경감시킨다고 본다.

1. 다름과 결핍의 차이[25]

앞에서 언급한 것처럼 빈곤아동은 대체로 학습동기가 약하고 따라서 학습결과상으로 보면 그렇지 않은 아이들에 비해 학습능력이 떨어지는 학습부진아가 더 많다. 이들은 다양한 이유(특히 빈곤)로 인하여 본인이 가지고 있는 지적 능력에 비해 학습결과가 뒤떨어지는 학생들이다.

이들은 정상적인 학습활동을 할 수 있는 잠재능력이 있으면서도 환경요인과 그것의 영향을 받은 개인의 성격이나 태도, 학습습관 등의 요인으로 인하여 기초학습기능이 부족하거나 교육과정상 설정된 교육목표에 비추어 볼 때 최저 학업성취 수준에 도달하지 못하는 경우가 많다(김수동 외, 1995). 이들은 전술한 것처럼 인지적인 측면에서 지적 수준, 언어능력, 기억능력, 사고력, 수리력이 낮거나, 정의적인 측면에서 과잉행동, 낮은 주의집중력, 사회적 부적응성, 낮은 성취동기 등을 가지고 있다. 그리고 이들이 처한 가정환경이나 학교환경, 사회환경은 그렇지 않은 학생과 비교하여 다르거나 결핍된 상황에 있다.

이신동(2001)은 이들의 학습부진의 원인을 두 가지 입장에서 분석하고 있는데 하나는, 학습자 자신의 능력이나 기능 결함 등 발달 심리학적 측면에서 분석하려는 입장과, 다른 하나는 학습자 개인의 능력이나 기능보다는 학습자의 환경 측면에서 분석하려는 입장이다. 전자는 주로 개인의 신체적, 생리적, 기능적 측면을 강조한 것이고,

---

25) 이정선(2007), 학습부진과 수업환경, 교육연구, 2008년 1월호의 일부 내용을 재구성하였다.

후자는 학습부진을 가정환경에서 비롯되는 문제와 학습경험을 제공하는 학습 환경의 부적절성 및 수업의 질 등 학습자가 처한 가정 및 사회환경과 학교환경(수업환경)으로 돌리려는 입장이다. 전자가 인지능력의 결핍에서 원인을 찾으려 한다면, 후자는 환경 요인의 부족에서 찾으려 한다. 빈곤아동의 학습결과의 부진은 전·후자 모두에 기인한다.

빈곤아동의 학습결과 부진이 학습 환경의 결핍에서 비롯된다고 할 때, 여기서 학습 환경이란 학생의 학습에 영향을 주는 모든 조건을 말한다. 여기에는 인적, 물적 조건과 사회·심리적 상황이 포함된다. 그런데 학습부진과 수업환경과 관련하여 크게 두 가지 입장이 존재한다. 하나는 수업환경의 결핍이 학습부진의 원인이라는 주장과 다른 하나는 특정 학생이 경험하는 학습 환경과 학교에서의 수업환경 간 차이가 그러한 결과를 초래한다는 주장이다. 그런데 빈곤아동은 양자 모두에 걸쳐 있다고 판단된다.

빈곤가정 아동의 낮은 학습결과가 학습 환경의 결핍에서 비롯되었다는 주장에는 가정이나 이웃 그리고 학급에서의 수업과 연관된 환경이 무언가 부족하거나 학생의 정상적인 발달을 자극하거나 촉진하는 환경이 결핍되었다는 것이다. 인지적, 언어적 그리고 정상적인 학습에 필요한 기능이 부족하기 때문에 그런 환경 속에서 학습하는 학생들의 학업성취는 결과적으로 수준이 낮을 수밖에 없다는 것이다.

그러나 환경의 차이가 학습결과의 차이를 초래한다는 입장은 결핍 때문이 아니라 학습자가 가지고 있는 환경 내의 공간이나 시간, 관계 그리고 대상을 지각하는 형식의 차이 때문에 학습결과가 달라진다는 주장도 있다. 학습 환경은 좁게는 개인이 수업을 받는 교실의 환경을 포함하며, 넓게는 학습자가 생활하며 배우는 학습자 주변의 모든 삶의 공간을 포함한다. 여기에는 교육제도에서부터 언어사용 환경 그리고 문화 환경까지 포함된다. 빈곤아동의 학습 환경의 차이가 학습부진을 초래한다는 주장의 요지는 학습부진은 개인의 인지적 결핍이나 낮은 지능지수 때문이 아니라 학습자의 학습방식과 학습환경이 학교와 기존 교육환경과 상호 부합하지 않은 결과 때문이라는 것이다.

먼저, 일부 사회언어학자들의 주장처럼 언어를 배우는 학교의 학습 환경이 그들의 가정에서의 학습 환경과 차이로 인해 학습부진을 겪는다는 입장이다. 이를테면 사회계층에 따라 가정에서 사용하는 언어코드가 학교에서 사용하는 언어코드와 다르다는 주장(Bernstein, 1968), 인디언 보호 구역 아이와 백인 가정 출신 아동의 의사소통 방식의 차이(Philips, 1972), 흑백 어린이의 가정에서의 질문방식의 차이(Heath, 1982) 그리고 흑백 어린이의 이야기 전개방식의 차이(Michael, 1983)가 학습결과를 달라지게 한다는 것이다. 이런 연구들은 학습부진이 개인의 능력 부족이나 지능의 미달에서 초래되는 것이 아니라 사회계층 차이나 주류사회의 언어사용 방식이나 학습환경에 적응하지 못했거나 그들의 언어 사용방식과 다르기 때문에 나타난다는 점을 밝혀 주고 있다.

경쟁적이고 개별적인 맥락에 익숙한 사람은 협동적이고 사회적인 맥락에서는 학습부진이 나타날 수밖에 없으며, 학교에서 강조하는 특정 발문방식에 부합하는 가정환경에서 성장한 학생은 그렇지 못한 학생에 비해 우수한 학습결과를 낳는다. 클라크혼(Kluckhohn & Lexington)의 나바호 인디언에 대한 연구(1946)에서 밝힌 것처럼 나바호족의 동사 중심적인 언어에 익숙해진 아이들이 백인학교에 다니면서 문법적 구조가 해이한 형용사적 언어인 영어를 대하면서 어려움을 겪을 수 있다. 따라서 학습결과는 단순히 개인의 인지적 능력의 결핍에서 오는 것이 아니라 학교에서의 수업 구조나 환경과 가정에서의 그것들과의 차이에서 발생한다고 할 수 있다.

그 외에도, 학생과 그 사회의 교육제도 간 부적응 상태에서도 학습부진이 생길 수 있다. 지금의 교육제도가 고도로 논리정연하고 수리능력이 탁월한 학생들만이 혜택을 받도록 고안되었기 때문에, 두뇌와 재능이 뒤져서가 아니라 그 특별한 재능이 교육제도와 부합하지 않기 때문에 좌절하거나 배제되는 학생이 생길 수 있는 것이다.

빈곤가정 아동과 그렇지 않은 아동 간 학습결과의 차이가 이처럼 개인의 결핍에서도 비롯되지만 환경요소의 차이에서도 비롯된 것이라면 그리고 수업과 연관해서 학습부진이 나타나는 것은 학생의 선행학습 경험의 부족[26] 때문이라면 우리가 이러한 부족을 보충하기 위하여 할 수 있는 노력은 무엇인가?

빈곤아동의 학습부진을 만회하기 위한 학습동기 유발 방식 역시 그 원인이 무엇인가에 기초하여 실천적 전략이 강구되어야 한다. 지금껏 학습부진을 결핍 탓으로 보고 무언가 보충의 개념으로 학습부진아 지도에 접근했다면, 이제는 동시에 차이로 인한 학습부진이 생길 때는 무언가 다른 실천전략을 강구해 보아야 한다는 점을 깨달아

---

26) 개인의 학습 생애사에 있어서 과거 경험의 누적적 총체로서의 지적 시발 행동과 정의적 시발 행동이 학습 실패의 경험에 의해 부정적으로 누적된 결과라는 주장 즉, 대부분 교과목의 학습과제가 위계성을 띠고 있고 따라서 선행학습 과제에 실패하면 후속하는 학습과제에도 실패할 수밖에 없는데, 빈곤아동의 학습부진은 선행학습 경험이 부족한 결과 후행하는 수업에서도 부진을 면치 못한다는 주장이다.

야 할 때이다. 능력이 개발되지 못하고 학생의 흥미나 수준에 맞지 않는, 즉 수업환경에 의해 나타나는 학습부진일 경우에는 환경을 개선함으로써 학생의 잠재능력을 계발할 수 있을 것이다. 특히 학습부진이 결핍보다는 환경의 차이 때문이라고 한다면, 차이를 인정하고, 어떻게 다른가를 연구하여 그 차이를 극복할 수 있는 전략을 강구해야 할 것이다.

2. 빈곤아동을 위한 학습동기 유발 방안

가. 개인적 방안: 몰입의 즐거움

아이들은(빈곤아동이건 아니건 상관없이) 관심과 흥미가 있어야 학습활동에 참여하고 주의를 집중할 수 있어야 우수한 학습결과를 산출해 낸다. 아동들의 학습과 연관되는 중요한 사람은 학부모와 교사들이다. 그중에서 가르치는 일을 주로 하는 사람들이 교사들인데, 교사들 역시 학생들을 참여하게 하는 데는 한계가 있다. 학교에서 학생들을 수업에 참여시키기 위하여 잭슨(Jackson, 1968)은 ① 교육과정을 학생의 흥미와 필요에 적합하도록 변경한다. ② 교과목의 내용에 적합하도록 학생들의 집단을 조직한다. ③ 교과목의 내용에 참신성과 유머와 인간적인 흥미를 가미하여 무미건조한 활동을 인위적으로 활기 있게 하도록 권장하고 있다. 그런데 수업을 교사가 재미있게 하는 데도 한계가 있다. 내용의 참신성에도 한계가 있지만, 교사가 지루함을 없애는 데 능숙하다 해도 그들의 첫 임무가 가르치는 것이지 단순히 학생들을 재미있게 해 주는 것이 아니라는 점 때문이다. 따라서 학생들에게 학습동기를 갖게 해 주는 일은 쉬운 일이 아니다.

여기서 빈곤아동을 위하여 학습동기를 갖게 하려면 그래도 그들이 학습활동에 관심과 흥미를 가지고 더 나아가 몰입을 할 수 있게 해 주어야 한다. 몰입과 관련하여 미하이 칙센트미하이(1997)는 다음과 같이 세 가지 조건을 제시하고 있다. 빈곤아동을 위한 몰입의 조건으로도 활용할 수 있을 것으로 본다. ① 일련의 명확한 목표가 있어야 한다. 목표와 규칙이 명확하게 설정되어 있어 무엇을 어떻게 해야 하는지를 고민하지 않고 참여할 수 있게 해야 한다. ② 피드백의 효과가 즉각적이어야 한다. ③ 주어지는 과제와 개인의 능력이 균형을 이루어야 한다. 구체적으로 교육투자사업을 통한 방안은 후술할 것이다.

나. 적절한 가정환경 조성[27]

심리학자들에 의하면 자녀의 인지발달과 사회성 발달 그리고 성격발달과 같은 기초적인 사회화의 조건은 4세를 전후하여 이루어진다고 한다. 아동 성장에 있어서 가정의 초기 환경이 중요하다는 이야기이다. 실제로 스켈스와 다이(Skells & Dye)는 고아원에 버려진 아동(주로 빈곤아동)을 대상으로 실험을 한 결과 아동이 어렸을 때 부모의 지적 자극과 관심(보호요인)을 어떻게 받느냐에 따라 지적 성장은 물론 사회성 발달과도 밀접히 관련이 있음을 입증하였다. 이들

---

27) 이정선(2000), 자녀의 성적 향상을 위한 학부모 역할의 중요성 광주권연구 제6호의 일부 내용을 재구성하였다.

의 실험을 살펴보면 다음과 같다.

고아원에 버려진 아동(7 - 13개월) 25명을 대상으로 영아용 지능검사를 실시한 결과 12명의 아동은 평균 지능이 90 정도인 정상적인 아동이었고, 다른 13명의 아동은 평균 지능이 64.3 정도의 저능아 집단이었다. 고아원의 제한된 인력 때문에 정상적인 아동 집단은 조그만 방에서 2명의 보모와 2명의 보모 보조자가 12명의 아동을 돌보게 하였다. 따라서 이들이 할 수 있는 일은 단순한 의무적 관심, 이를테면 젖먹이기, 옷 입히기, 목욕시키기, 화장실 가기 등과 같은 일에 국한되었고, 성인들과의 의미 있는 접촉은 할 수 없었다. 놀이 기구도 마음대로 이용할 수 없었고, 외출도 보호자가 적은 관계로 거의 할 수 없었다. 2살경에는 보호소로 옮겨져서 6세 이하의 아동 30 - 35명이 1명의 보모와 비전문 보조인력의 통제 속에서 생활을 하게 되었다. 따라서 이곳에서의 생활도 성인으로부터 특별한 관심(보호요인)을 받을 수 없었다. 즉 대부분 방에서 생활을 하거나, 단체로 열을 지어서 일어서고 앉기를 하거나, 작업을 하거나 아니면, 각자 개별적으로 놀도록 방치되었다.

반면, 저능아 집단의 13명 아동은 각각 1명 아동에 1명의 보조자가 있어서 특별한 관심과 애정을 받을 수 있었다. 자기 아이처럼 귀여워해 주고, 아동의 수용 호실 간 걷기, 말하기 등의 경쟁을 통하여 아동들의 성취를 장려하였다. 보호자는 많은 시간을 같이하며 걷기, 말하기(언어 자극) 등을 시키고 같이 외출도 자주 하였다. 다양한 장난감을 가지고 놀게 하였고, 아동이 걷기 시작할 무렵부터는 학교 유치원에 보내서 매일 같이 예배에 참석도 하고(단체 합창, 음악) 그리고 다른 학교 행사에도 참석게 하였다.

52개월 이후 다시 지능 검사를 해 본 결과 양 집단 간 놀라운 차이가 발견되었다. 저능아 집단의 아동들은 정상적인 지능을 획득하게 된 반면, 정상적인 집단 아동들의 지능은 오히려 저하된 현상을 발견한 것이다. 전자는 평균 27.5점이 상승하였는데, 그중 3명은 45점이 증가하였다. 이들 중에서 1명 혹은 2명의 성인과 계속적이고 긴밀한 유대를 가진 아동은 34점이 증가한 반면 성인과 애정관계가 다소 적은 아동은 14점이 증가하였다. 즉 애정과 관심의 정도에 따라 지능의 변화가 다르게 나타난 것이다.

반면 정상적인 집단의 아동으로 지적 자극과 애정이 부족한 집단 아동들의 지능은 1명을 제외하고 최저 8점에서 최고 45점까지 하락하였다. 성인들과의 긴밀한 애정적 유대가 결핍되었기 때문이다. 최소한 어린이가 사랑을 보고 느낄 수 있는 부모의 대리인이 부족한 것이다.

이들은 21년 후에 실시된 추후 연구를 통하여 초기 가정환경이 사회성 발달과도 밀접한 관련이 있음을 보여 주었다. 21년 후, 연구에 참가한 사람들의 사회생활을 조사해 본 결과, 이때에도 양 집단 간 놀랄 정도의 차이를 발견하게 된다. 즉 초기의 저능아집단의 아동으로 풍부한 애정과 다양한 지적 자극 속에서 성장한 사람들은 정상적인 가정생활을 하는 반면, 초기의 보통 지능으로 부족한 관심과 지적 자극 속에서 성장한 사람들은 정반대의 생활을 하고 있음을 발견하게 된 것이다. 전자는 13명 전원이 고등학교를 졸업하고 그중 4명은 대학까지 진학하였다. 11명이 결혼하여 9명은 자녀가 있는 정상적인 가정생활을 하고 있었다. 직업에 있어서도 대부분 준전문직종에 종사하고 있었다.

반면, 초기의 무관심과 부족한 지적 자극 속에서 성장한 사람들은 12명 중 1명은 오랫동안의 지진아 보호소 생활 끝에 사망하였다. 3명은 여전히 보호 감호소 생활을 면하지 못하였고, 1명은 정신병원에 입원 중이었다. 결혼한 2명 중 한 명은 이혼한 상태이고, 3명의 여자는 한정치산자 판정을 받아 사회생활이 불가능한 상태였다. 평균 초등학교 3학년 이내 중퇴자가 대부분이었으며, 반 이상이 무직이거나 나머지는 육체노동에 종사하고 있었다.

물론 극단적인 연구 결과이고, 중간에 성장 변인 등 다양한 변수가 작용하긴 했어도, 초기 가정환경을 어떻게 구성하느냐와 부모 역할의 중요성을 일깨워 주기에는 충분한 연구라고 생각된다. 부모들은 어떻게 가정환경을 구성하여야 우수한 학습결과를 산출할 수 있을 것인가? 특히 빈곤가정의 결핍된 가정환경이 아동의 학습결과와 연관이 있다는 점을 감안하면 빈곤아동의 인지발달과 학업성적에 긍정적으로 영향을 미치리라 생각되는 가정의 교육적 환경을 어떻게 구성할 것인가가 관건이다. 데이브(Dave)와 울프(Wolf)에 의하면 인지발달과 학습결과에 긍정적으로 영향을 미치리라 여겨지는 가정의 교육적 환경특성은 다음과 같다.

① 성취압력: 자녀에 대한 부모의 높은 성취 기대, 부모 자신에 대한 교육적 기대, 자녀의 교육활동에 대한 부모의 높은 관심, 자녀의 성취 수준에 대한 부모의 정확한 지식, 자녀의 학업성취 수준에 도달시키기 위한 부모의 치밀한 준비와 계획성
② 부모의 언어모델: 부모의 언어사용의 질, 군장력 및 어휘 증진 노력, 언어교정 및 효과적인 언어사용에 대한 부모의 민감성

③ 학습지도: 자녀에 대한 부모의 학습지도의 기회, 학습지도의 질, 학습 관련 시설 및 자료의 활용 및 기회 부여
④ 가족구성원의 지적 활동: 식구의 활동 범위 및 내용, TV나 대중매체의 활용, 도서관 및 학습 관련 자료와 설비의 활용
⑤ 가정의 지적 분위기: 자녀가 활용 가능한 놀이의 내용과 질, 사고와 상상의 기회
⑥ 가족구성원의 일상사: 가사의 일상성, 오락과 학습 간의 우선 순위

결국 가정의 과정적 변인을 조작함으로써 빈곤아동의 학습결과를 향상시킬 수 있다는 이야기이다. 자녀에 대한 부모의 성취압력이 높을수록, 언어사용에 대해 민감할수록, 학습지도의 양과 질이 우수할수록, 가족구성원의 지적 활동이 다양할수록, 가정의 지적 분위기가 풍부할수록 그리고 가정의 일상사에서 자녀교육이 우선시 될수록 자녀의 학습결과는 향상된다. 이를 다른 말로 표현하면 가정 내 사회자본을 확충하는 일과 상통한다. 물론 부모교육을 통해서 가능한 일이다.

결국 가정에서 부모 - 자녀 간 상호작용의 양과 질, 자녀교육에 대한 부모 개입의 질에 따라 자녀의 학습결과가 달라진다는 점을 알 수 있다. 특히 부모의 역할이 결정적이다. 따라서 자녀교육에 긍정적으로 영향을 미치리라 기대되는 사회자본의 창출을 위하여 부모들이 다양한 노력을 경주하여야 할 것으로 보인다. 이를 위해서는 빈곤아동 개인의 문제라기보다는 이들 부모의 문제이기 때문에 빈곤가정의 부모를 위한 부모교육이 선행되어야 할 것으로 보인다.

다. 학교에서의 학습동기 유발 방안[28]

학습동기란 학습자로 하여금 학습에 대한 준비나 일련의 학습을 지속시키도록 하는 내적 · 외적 조건을 말한다. 학습자들에게 분명한 목표의식을 가지게 하고, 적성이나 흥미에 맞는 과제의 제시와 보상, 경쟁심의 적용, 피드백 등을 활용하는 학습 전체에 작용하는 동기를 말한다(교육학대백과사전, 1998). 쉽게 말하자면 학습자가 학습활동을 하고 싶다는 강한 의욕을 말한다.

학습동기 유발과 관련하여 켈러(Keller, 1993)의 ARCS이론이 현재까지 개발된 것으로는 가장 체계적이고 종합적인 방법이 아닌가 여겨진다. 이는 빈곤아동에게도 동일하게 적용될 수 있을 것이다. 그에 따르면, 학습동기는 첫째, 주의(attention)에 따라 달라진다. 주의는 어떻게 하면 학습자의 관심을 학습에 필수적인 자극에 집중시키느냐 하는 것이다. 지각적 주의 환기 방법, 탐구적 주의 환기 전략, 다양성의 전략이 여기에 속한다(Keller, 1993). 지각적 주의를 환기시키기 위해서는 ① 시각적 효과를 활용하는 일(삽화, 애니메이션, 도표, 그래프, 적절한 흰 공백, 다양한 글자체, 소리나 번쩍거림, 역상문자 사용), ② 비일상적인 내용이나 사건들을 제시하는 일(모순된, 기이한 내용, 학습자의 경험과 전혀 다른 사실, 믿기 어려운 통계), ③ 분산의 자극을 지양하는 일이 필수적이다. 탐구적 주의 환기를 위해서는 ① 학습자의 능동적 반응을 유도하기 위한 비유나 연상, ② 문제해결을 학습자 스스로 구상하게 하는 일, ③ 신비감을 제공하는 것 등이 필요하다. 또한 다양성을 위한 전략으로 ① 간결

---

28) 이정선(2002), 학생의 특성을 고려한 동기유발 전략, 교육연구, 제400호(22권 11호) 일부 내용을 재구성하였다.

하고 다양한 교수형태 사용, ② 다양한 교수-학습 기회 제공, ③ 교수자료의 변화 추구, ④ 목표-내용-방법의 기능적 통합이 필수적이다.

둘째, 학습자의 필요와 연관시키는 일이다. 관련성(relevance)은 어떻게 학습과제가 학습자의 개인적 흥미 및 목적과 연관되느냐 하는 것이다. 학습내용이 자신의 장래 도움이 된다고 인지할 때 혹은 학습자의 욕구를 고려한 수업방법이 제시될 때 학습자는 높은 학습의욕을 갖게 마련이다. 이를 위해 교사는 ① 친밀성을 유지하기 위해 학습자의 경험과 관계가 되는 구체적인 용어, 예문, 인물, 사건, 그림, 배경지식 등을 활용하고, ② 목표지향성을 부각시키기 위해 실용성에 중점을 둔 목표를 제시하거나 그와 연관된 학습형태를 활용하거나 아니면 학습자에게 목표의 선택가능성을 부여하여야 한다. 또한 학습자의 필요와 동기에 부합된다는 인식을 높이기 위해 다양한 수준의 목적을 제시하고 비경쟁적 학습 상황을 선택하며 협동적 상호학습 상황을 제시할 수 있어야 한다.

셋째, 자신감(confidence)을 길러 주는 것이다. 학습자는 동기 유발 및 유지를 위해 학습의 재미와 필요를 느끼는 것 외에도 성공의 가능성이 있다고 믿어야 한다. 학습자로 하여금 자신감을 갖게 하려면 어떻게 하여야 하는가. 켈러(Keller)는 자신감 수립전략으로 학습자에게 학업 수행에 필요한 조건과 평가 기준을 명확히 제시해 줌으로써 학습자가 성공 가능성 여부를 짐작하도록 도와주어야 하고, 그 과정에서 의미 있는 성공경험을 할 수 있도록 적절한 도전감을 제공하여야 하며, 성공이 개인적 노력에 기인한다는 믿음을 갖게 하여 학습자 스스로 학습을 조절하는 기회를 갖게 하는 일이 중요하다고 하였다.

넷째, 학습자가 느끼는 만족감(satisfaction)은 학습동기를 계속 유지시킨다. 물론 만족감은 학습자의 노력의 결과가 자신의 기대와 일치하고 그 결과에 만족할 때 생긴다. 이를 위해 교사는 학습자로 하여금 새로 습득한 지식이나 기술을 실제에 적용해 보도록 기회를 제공하거나 성공적인 학습결과에 대하여 긍정적인 피드백을 주거나 아니면 수업목표와 내용의 일관성 및 연습과 시험내용의 일치를 보여줌으로써 공정성을 확보해 주어야 한다. 결국 켈러(Keller)는 주의 환기 및 집중, 관련성 증진, 자신감 수립, 만족감 증대라는 네 가지 조건을 통해서 학습자의 학습동기를 최적으로 유발·유지하자는 입장이다.

그 외에도 여기서 학생들의 흥미와 호기심을 자극해야 하는 일 못지않게 중요한 것은 학습자의 동기유발을 저해하는 요소들을 제거하는 일이다. 학생들의 학습동기를 유발시키기 의해 필요한 교수매체가 부족하지 않도록 다양한 교수매체를 지원해 주어야 하고, 수업진도상 시간 부족이나 동기 유발을 위한 수업 준비 시간의 부족 등을 어떤 방법으로든 보전해 줄 수 있어야 교사들도 적극적인 동기유발 전략을 실천할 수 있게 된다.

빈곤 여부를 떠나 학교에서 교사가 학생들의 학습동기를 유발시키기 위하여 고려해야 할 것들이다. 여기에 더하여 교사는 빈곤아동이 가지고 있는 학교 관련 특성을 고려하여 부족한 선수학습 경험을 보충해 주는 일, 건전한 또래 관계를 형성하도록 도와주는 일 그리고 아동의 자성예언(자아충족예언)을 높여 주기 위하여 학생에 대한 지지와 관심을 경주하는 일 등을 게을리 해서는 안 될 것이다. 교사가 보호요인이 되어서 전술한 학교에서의 빈곤아동의 결핍요인을 보충해 주어야 한다.

라. 교육복지투자우선지역지원사업을 통한 빈곤아동의 학습동기 유발

빈곤아동일수록 더 양질의 프로그램을 제공해야 발달과 적응에 실질적으로 도움이 된다. 역차별에 기초한 결과의 평등을 실현시키기 위한 사회적 노력이 교복투사업이다. 교육투자사업의 경우 학습 영역에서 빈곤아동을 위한 다양한 보충 학습 프로그램을 개발해야 한다. 이때 고려해야 것은 학습과 놀이를 병행하여 흥미를 유도해야 한다는 점과 다양한 지적 자극의 기회를 주되 단순히 지금까지의 학습방법을 제공하기보다는 신세대에 맞는 학습방법을 제공해야 한다. 즉 땀에 젖기보다는 즐거움에 젖도록 하거나 학습방법을 가르치기보다는 바다를 그리워하는 정서를 보여 주어야 한다. 대뇌피질에 각인 시키기보다는 뇌변연계에 경험을 각인 시킬 수 있어야 할 것이다.

심리정서 영역에서 중요한 것은 빈곤아동이 가지고 있는 개인적 심리적 특성을 보완해 주는 보호요인을 제공해 주어야 한다는 점이다. 학구적 무력감이나 낮은 자기존중감을 제고시킬 수 있는 상담 프로그램의 운영이나 다양한 문화체험을 통한 자신감 회복 그리고 소위 '수동성'을 타파하기 위한 봉사활동을 통한 보상제도나 자기주도적 활동이나 노력을 보상하는 쿠폰제 등을 고려해 볼 필요가 있다. 소위 '할 수 있다 주의(Can doism)'나 인간 가역성에 대한 신뢰 수준을 높여 주는 것이 절대 필요하다. 필요한 것은 개인 상담 이외에도 그러한 내용을 기초로 하는 상담 교육도 전체 학생을 대상으로 실시해 볼 필요가 있을 것이다. 그리고 유사한 상황에서 성공한 역할 모델을 제공함으로써 이를 통해서 자기주도적 능력을 배양해 주어야 한다.

　문화 체험 영역에서 빈곤아동을 위하여 해야 할 일이 가장 많을 것이다. 일단은 빈곤아동들에게 다양한 문화 예술 관련 체험을 할 수 있는 기회를 제공해야 한다. 그것도 성인의 지도와 관리하에서 이루어질 수 있어야 한다. 그런 프로그램의 하나가 '프로젝트 I'이다. 프로젝트 I는 다양한 미디어 매체를 활용하여 빈곤아동이 자신이 살고 있는 지역의 이야기를 발견하고 새로운 시각으로 바라보도록 하여 긍정적인 삶의 주인공으로 성장하는 기회를 갖도록 도와주는 '아트센터 나비'와 '부스러기 사랑나무회'가 공동 주관하는 문화체험 프로그램이다. 성인의 지도 감독과 지원하에 문화의 창조자로서 문화를 체험하게 하고 집단 창작 활동(멀티미디어 심리지도 만들기, TV 프로그램 제작, 미디어 타임캡슐 만들기, 나를 찾아가는 퍼포먼스, 자기 다이어리 구성)을 통하여 인지능력의 향상, 자아존중감의 증대, 자기 표현력의 증가와 이해 및 공감 능력을 향상시키자는 노력이다. 이를 도식화하면 다음의 그림과 같다.

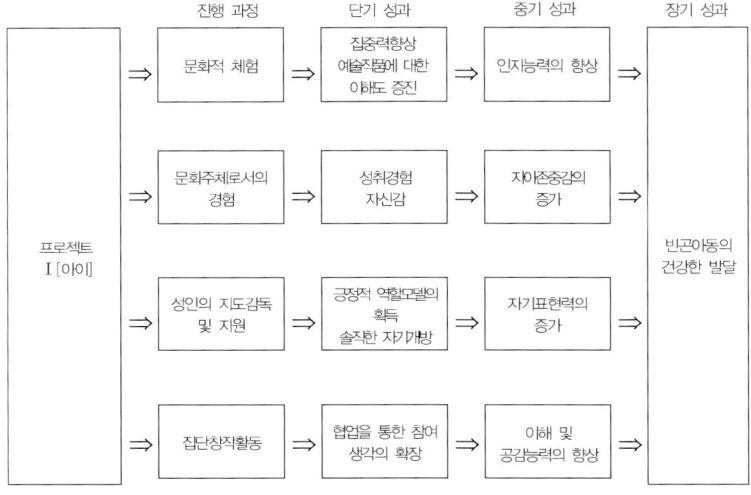

〈그림 7-3〉 프로젝트 I 모형도

Ⅳ. 결 어

　　아동 빈곤 문제는 선진국을 포함한 대부분의 국가가 안고 있는 정책적 관심사이다. 아동이 건강하지 못할 때, 그 사회의 미래는 밝을 수 없기 때문이다. 그런데 아동 빈곤은 부모 빈곤에서 비롯되었기 때문에 이들의 빈곤을 극복하기 위해서는 부모부터 개입하지 않으면 안 된다. 지금껏 빈곤아동정책은 공공부조 및 수당을 통한 소득지원(현금지원), 세제혜택, 현물지원(사회복지서비스), 노동시장 정책을 통하여 이루어지고 있다. 특히 사회복지 서비스로서 우리나라의 Dream Start, Wee Start, 미국의 Head Start, 영국의 Sure Start 등이 대표적이다.

　그런데 이러한 노력들도 빈곤아동의 실태와 문제점 그리고 그들이 가지고 있는 신체적, 지적, 정서적 특징을 올바로 알고 문제를 해결할 수 있는 보호장치를 갖추지 않는 한 문제는 해결될 수 없다. 문제 해결은 정확한 현실 진단에서 비롯되며, 해결방안 역시 다양한 접근을 필요로 한다. 특히 이들이 가지고 있는 학구적 무력감을 해결하기 위해서 다양한 학습동기 유발 방안들을 강구할 필요가 있다.

제8장
농촌 소외 학생을 위한 문화교육[29]

Ⅰ. 농촌 소외 학생을 위한 문화교육의 정당성

대중교육이 보급된 이래로 평등 문제는 수월성의 추구와 더불어 공교육의 2대 이념으로 대두되었다. 특히 교육평등 개념이 더욱 다양화됨에 따라 선진 사회를 중심으로 기회의 허용적, 보장적 평등과 내용의 평등을 넘어서 교육결과의 평등을 추구하게 되었고, 그러한 평등을 실현하기 위한 구체적인 방안들을 모색하기에 이르렀다. 그러한 노력들은 오랫동안 결핍 상태에 처해 있었던 소외된 학생을 중심으로 전개되었다.

일반적으로 '소외 학생'이란 사회경제적 요인을 포함하여 다양한 제약으로 인하여 주류 학생들과 동일한 교육적 혜택(그것이 기회가 되었건 내용이 되었건 아니면 결과가 되었건)을 받지 못하는 학생들을 일컫는다. '힘 있는 자'들에 의하여 관심과 존경, 이해와 지원을

---

29) 광주 임곡초등학교 특강(2005. 6. 22) 자료를 재편집한 것이다.

받은 역사가 많지 않은 학생을 말한다(Sher, 2000).

사회계층상으로는 하층학생이나, 경제적으로 극빈 학생, 구조적·기능적 결핍 가정 학생(소년 소녀 가장, 결손 가정 학생), 이질적 문화를 소유한 학생(이민자, 역이민자, 탈북자, 외국인 근로자 자녀), 지역적으로는 도심의 교육 낙후지역 학생이나 농어촌 및 벽지 거주 학생, 장애인, 특수아 그리고 그 외 다양한 이유 때문에 중심에서 벗어나 있는 학생을 말한다. 이러한 학생들은 대체적으로 기초학력이 낮고 학교 중퇴율이 높거나 상급학교 진학률이 낮다(Sanders, 2000).

공교육 체제는 물론 형식상으로는 불평등을 해소하기 위하여 다양한 노력을 수행했지만, 상대적으로 소외 학생들의 교육조건은 그럼에도 나아진 것이 거의 없다. 이러한 학생들은 학교 내의 교육조건이 같아지더라도 교육결과가 나아지지 않았다. 학생 각자가 취학 이전에 받은 선수학습 경험의 차이다. 이로 인한 능력의 차이 때문이다. 따라서 이들을 위한 최소한 학교 내에서라도 보상교육을 강구하지 않으면 안 되게 되었다. 지적 능력이 떨어지거나, 저소득층이나, 아니면 열악한 교육환경에 처한 학생일수록 더 많은 교육적 배려를 함으로써 결과적으로 평등을 실현시키려는 노력이 등장한 것이다.

농촌 소외 학생의 보상교육에 대한 정당성은 바로 이러한 결과의 평등관에서 찾아질 수 있다. 실제로 소외 학생의 교육결과는 학생의 개인적 특성에 전적으로 좌우되는 것은 아니다. 학습 환경이 열악하거나 역기능적 환경, 혹은 학습기회와 지원을 위한 세대 간 자원의 불균등 그리고 사회자본과 같은 구성원 간 유대감의 부족 등 오히려 학교가 통제 불가능한 변인들의 영향력이 더 강하게 작용한다. 따라서 최소한 교육적으로 통제 가능한 학교의 과정변인만이라도 역차별을 함으로써 결과를 균등하게 하자는 것이다. 즉 열악한 과정변인을 인위적으로 조작하여 농촌 학생들의 교육결과를 향상시키자는 것이다.

거주지는 학생들이 임의로 선택할 수 없다. 단지 출생지가 농촌이라는 것 때문에 취학 전부터 낙후된 교육환경 속에서 성장해야 하고 열악한 학교교육을 받아야 하며, 사회지위체계 속성상 낮은 지위를 차지할 수밖에 없다는 것, 그리고 그러한 관계가 악순환된다는 사실은 결과의 평등이나 사회정의를 위해서도 바람직한 일이 못 된다. 따라서 농촌 소외 학생의 교육문제는 결과의 평등 속에서 그리고 보상교육 차원에서 찾아지지 않으면 안 된다는 주장이 설득력을 얻게 된다. 그러한 보상교육의 일환이 바로 소외 학생을 위한 지식교육, 심리정서교육, 문화체험, 복지적 지원 등이다. 여기서는 문화체험을 포함한 문화교육만을 다룬다.

Ⅱ. 문화교육: 재개념화

문화교육은 문화와 교육이 결합되어 있는 조어로서 양자 간 개념적 관계를 어떻게 설정하느냐에 따라 그 의미가 달라진다. 지금까지 제시된 문화교육에 대한 개념은 다양하다. 즉 교육에 참여하는 것 자체가 문화라는 시각이 있을 수 있고, 다른 하나는 문화(주로 문화적 산물)를 매개로 이루어지는 교육이라는 시각 그리고 마지막은 교육을 위한 토대로서의 문화교육을 상정해 볼 수 있겠다(문화나 교육에 대한 개념은 여기서 생략한다.).

1. 문화로 파악되는 교육

문화교육은 교육에 참여하는 것 자체가 곧 문화라는 시각이다. 문화를 종합적인 의미로 이해할 때 교육은 문화의 하위 영역에 속하고 교육에 참여하는 것 자체가 곧 문화 활동에 참여하는 것이다. 이러한 입장에 따르면 제도화된 교육에 참여하는 것 그 자체가 곧 문화에 들어가는 것이 된다. 따라서 문화교육은 제도화된 교육(학교교육) 기회를 더 많이 제공하고 그 속에서 올바른 교육을 받게 함으로써 가능하다. 그러나 문제는 그렇게 간단해 보이지 않는다.

갈등론자에 따르면 제도화된 교육은 교육의 전체 역사를 놓고 볼 때 지배계층 또는 특권층의 전유물이었다. 오늘날 비록 피지배계층이나 하층민으로까지 교육기회를 확대하긴 했으나 여전히 제도화된 교육은 전자들의 기득권을 유지하고 불평등한 사회구조를 재생산하는 기능을 수행한다. 따라서 제도화된 교육 속에서 논의되고 학습되는 문화는 곧 특정 계층의 문화이고 그들을 위한 문화일 수밖에 없다. 따라서 소외된 계층의 학생들이 제도화된 교육에 더 많이 참여한다는 것은 그만큼 지배집단의 이데올로기나 사상, 태도, 가치 그리고 규범에 더 많이 노출된다는 것을 의미한다. 여기서 문제는 교육에 참여하는 피지배계층 또는 소외된 사람들의 주도성을 어떻게 고려할 수 있는가이다.

2. 문화를 매개로 한 교육

문화를 매개로 하는 교육은 자료의 하나로서 문화를 활용하는 교육을 말한다. 그렇다고 문화를 가르치는 교육을 의미하는 것은 아니다. 문화는 직접 가르쳐질 수 없기 때문이다. 외적으로 표현되거나 하나의 객관적 대상으로 나타난 문화적 산물을 매개로 교육활동을 보다 원활하게 하고 이를 통하여 그 산물 속에 담긴 문화를 배우게 하자는 입장이다.

흔히 우리들이 이야기하는 문화교육이 여기에 속한다. 그러나 엄밀하게 말하면 문화적 산물에 대한 교육을 말한다. 일차자료로서 문화재 혹은 영화, 예술, 미술품 등을 매개로 이루어지는 교육이거나, 그러한 것에 대해서 소개한 내용이나 자료(책, 신문, 비디오 자료 등) 등 2차 자료를 통하여 교육을 하고 그러한 문화적 산물 이면에 담긴 문화적 가치나 정신, 심미안 등을 깨닫게 하자는 입장이다.

3. 교육을 위한 토대로서 문화

이는 교육이 주가 되고 문화가 하위 영역에 속하는 관계를 말한다. 여기서 문화는 교육활동의 기초를 제공한다. 문화는 교육이 잘되게 하기 위한 기초이자 도구로서의 역할을 수행한다. 교육 당사자들이 교육에 참여하는 것을 가로막는 문화적 요소를 제거하는 노력들을 수행하거나, 구성원들에게 교육을 통해서 문화가 교육을 위한 기초로서 역할을 수행해야 한다는 점을 계몽하거나, 특정한 교육적 인식론을 형성하도록 교육하는 행위를 말한다.

여기에는 소극적으로는 교육 참여 기회에 장애가 된 요소를 제거하고 문화에 접할 기회를 더 많이 보장해 주는 사회적 노력이 포함되며, 적극적으로는 구성원들로 하여금 특정 문화를 가정이나 지역사회에 조성하려는 교육적 노력들이 포함된다. 이를테면 학교의 공리성이나 교육이 사회적 지위상승의 원천이라는 특정의 문화적 습성을 구성원들이 갖도록 교육하는 것, 그래서 전체 사회를 교육적으로 우호적인 분위기를 만드는 일과 구성원들이 교육에 우호적인 문화적 습성을 형성하도록 교육하는 일 등이 포함된다. 교육을 통하여 특정한 교육적 인식론을 형성하고, 학생이건 학부모건 지역사회 주민이건 적극적인 교육활동에 참여하도록 사회문호적 구조를 조성하려는 노력들과 그 외 교육적 지원을 장려케 하는 지역사회의 여론을 형성하는 일 등도 여기에 포함된다.

Ⅲ. 문화교육의 방향

교육에 참여하는 것 자체가 문화활동이 되건, 문화적 산물을 활용하여 교육을 하건, 아니면 문화적 구조를 바꾸는 교육활동을 전개하건 간에 그 방법을 구안함에 있어서 고려해야 할 사항들이 있다. 문화가 가지고 있는 자체의 속성 때문이다. 농촌 사회 역시 나름대로 문화를 가지고 있다. 그러한 문화 자체가 도시문화 혹은 주류 사회계층(중산층) 문화와 다르다고 보아야 하는가 아니면 절대 기준에 모자란다고 보아야 하는가가 문제이다. 여기서 이런 시각의 차이를 중요하게 여기는 까닭은 시각에 따라 문화교육의 방법이 달라질 수 있기 때문이다. 이를 위하여 문화결핍과 문화차이에 대해서 먼저 살펴보자.

1. 문화차이(cultural difference)와
문화결핍(cultural deficiency)

문화이론은 1960-70년대 미국에서 소수민족의 학업 결과를 설명하기 위한 이론으로 등장하였고 그 후 지역의 특성에 따른 학습결과의 차이를 설명하는 데까지 확대되었다. 초기 연구 결과들은 주로 소수민족이나 비주류 혹은 하층민이나 농어촌, 도서벽지 거주자들의 학습 실패를 문화적 결핍으로 이해하고자 하였으나 차츰 주류사회와 그렇지 않은 사회 출신 학생 간 문화적 차이를 강조하는 쪽으로 강조점이 달라지기 시작하였다.

교육인류학자뿐 아니라 사회언어학자들도 흑인이나 인디언을 포함한 소수민족 가정에서의 제반 언어활동(언어 코드, 발문 방식, 의사소통 방식, 이야기 전개 방식, 언어 사용 구조 등)이 학교에서의 그것과 다르기 때문에 학교에서 실패한다고 보았다. 이들은 그렇다고 소수민족 학생의 인지적 능력이 상대적으로 떨어지는 것은 아니라는 점을 발견하였다. 즉 언어 사용 구조 자체가 주류사회와 다른 것이지 언어 사용 능력이 떨어지는 것은 아니라는 점이다. 이는 수업 장면에서도 마찬가지로 적용된다. 경쟁적 수업 구조나 개별화된 학습 구조에 익숙한 학생이 협동적 학습 구조에 부적응을 나타내는 경우에 대한 설명이 그것이다.

이후 문화 절대주의보다 문화 상대주의가 더욱 힘을 얻게 됨에 따라 과업 수행에 대한 문화 간 '우열'보다는 '다음(차이)'에 더 많은 강조를 두게 되었고 이러한 점은 국가 간에서뿐만 아니라 국가 내에서도 지역 간(거주지에 따른) 학습결과의 차이를 설명하는 기준으로도 활용되기 시작하였다. 즉 도시와 농어촌 간 학력 격차를 문화결핍보다는 문화차이로 설명하려고 한 것이다.

학문적으로 지식사회학과 교육과정의 사회학이 대두됨에 따라 개인의 인식이나 지식의 생성 발전에 있어서 생쾌적 환경이 미치는 영향에 주목하게 됨으로써 절대적 기준에 의한 평가와 판단 그리고 비교를 거부하고 결과의 개별성과 상대성을 강조하게 되었다. 비교 문화적 관점은 그러한 작업을 더욱 가속화시켰다. 결과적으로 어떤 관점에서 학습결과를 보느냐에 따라 교육 관련 제도와 정책 그리고 교육내용과 방법이 달라지게 된 것이다.

농촌 소외 학생에 대한 문화교육의 방향 역시 농촌 사회의 문화를 도시문화를 기준으로 열등하거나 부족한 것으로 보아야 할 것인지, 아니면 농촌문화를 도시문화와 대등한 '다른' 하나의 문화로 보아야 할 것인지에 따라 문화교육의 방향이 달라질 것이다. 만약 문화결핍을 전제로 한다면 농촌 소외 학생의 문화는 부족하고 모자라기 때문에 이들을 위한 문화교육은 도시 기준까지 채워 주는 도시주의 교육으로 나아가야 하며, 다름과 고유성을 전제로 한다면 농촌 소외 학생의 문화교육은 지역화 방향으로 나아가야 할 것이다.

2. 지역화 교육과 도시주의 교육

앞에서 언급한 것처럼 농촌 학생이 가지고 있는 문화가 도시와 구별되는 독특한 문화인가 아니면 전체 사회 일원으로 살아가는 표준으로서 문화에 비해 뒤떨어진 것인가에 따라 문화교육의 방향도 달라진다. 전자는 농촌의 장점을 살려서 특성화된 문화교육을 시행하자는 입장이고, 후자는 결핍된 문화를 최소한 도시 수준으로까지 끌어올려 주자는 입장이다. 특히 후자는 도시에서 하는 것을 대부분 모방하자는 입장이다. 교육에 있어서 전자를 지역화 교육이라 한다면 후자를 도시주의라고 할 수 있다. 문화교육 역시 도시문화를 모방하는 교육이 가능한 반면, 농촌의 특유한 지역성을 살린 문화교육도 가능하다. 이를 좀 더 살펴보자.

도시주의란 도시의 기준에 입각하여 학업 성적을 향상시킴으로써 농촌 교육의 단점을 줄이려고 노력하는 반면, '지역화 교육'(place-based education, community-based education, place-conscious education)은 지역 특성화 교육과정의 개발을 과제로 삼고 있는 입장이다. 후자는 보다 적극적으로 도시주의로부터 이탈하여 농촌 소규모 학교교육의 장점을 진작시키겠다는 방안이다.

지역화 교육은 농촌이 도시 학생들의 학습이나 학력을 모방하면서 도시 학교에 준 하는 교육태세를 갖추려고 고심하는 도시 지향적인 교육을 반대하면서 농촌만이 갖는 특수성을 적극적으로 받아들여 그것을 정착시키고 동시에 저생산성을 극복하여 빈곤과 황폐로부터 벗어나 새로운 지역사회를 만들어 보겠다는 교육을 지향한다. 지역화 교육이 대두된 것은 대체로 도시 학교는 정상적이고 농촌의 소규모 학교는 비정상적인 교육을 실시하고 있다는 시각에서 비롯되었다. 그러나 역으로 이제는 도시교육에 대한 모방에서 벗어나 농촌 소규모 학교 나름의 특수한 교육을 실현해야 한다는 것이다. 결국 소규모 학교를 도시 학교의 기준에서 판단하지 말고 도시의 학교가 우수

한 학교와 동의어라는 개념에서 벗어나야 한다는 것이다. 도시 학교
가 반드시 양질의 교육을 제공한다는 기준에서 벗어나지 않으면 농
촌 교육은 특색 없고, 언제까지나 실현 불가능한 도시 학교 교육의 모
방으로 혼란에 빠질 것이라는 것이다(Boethel, 2000; Harmon, 2001).

지역화 교육은 교육목적과 내용 그리고 방법이 도시 학교교육에
적합하다고 해서 반드시 농촌 학교교육에도 적합할 것으로 생각하지
않는다. 학교교육이 지역사회의 특수한 맥락 속에서 이루어지듯 지
역의 가치와 그 지역의 사회자본을 형성하는 데 유리한 조건을 고려
하여 농촌 교육이 이루어지지 않으면 안 되기 때문이다. 따라서 지
역화 교육은 사회여론이나 학교가 부정적 편견을 지속시키기보다는
농촌 학교교육의 특수한 것에도 가치를 부여하는 방향으로 나아가야
한다는 입장이다.

도시와 같아지기보다는 지역사회 중심의 교육, 지역 특성화 교육
그리고 고장 인식교육을 통하여 자기가 생활하는 삶의 공간으로서
장소는 곧 자신의 정체성을 형성하며 자기 지역에 대한 이해는 세계
를 이해하는 지름길이라고 인식하게 한다. 자신의 지역사회가 어떻
게 형성되었고, 어떻게 현재의 모습을 갖게 되었는가, 그러한 지역사
회를 구성하게 한 힘은 무엇이고 그리고 다른 사회와는 어떻게 다른
가를 이해한다면 정체성에 대한 확실한 기초교육이 이루어진다는 것
이다(Butera, et al, 2000; Long, et al, 2003; Feldmann, 2003;
Harmon & Branham, 1999).

공간적으로 광활한 국가일수록 그리고 문화적으로 다양성을 추구
하는 사회일수록 지역화 교육을 강조하는 경향이 있는 반면, 지역적
으로 협소하고 단일문화 국가일수록 도시화에 준하여 농산어촌 교육

정책을 개선해 나가는 방향을 선호한다. 지역화 교육은 독특한 지역 정체성, 역사 문화적 전통 그리고 지역 환경과 지역 관계가 다양한 사회에서 그리고 지역교육을 경제적 역사적 그리고 문화 사회적으로 지원 가능한 사회에서 이루어진다. 그리고 지역사회의 역사적 철학적 맥락에서 교육과정을 추구할 수 있는 사회에서 시행된다(The Report of Rural School and Community Trust, 2000).

이러한 시각에서 보면 문화교육 방법을 강구함에 있어서 지역화 교육이 이상적인지 아니면 도시문화를 기준으로 삼아야 할지 우리의 사회문화적 조건을 고려해 보지 않을 수 없다. 우리 사회는 국가 수준의 교육과정을 존중하고 다양성보다는 단일성을 추구하고 있으며 다양성보다는 획일적 평등을 추구하고 있다. 그리고 지역화가 가능할 정도의 지역마다 독특한 교육내용과 방법 즉 교육과정이 가능한지도 의문이다. 다문화의, 그래서 이질적인 내용이 뚜렷하게 발견되는 지역과 단일문화의 지역적으로 협소한 지역 간 교육에 대한 인식은 다를 수밖에 없을 것이다.

이러한 것들을 고려한다면 우리에게 던져진 과제는 문화차이에 입각하여 지역주의 문화교육을 해야 하는가 아니면 문화결핍에 입각하여 도시교육을 모방하는 문화교육을 해야 하는가에 대한 답은 좀 더 분명해지는 것 같다. 그러면서도 여전히 우리들에게 남겨진 과제는 농촌 지역사회나 학생들이 가지고 있는 장점을 어떻게 문화교육방법으로 활용할 수 있는가이다.

Ⅳ. 문화교육의 방법

소외된 농촌 학생들만을 위한 특별하고 구체적인 문화교육 방법이 있는가? 물론 뾰족한 수가 없다. 그 해답을 찾기 위해 먼저 외국의 사례를 몇 가지 소개해 보자. 직접적으로 문화교육방법에 대한 것보다는 주로 거시적으로 소외지역(농어촌, 벽지)의 교육 일반 및 교육복지정책에 대한 것들이다. 주로 정부나 교육청 단위에서 고려된 사항이기 때문에 단위학교에서 구체적으로 실천한 것은 아니다.

1. 외국의 농어촌 소외 지역 지원 방안

미국에서 소외지역 거주 학생을 위한 보상교육은 주로 두 가지 - ① 지역 거주자의 인간자본의 형성을 통한 간접적 방법과, ② 보상교육과 같은 직접적인 방안을 중심으로 논의되었다. 전자는 농어촌 거주자들을 교육시키고, 기능을 습득하도록 인센티브를 제공하고, 직접 훈련을 시키고, 지역 학생을 위한 봉사에 필요한 기능을 가진 사람을 선발하고, 지역사회 발전종합센터의 구축 및 직접적인 투자를 통하여 그 결과를 학생들의 교육에 활용하자는 방안이다(Nadel & Sagawa, 2002).

후자인 보상교육과 관련하여 지금까지 대부분 관련 문헌들은 소외 학생에 대한 적절한 지원과 가정, 학교, 지역사회가 모든 학생들의 우수한 교육결과를 낳는 효과적인 학교를 만드는 데 교육의 초점을 두고 있다. 이를테면 세어(Sher, 2000)는 소외 학생을 보호하고 이들의 교육을 증진시키기 위하여 법적 제도적 정비, 학생의 필요와 관심을 충족시켜 주기 그리고 공공정책과 지역사회의 교육적 캠페인을 주장하였다.

샌더스(Sanders, 2000)도 소외 학생의 교육은 재정확충, 관련 교육정책 마련, 교사의 질 향상, 학교의 환경 개선 그리고 학교와 지역사회 간 파트너십 형성에서 그 답을 찾을 수 있다고 보았다.

2. 실제적 방안

이러한 지원 정책 및 사업은 물론 우리의 사정과 다를 뿐 아니라 단위 학급 차원에서 실현 가능한 것도 아니다. 국가와 교육청 그리고 지역사회가 농촌 소외아동을 위하여 참고로 할 수 있는 방안들을 열거한 것에 불과하다. 그러나 이러한 사례를 통하여 교육방법은 학교 내에서 실천 가능한 것도 포함되지만 학교 밖의 지역사회나 교육청 그리고 정부가 공동으로 인프라를 구축해 주지 않으면 불가능하다는 것을 알 수 있게 한다.

다시 문화교육으로 범위를 좁혀서 단위학교 내에서 할 수 있는 문화교육 방법은 어떤 것이 있는가를 알아보자. 일단 도시주의를 전제로 한다면 도시 학교에서의 문화교육방안과 농촌 학교에서의 그것과는 차이가 있을 수 없다. 역사적으로 전개되었던 교육방법의 변천과정을 동일하게 답습하는 것이다. 실제 중심의 직접체험에서 추상화된 교재 중심으로, 다시 삽화를 통한 감각에 의존했다가 매체를 활용한 공감각에 호소하는 방법으로 그리고 최근의 구성적 방법에 이르기까지 다양하게 생각해 볼 수 있겠다.

구체적인 실행방법과 관련하여 교수-학습자료(임곡초가에서 신문을 매개로 문화교육을 수행하기 때문에 자료를 중심으로만 살펴본 것이다.)를 중심으로 본다면 농촌 소외 학생을 위한 문화교육 방법은 개략적으로 일차적 자료를 활용하는 방법과 이차적 자료를 활용하는 방법으로 나눌 수 있을 것이다.

첫째, 1차적 방법으로는 직접 체험활동을 들 수 있다. 중세 이래 학교 속으로 사회를 가져올 수 없었기 때문에 추상화되고 활자화된 문자를 통하여 배우던 것을 직접 경험하기 위하여 학교의 울타리를 넘어 사회 속으로 경험을 나가는 수학여행을 강조하였다. 듀이의 경험 중심 학습 역시 일차적인 체험을 중시한 점은 이와 마찬가지이다. 우리의 교과중심체험 학습이나 문화체험학습도 같은 맥락에서 이해될 수 있다.

문화교육에 있어서 문화적 산물(유적지, 관광명소, 영화, 예술, 미술 등)을 직접 접하는 것보다 더 중요한 방법이 있겠는가. 가능하다면 체험하는 것으로 그치지 말고 더 나아가 몸을 활용하여 표현해 보거나 자료를 가지고 구성해 보는 것도 좋은 방법이 될 것이다. 그런데 문제는 그냥 보여 주고 읽게 하는 것이 아니라 치밀한 계획과 사전 준비하에 문화적 산물이나 결과를 충분히 교육할 수 있어야 한다는 점이다. 교사가 그만큼 더 많은 시간과 노력을 투자해야 한다는 이야기이다. 교사가 어려울 경우는 지자체에서 운영하는 자원, 가령, 문화해설사를 활용하는 방안도 생각해 봄 직하다.

직접적인 체험활동을 통한 문화교육으로 단위학교에서 시행해 볼 수 있는 방법으로는 이 외에도 학생동아리 및 축제 지원을 통한 학생문화의 활성화를 들 수 있을 것이고, 문화예술 단체와 연계하여 문화 활동 및 문화 예술 프로그램에 참가하거나 학교에서 실행하는 방법도 있을 수 있다. 지역사회 내 다양한 문화 축제나 행사에 참여하는 것도 한 방법일 것이다.

둘째, 2차적 자료를 활용한 방법이다. 시간과 공간의 제한, 물·인적 자원과 학습 자료의 제한으로 인하여 직접 체험이 불가능하다면 우리가 할 수 있는 방법은 무엇인가? 2차적인 자료에 의존할 수밖에 없다. 인쇄매체나 영상매체 등이 여기에 속한다. 신문은 가장 많은 문화적 사실을 담고 있다는 점에서 중요한 학습 자료가 될 수 있다.

그러나 문제는 2차 자료가 갖는 한계이다. 때로는 일차 자료를 읽는 사람의 왜곡된 의도가 담겨 있을 수 있으며, 의도하지 않았더라도 암묵적으로 신문 제작자의 가치와 태도가 담겨 있기 때문이다. 우리가 어떻게 신문을 활용하여 교육을 할 것인가 방법을 생각하기에 앞서 신문을 활용하여 문화교육을 한다 했을 때, 교육과정의 사회학자의 주장처럼 지식과 마찬가지로 신문 속에 담긴 문화의 속성을 먼저 따져 보아야 한다. 문화 역시 사회적이고 계층성을 띠기 때문이다.

또한 맥락적 발달이론자의 주장처럼 문화 생산자가 처한 사회문화적 맥락을 고려해 보아야 한다. 인간의 인식은 그들이 살아가는 삶의 공간(life space) 속에서 상호 작용한 결과이기 때문이다. 전통주의자에 비해 페미니스트나 비판이론가가 동일 사물을 다르게 해석하고 이해하는 이유이기도 하다. 따라서 2차 자료를, 그것도 어느 신문인가에 따라 동일 사안도 다르게 해석될 수 있는 신문을 다룰 때는 신중해야 한다. 신문 생산자들의 맥락을 고려하지 않는다면 갈등론자의 주장처럼 잘못된 의식화를 주도하게 되는 우를 범할지도 모르기 때문이다. 따라서 아직 심층적으로 분석되지 않고 검증되지 않은 기사를 교육내용으로 삼을 때는 모든 것을 보다 신중하게 고려하지 않으면 안 될 것이다.

V. 결 어

어떤 의도에서건 문화교육이 용이한 것은 아니다. 고려해야 할 사항들이 많기 때문이다. 방법을 고안하기에 앞서 문화가 무엇인가, 문화교육이 무엇인가, 왜 농촌 소외 학생을 위해서 문화교육이 필요한가 그리고 어떤 방향에서 접근해야 하는가 등 따져 볼 일들이 많기 때문이다. 그리고 소외 학생을 위한 문화교육은 단순히 단위학교 내에서 일어나는 교육문제로 한정할 성격도 아니기 때문에 전체 사회 맥락에서 무슨 노력을 어떻게 해야 할 것인가도 고려해 보아야 한다.

그러나 중요한 것은 사회자본이 도시 지역에 비해 부족한 농촌 가정을 대신해서 학교가 이들을 보상해 줄 수 있는 무언가를 하지 않으면 안 된다는 사실이다. 전체 학교가 지역사회와 연계하여 무언가를 시도하여야 하고, 교사 역시 매 단위 시간어 교육과정과 연계해서 문화와 관련된 내용을 (그것이 직접 체험이 되었든 간접 체험이 되었든) 교육하지 않으면 안 된다는 점이다.

문화교육에 있어서 일차적인 체험이 가장 중요한 교육 방법이겠지만 신문 내용 자체의 문화적 속성과 제작자의 사회적 배경을 동시에 충분히 고려한다면 신문을 활용한 문화 간접 체험 학습(NIE 학습)도 농촌 소외 학생을 위한 문화교육을 위한 하나의 도구가 될 수 있을 것이다. 교사가 올바로 활용하기만 하면 말이다. 어떻게 할 것인가는 부담스럽게도 언제나 교사들 몫으로 남는다.

제9장
농산어촌 연중 돌봄학교:
전남의 운영실태 및 내실화 방안[30]

농산어촌 연중 돌봄학교는 농산어촌 교육복지 지원사업의 일환으로 전국 85개 지역 면 소재 유·초·중·고등학교를 대상으로 그중에서도 면 지역 소재 2개 이상 사업학교 학생 수 총 200명 이상 학교에 지원하는 교육복지사업이다. 2009년부터 12개 시·도의 85개 지역 378개 기관(유 24, 초 222, 중 126, 고 6개)을 지정하여 3년 동안 시행하는 사업으로 2009년에는 총사업비 29,800백만 원이 투자된 사업이다.

연중 돌봄학교는 농산어촌, 그중에서도 특히 면 단위 소재 학교에 집중 투자하는 사업이다. 여기에는 전체적인 우리 사회의 양극화 현상, 도·농 간 격차의 심화 그리고 읍·면 간 교육격차의 심화 현상 등을 해소하여 농산어촌 학생의 실질적인 교육기회를 보장하고 이를 통하여 궁극적으로는 교육력을 회복하여 돌아오는 농산어촌을 만들겠다는 의도가 담겨 있다.

---

30) 전남교육청 주관 전남교육발전세미나 주제발표용(2009. 10. 19) 원고를 재편집한 것이다.

이를 위하여 교과부는 2007년부터 10여 개월에 걸친 농산어촌 통합형 교육복지모델 구상 정책연구를 위탁 수행하였고, 그 결과 시도교육청 및 교사 등 관계자 협의회를 개최, 의견을 수렴하였고, 직접 현장을 방문, 지역의 의견을 수렴한 후 협의회와 워크숍을 거쳐 2008년 11월 27일 '농산어촌 교육복지 지원사업 추진계획'을 수립하였다. 사업 실행을 위한 시도교육청 담당자 사업 설명회를 거쳐 일부 지역에서는 공모를 하거나, 일부는 지역교육청의 추천에 의해 단위학교가 사업계획을 수립하게 하고, 지역교육청에서 이를 수합, 시도교육청의 심사와 추천을 받아 2008년 12월 24일 교과부의 심사와 선정과정을 거쳐서 2009년부터 본격 시행하기에 이르렀다(교과부, 2009).

2003년부터 시범 실시된 후 본격적으로 시행된 도시형 교육복지사업인 교육복지투자우선지역지원사업에 비해 상대적으로 추진체제 구축, 운영 매뉴얼 개발, 프로그램 개발 및 운영, 사업성과 분석 및 평가 그리고 참여자의 인센티브 제공이나 사업 홍보 및 지역과의 연계 체제 구축에 있어서 미흡한 점이 많이 있지만, 농산어촌의 교육여건을 개선하고, 특히 학습, 문화체험, 심리심성, 복지 등 모든 영역에서 도시 학생에 비해 열악한 환경 속에서 성장한 농산어촌 학생들의 교육기회, 과정, 결과의 평등을 실현할 수 있는 기회를 제공했다는 점에서 중요한 의의가 있다고 하겠다.

그러나 사업에 관여하는 추진주체들은 그 취지와 목적에 대해서는 공감을 하면서도 새롭게 일이 추가되었다는 부담 때문에 그리고 사업을 원활하게 추진하는 데 필요한 제반 여건들이 충분하게 준비되지 못했다는 점에서 부정적인 인식을 가지고 있는 것도 사실이다. 그리고 본래 취지와 달리 운영되는 사례도 발견되면서 사업에 대한 문제점을 발굴하여 보완하고 우수한 사례를 공유할 수 있는 기회가 마련되어야 한다는 점에도 공감하고 있다. 사업으로 인하여 학생들의 학교생활 및 교육에 대한 만족도나 학생들의 심리정서적인 면의 긍정적 변화 그리고 일부는 학력 증진과 같은 긍정적인 결과가 나타나기도 했으며, 학생들이 사업 학교로 전학을 오는 사례도 점점 늘고 있다.

따라서 문제는 연중 돌봄학교 사업이 3년 한시적으로 재정 지원이 이루어지는 사업이라는 것과 사업을 운영하면서 발견되는 여러 가지 문제점들을 어떻게 보완하여 사업을 성공적으로 이끌어 나갈 것인가이다. 이하 본문에서는 농산어촌 연중 돌봄학교가 등장하게 된 배경과 목적 및 내용 등을 살펴보고, 전남의 연중 돌봄학교 운영 실태와 운영 과정에서 드러난 문제점이 무엇인가를 진단한 다음, 그러한 것들을 보완하고 어떻게 하면 사업을 내실 있게 장기적으로 발전시켜 나갈 것인가를 알아보고자 한다. 필자가 전남의 연중 돌봄학교의 컨설팅을 통하여 주관적으로 경험하게 된 내용들도 일부 포함되었다는 점을 밝혀 둔다.

Ⅰ. 정부의 농산어촌 연중 돌봄학교 추진배경 및 현황

우리나라에서 교육복지 정책이 본격적으로 관심을 끌게 된 것은 IMF 이후 빈곤계층이 확대되었다는 점과, 그러한 빈곤이 대물림되는 현상이 고착화되었고, 교육양극화의 심화, 구체적으로는 도·농

간 교육 격차가 커짐에 따라 그러한 취약계층을 위한 사회안전망 구축이 절실히 필요하게 되었다는 현실에서 비롯되었다. 거기에 농림부의 농산어촌의 삶의 질 향상을 위한 특별법 제정이 농산어촌 돌봄학교 정책을 낳게 한 데 한몫을 하였다.

1. 교육복지 정책의 등장 배경[31)]

우리나라에서는 국민의 정부부터 교육복지 정책이 활발하게 추진되었다. 그 배경에는 다양한 요인이 작용했는데, 무엇보다도 가난한 사람들, 즉 취약계층이 확대되었다는 점이 크게 작용하였다. 통계자료에 따르면 2005년 기준 전체 학령아동 1,137만 명 중 약 10%인 110만 명 이상 아동이 빈곤선 아래에서 생활하고 있는 것으로 알려지고 있다(김정원, 2008 재인용). 빈곤아동은 줄어들기는커녕 해가 갈수록 늘어나고 있다. KDI 보고에 따르면 지난 10년간 우리나라 중산층의 비율이 10% 감소하였으며, 이 중 약 3%만이 상층으로 아동하고, 약 7%가 빈곤층으로 전락하여 우리 사회에서 중산층 비율은 줄어든 반면, 빈곤층 비율은 확대 되었다(김정원, 2008 재인용). 계층간 양극화를 나타내주는 소득 5분위 비율 역시 갈수록 커 가는 것으로 나타났다.

빈곤계층에서 차상위 계층으로 탈출하는 경우도 많지 않다. 최근 빈곤경향은 뚜렷하게 부모세대 빈곤의 만성화와 자식세대로의 빈곤 대물림 현상으로 나타나고 있다. 우리나라 절대빈곤층이 차상위 계

---

31) 이하 내용은 이정선(2009), 아이는 마을 사람이 함께 기른다. 목포 죽교초등학교 강의 자료집에서 일부 발췌하였다.

층 이상으로 소득수준이 상승하여 실질적으로 빈곤에서 벗어나는 빈곤 탈출률은 6%에 불과하다. 앞장에서 밝힌 것처럼 빈곤층 비중의 확대는 절대빈곤층에서나 상대빈곤층에서나 모두 나타나고 있다. 1996년에 비해 2003년에는 절대빈곤층은 3.1%에서 10.4%로, 상대빈곤층(중위소득 60%)은 14.6%에서 21.9로 확대되었다(김정원, 2008, 재인용). 빈곤계층뿐만 아니라 그 외 다른 취약계층, 예를 들면 다문화가정, 새터민 규모도 해마다 늘고 있다.

둘째, 소득분배 구조의 악화와 빈곤의 대물림 현상이 고착화되고 있다는 점이다. 1990년대 중반 이후, 특히 IMF 이후 소득분배 구조의 악화를 나타내는 다양한 징후들이 나타나고 있다. 소득불평등 정도를 나타내는 지니계수[32]가 지속적으로 높아지고 있다. 10년 후의 전망을 나타내는 자료에서도 지니계수의 상승 추세는 계속 이어질 것이라 한다. 교육결과 역시 계층 대물림 기제로 작동한다. 즉 부모의 학력이나 소득이 높을수록(S.E.S) 자녀의 학업성취 수준이 높으며, 일반계 고등학교 진학 가능성이 높고 대학 진학률도 높다. 결과적으로 더 높은 사회적, 직업적 지위를 획득한다. 교육의 결과는 투자에 비례하며 따라서 학교교육은 기존의 가난과 부를 대물림하는 데 기여한다(불평등 재생산 기능).

이러한 사회적 배경하에서 취약집단을 지원하기 위한 다양한 교육복지[33]정책들이 시도되었다. 특히 교육부분에서는 '교육복지종합대

---

32) 경제적 소득의 분배상황을 나타내는 지수로, 각 집단이 차지하고 있는 교육기회의 양과 인구 비례로 차지했을 때의 양 사이의 차이를 수치로 표시한 것이다.

33) 교육복지는 교육취약 집단들이 교육기회, 과정, 결과 등 제반 교육의 장에서 배제되지 않고 다른 집단들과 적극적인 상호 관계를 형성해 나가는 가운데 그들이 필요로 하는 교육을 받을 기회를 얻으며, 접근한 기회 속에서 자신들에게 의미 있는 학습 경험을 할 수 있고, 학습결과에 의해 한 사회의 성원으로 주체적 삶을 살 수 있도록 하는 공적 지원을 의미한다.

책 1997 - 2001(1997)', '교육복지종합계획(2004)' 등이 발표되었고 그에 터해 기초학력 부진아 지도 정책을 비롯하여 도시저소득층, 탈북청소년, 외국인 근로자 자녀 등 한국 사회 내의 다양한 취약집단에 대한 각종 지원 방안이 강구되었다.

교육과학기술부 차원에서뿐만 아니라 정부의 각 부처에서도 취약집단에 대한 지원정책을 개발하여 시행하였다. 그러한 정부의 정책 사업으로는 8개 부처에서 23개 사업을 수행하고 있는데(주민생활 지원사업까지 확대하면 10개 부처 256개 프로그램이 있다. 이 중 96개 프로그램이 영ㆍ유아, 아동, 청소년 및 대학생을 대상으로 한다.), 여기에는 교육과학기술부의 교육복지투자우선지역지원사업, 농산어촌 지역 교육여건 개선, 대안교육 활성화, 장애아교육지원, 다문화 가정 자녀교육지원, 방과 후 학교 사업, 평생학습도시 조성사업, 성인 문해교육지원사업, 저소득자녀 정보화 지원사업 등이 있으며, 국가청소년위원회의 청소년 방과 후 아카데미 사업, 가출 청소년 쉼터, 청소년(방과 후) 공부방 사업, 지역사회 청소년 통합지원체(CYS), 청소년 동반자 프로그램, 무지개청소년센터사업 등이 있다.

그리고 행정안전부의 정보화 마을 조성사업, 문화체육관광부의 문화예술교육지원사업, 정보통신부의 정보화 교육 등 정보격차 해소 사업, 여성가족부의 방과 후 보육사업, 보건복지부의 지역아동센터사업, 아동학대 예방사업, 희망스타트사업(현 드림 스타트) 그리고 노동부의 청소년 직업체험 프로그램 등 고용지원센터사업 등이 있다.

그런데 이러한 23개 사업은 정책유형에 따라 다시 교육 불평등 해소, 방과 후 활동, 평생교육, 학교 부적응 치유, 정보화 교육 등 5개 영역으로 분류된다(한국교육개발원, 2007). 첫째, 교육 불평등 해소 영역에는 교육복지투자우선지역지원사업, 농산어촌지역 교육여건 개선, 다문화 가정자녀교육지원, 장애아교육지원. 무지개청소년센터, 드림스타트사업 등이 있고, 둘째, 방과 후 활동 영역에는 방과 후 학교사업, 청소년 방과 후 아카데미, 문화예술교육지원사업, 청소년 공부방사업, 방과 후 보육사업, 지역아동센터사업 등이 있다. 셋째, 평생교육 영역에는 평생학습도시 조성사업, 성인 문해교육지원사업, 청소년 직업체험 프로그램 등 고용지원센터사업이 있으며, 넷째, 학교 부적응 치유 사업으로는 대안교육 활성화, 지역사회 청소년 통합지원체계(CYS) 구축사업, 가출청소년 쉼터, 청소년동반자 프로그램, 아동학대 예방사업이 있다. 다섯째, 정보화 교육 영역으로는 저소득자녀 정보화 지원사업, 정보화 마을 조성사업, 정보화 교육 등 정보격차 해소사업 등이 있다. 이를 표로 제시하면 아래의 <표 9-1>과 같다.

〈표 9-1〉 정책 유형에 따라 교육복지사업

교육 불평등 해소	교육복지투자우선지역지원사업
	농산어촌지역 교육여건 개선사업
	다문화 가정자녀교육지원사업
	장애아교육지원사업
	무지개청소년센터사업
	희망스타트사업→드림스타트사업
방과 후 활동	방과 후 학교 사업
	청소년 방과 후 아카데미 사업
	청소년공부방 사업
	문화예술교육지원사업
	방과 후 보육사업
	지역아동센터사업

	평생학습도시 조성사업
평생교육	성인문해교육지원사업
	청소년직업체험 프로그램 등 고용지원센터사업
	지역사회 청소년통합지원체계(CYS) 구축사업
	청소년쉼터 사업
학교 부적응 치유	청소년동반자 프로그램
	대안교육 활성화 사업
	아동학대 예방사업
	저소득자녀 정보화 지원사업
정보화 교육	정보화 마을 조성사업
	정보화 교육 등 정보격차 해소사업

2. 농산어촌 돌봄학교의 등장 배경

　취약계층의 확대와 빈곤의 대물림 현상에 대한 인위적 개입으로
나타난 것이 교육복지 정책이고 그중 하나가 농산어촌의 교육여건
개선 사업이며 그것의 대표적인 사업이 농산어촌 연중 돌봄학교이다.
이러한 돌봄학교가 등장하게 된 배경에는 지역별 계층 분화 현상과
농산어촌 교육의 취약성이 자리하고 있다. 즉 도·농 간 교육격차의
확대 때문이다. 도시와 농촌 간 저소득층 절대학생 수를 보면 농촌
에 비해 도시 저소득층 학생 수가 압도적으로 많다. 그러나 비율 면
에서 보면 농촌의 저소득층 비율이 도시에 비해 훨씬 높다. 2007년
현재, 우리나라 전체 학령인구의 15% 내외만이 읍면 지역에 거주하
고 있으며, 절대빈곤 학생 비율은 도시에 비해 농촌이 1.6배가 높다.
도시 학생 중 저소득층(중식지원학생)의 비율은 7.3%이나 농촌의 경

우는 12.6%에 달한다. 같은 농촌이라도 읍 지역보다 면 지역 학교 저소득층 학생 비율이 높다. 따라서 농촌인구가 감소하는 가운데 농촌에 잔류하는 인구들 다수가 빈곤층이라는 의미이다(김정원, 2009).

돌봄학교 탄생의 기초가 된 임연기 외(2008)의 정책연구를 보아도 돌봄학교의 등장 배경에 도·농 간 교육격차가 중요한 계기가 되었다는 점을 알 수 있다. 이들은 교육복지의 대상이 된 농산어촌 교육의 특징을 ① 도시·농산어촌 간 교육격차 심화, ② 농산어촌 학생 수 감소와 학교의 소규모화, 황폐화, ③ 농산어촌 교육의 재활을 위한 동력 부재로 들고 이러한 폐단을 보완하기 위하여 농산어촌에 맞는 맞춤형 교육복지사업이 필요하다고 주장하였다. 이들이 밝힌 농산어촌 돌봄학교 등장 배경을 좀 더 구체적으로 살펴보자.

첫째, 도·농 간 교육격차의 심화이다. 농산어촌 학생의 도시학생 대비 학력 격차는 임연기 등(2008)의 PISA(2003) 자료에 의거한 도농 간 격차자료를 보면 잘 알 수 있다. 우리나라 학생들의 학업성취 수준은 OECD 국가 중에서 최상위권에 속하지만, 농산어촌 학생의 경우 하위 수준이다(임연기 외, 2008. pp.20 - 23 참조). 농산어촌의 기초학력 미달 학생 비율은 도시 학생 대비 2배이며, 기초학력 우수 학생 비율은 1/2 수준이다. 이러한 도·농 간 학력의 격차는 상급학교로 갈수록 심화되고 있는 것으로 나타났는데, 도시와 농산어촌의 학교급별 교육격차의 평균 효과 크기는 초등학교가 .33, 중학교가 .43인 데 비하여 고등학교는 .68의 차이를 보여 주고 있다. 이러한 연구 결과는 상급학교로 갈수록 도시와 농산어촌 학교들 간에 교육력의 차이가 더욱 벌어지고 있다는 것을 나타나며, 도시와 농산어촌 학생들의 학업성취도가 상급학교로 갈수록 더욱 격차가 심화되고 있다는 것을 의미한다(임연기 외, 2008, p.23).

농산어촌 지역 특히, 면 단위학교의 취약성이 심화되고 있다. 농산어촌 지역 내에서도 읍 단위학교와 면 단위학교 간 교육격차가 심하다는 것이다. 특히 면 단위학교교육 문제가 심각한 상황에 처해 있는 것으로 나타났다(교과부, 2009). 교과부가 제시한 정책 추진배경을 살펴보면, 면 지역 학생의 읍 지역으로 이탈 때문에 읍·면 간 격차가 심화되고 있으며, 이로 인하여 읍 지역 학교 과밀화 및 면 지역 학교 소규모화가 나타나고 있다. 면 지역 학생의 높은 전학희망으로 면 지역 학교 소규모화·황폐화가 지속될 전망이다. 교과부(2009)가 제시한 자료에 따르면, '99년 대비 '07년 초등학생 수는 읍 지역이 13% 증가한 반면, 면·도서벽지는 23% 감소한 것으로 나타났다. 전국의 평균 감소율이 2.7%인 점을 감안하면 큰 감소폭이 아닐 수 없다. 또한 '99년 대비 '07년 초등학교 교당 학생 수는 읍 지역이 4.9% 증가한 반면, 면·도서벽지는 7.4% 감소하였다. 전국적으로 6.3% 감소한 것에 비하면 큰 폭이다. 이는 면 지역 학생이 읍 지역으로 이동한 결과이다.

둘째, 농산어촌 학생 수 감소와 학교의 소규모화, 황폐화를 들 수 있다. 기본적으로 우리나라의 저출산 고령화의 영향도 있지만 거기에 더하여 농산어촌 인구는 절대 규모가 지속적으로 감소하고 있으며 급격히 노령화되고 있다. 이로 인하여 농산어촌 취학 적령 인구의 감소와 학교의 소규모화가 연쇄적으로 일어나고 있다. 2005년 현재 농산어촌 학교 5,152개 교 가운데 학생 수 30명 미만 학교가 15%, 60명 미만 학교가 18%이며(학생 수 60명 미만인 학교는 2005년 23%, 2008년은 30.5%), 2020년에는 학생 수 60명 미만 학교가 2/3를 차지할 것으로 전망된다(임연기 외, 2008). 또한 면 지역의 취약계층 비율이 높은 편으로 저소득층뿐 아니라 모부자가정 · 조손가정 자녀 및 소년소녀가장 등 가정이 돌봄기능을 제대로 할 수 없는 취약계층 비율이 상대적으로 높다. 구체적으로 면 지역 학교의 취약계층, 즉 기초생활수급자 자녀, 모부자가정, 조손가정, 소년소녀가장의 비율은 읍 지역의 1.5배 이상, 도시지역의 2배 이상이다(면 11.9%, 읍 7.7%, 도시 5.5%)(교과부 2009). 그 결과 농산어촌 학교는 학생 수 자연 감소뿐만 아니라 우수 학생의 도시 학교로의 유출, 적정 학습집단 형성 곤란, 학교 시설의 노후화, 교원의 근무 여건 악화에 따른 의욕 상실 등이 복합적으로 작용하여 지속적으로 황폐화되어 가고 있다.

셋째, 거기에 더하여 장기적으로 농산어촌 교육의 재활을 위한 동력이 없다는 점도 문제이다. 즉 농산어촌 교육지원을 위한 인적 자원이 부족하다. 도시와 달리 지역에서 농산어촌 교육 활성화를 위해 자원봉사활동에 참여할 수 있는 전문 인력 확보에 한계가 있다. 그리고 지역이 주도하여 지역의 자원을 결집하고 농산어촌 교육을 재활할 수 있는 역량이 절대적으로 부족하다(임연기 외, 2008).

이러한 농산어촌의 교육여건 개선사업, 그중에서도 면 지역의 교육력 회복을 위한 교과부가 안고 있는 농산어촌 교육복지사업이 연중 돌봄학교 사업이다. 물론 이러한 사업이 등장하게 된 외연에는 사회적 배경이나 교과부의 노력 이외에도 전술한 농산어촌의 삶의 질 향상을 위한 특별법도 한몫을 했다. 이 법[34]은 2004년 3월 5일

---

34) 이 법이 추구하는 목적은 농림어업인의 복지증진, 농산어촌의 교육여건 개선, 농산어촌의 종합적이고 체계적인 개발 촉진에 필요한 사항을 규정하여 농림어업인의 삶의 질을 향상시키고 지역 간 균형발전을 도모하는 것이다. 이 법의 내용 중 돌봄학교와 연관되는 것은 농림어업인 등의 복지증진, 농산어촌의 교육여건 개선 및 지역개발에 관한 정책의 기본방향 수립, 농

에 "농림어업인 삶의 질 향상 및 농산어촌지역개발 촉진에 관한 특별법" 제7413호로 제정되었다. 이 법에 의해 농산어촌 복지에 관한 각종 사업을 추진하도록 하고 있다.

3. 농산어촌 돌봄학교의 추진방향 및 내용

이상의 배경에서 등장한 농산어촌 돌봄학교는 이를 통하여 도 · 농간 교육격차를 해소해서 농산어촌 학생의 실질적인 교육기회를 보장, 교육복지를 구현하겠다는 것이다. 이러한 농산어촌 교육여건 개선사업을 통하여 궁극적으로는 돌아오는 농산어촌을 만들어 보자는 것이다. 농어산촌 돌봄학교의 추진목표 및 방향은 <그림 9 - 1>과 같다.

림어업인 등의 복지증진에 관한 사항, 농산어촌의 교육여건 개선에 관한 사항, 농산어촌의 기초생활여건 개선에 관한 사항 등이다.

| 비전 | 농산어촌 학생의 실질적 교육기회 보장을 통한 도·농 간 교육격차 해소 |

| 목표 | • 농산어촌 학생의 학습결손 예방 및 치유를 통한 학력증진
• 농산어촌 학생의 건강한 신체·정서 발달 및 복지지원을 통한 기초 안전망 구축
• 농산어촌 학생의 사회성 함양 및 문화체험 지원 |

| 성과
지표 | • 투입: 추진체제 구축, 타당한 계획 수립, 대응투자
• 과정: 특성화 교육 프로그램 운영, 연계·협력 실적
• 산출: 학업성취 수준 향상비율, 학생 전출입 비율, 만족도 |

| 추진
방향 | • 시·도 및 지역교육청의 자율적 추진역량 및 지원기능 강화
• 지역·학교의 특색을 살린 자율적·맞춤형 교육프로그램 개발 및 자율적 운영
• 학교 중심의 지역교육공동체 구축 |

〈그림 9-1〉 농산어촌 돌봄학교 추진방향(교과부, 2009)

농산어촌 학생의 교육력 회복을 위하여 교과부는 학교 교육과정 운영의 충실화를 통하여 농산어촌 학생의 기초학력 보장과 학업성취 수준을 향상시키고, 이들의 교통, 급식, 건강(신체적, 정신적) 등 기초생활 안전망을 구축·운영하고, 농산어촌 학생들의 특기·적성계발, 사회적·문화적 역량 증진, 심리적 안정 및 정서발달을 위한 다양한 프로그램을 개발하여 운영하도록 하였다. 이에 기초하여 사업 내용을 크게 6개 영역으로 나누고 영역별로 목적과 추진방향, 프로그램 그리고 예산반영 권장사항을 제시함으로써 단위학교 사업을 지원하고 있다. 결국 이러한 가이드라인은 사업 매뉴얼이 별도로 없기 때문에 사업 평가의 길라잡이가 될 수밖에 없고 이러한 사업방향과 내용에 얼마나 부합하여 단위학교가 사업을 하게 하느냐가 장기적인 사업 발전 방안이 될 것이다. 6개 영역은 학습능력 증진, 보육 · 복지 지원 등 기초안전망 확보, 사회성 함양, 문화 · 체험 활동, 심리 · 정서발달 그리고 지원이다.

이러한 사업 전반에 대한 개괄이 필요한 이유는 결국 사업의 운영에 대한 진단과 프로그램 개발 및 운영 그리고 결과에 대한 평가가 이에 준하여 이루어져야 하기 때문이다.

Ⅱ. 전남의 연중 돌봄학교 운영 현황

1. 전남의 농산어촌 연중 돌봄학교 지원 현황

이러한 추진배경과 교과부의 정책에 입각하여 2009년부터 전국 12개 시 · 도의 85개 지역 378교(유 24, 초 222, 중 126, 고 6)에서 돌봄학교 사업이 시행되었으며, 2009년 지원 총 예산은 29,800백만 원이다. 지원 현황을 살펴보면 아래의 <표 9 - 2>와 같다.

〈표 9 - 2〉 돌봄학교 지원현황(교과부, 2009)

시 · 도	부산	대구	인천	울산	경기	강원	충북	충남	전북	전남	경북	경남	계
지역 수	1	1	2	1	4	11	8	9	8	17	13	10	85
학교 수	10	2	9	2	15	55	45	44	38	47	77	34	378

이 중에서 전남은 2009년 기준, 17개 군, 30개 면에 걸쳐 47개 교가 사업에 참여하고 있다. 초등학교 27개 교, 중학교 20개 교에

재학 중인 총 5,712명의 학생에게 총 5,120백만 원이 지원되고 있다. 지역 수로 보면, 전국 85개 지역 중 17개 지역으로 전국 대비 20%에 해당(전국 최고)하며, 학교 수는 전국 378개 중 47개 교, 전국 지원 총액 29,800백만 중 5,210백만으로 17.5%에 해당한다. 전남의 지원 현황을 표로 나타내면 아래의 <표 9-3>과 같다.

〈표 9-3〉 전남 돌봄학교 지원현황

지역	군	면(읍)	학교명	총학생 수	지원금액 (백만 원)
전남(17)	강진	대구면, 마량면, 칠량면, 대구면	대구초, 마량초, 칠량중, 강진대구중	267	300
	고흥	도화면	도화초, 고흥도화중	308	300
	곡성	석곡면	석곡초, 석곡중	309	300
	구례	산동면, 용방면, 산동면	원촌초, 용방초, 중동초, 구례산동중	200	250
	담양	봉산면, 대전면, 수북면	봉산초, 한재초, 담양수북중	317	300
	무안	현경면	현경초, 현경북초, 무안현경중	465	400
	보성	조성면	조성초, 조성남초, 조성중	249	250
	신안	임자면	임자초, 임자남초, 임자중	273	300
	영광	법성면	법성초, 법성중	522	400
	영암	미암면, 서호면	미암초, 장천초, 영암미암중, 영암서호중	218	250
	완도	청산면, 신지면, 청산면	청산초, 신지중, 청산중	208	250
	장성	삼서면, 삼계면	사창초, 삼계중	1,086	560
	장흥	장평면	장평초, 장흥장평중	211	250
	진도	고군면	고성초, 오산초, 고성중	305	300
	함평	나산면, 대동면	대동향교초, 나산초, 나산중	332	300
	해남	마산면, 산이면	마산초, 산이중	208	250
	화순	동면	동면초, 동면중	234	250
	계	30개 면	47개 교	5712	5210

2. 전남의 농산어촌 연중 돌봄학교 운영 현황

그러면 전남의 농산어촌 돌봄학교는 어떻게 운영되고 있는가? 교과부가 제시한 운영 목표 중 성과지표인 투입(추진체제 구축, 타당한 계획 수립, 대응투자), 과정(특성화 교육 프로그램 운영, 연계·협력 실적), 산출(학업성취 수준 향상비율, 학생 전출입 비율, 만족도)에 준하여 운영 현황을 살펴보고자 한다. 지난 5월 단위학교에 대한 컨설팅 결과와 7월 운영 점검 결과를 기초 자료로 활용하였다(필자는 6개 지역의 단위학교 컨설팅에 참여하였다.).

첫째, 투입 변인 중, 추진체제를 얼마나 잘 구축하고 있느냐이다. 사업 추진을 위해 교과부는 사업 주체인 교과부, 시도교육청, 지역교육청 그리고 단위학교별로 나누어 사업 수행 역할을 개략적으로 제시하였다. 교과부는 사업 수행을 지원하고, 사후 관리를 하며, 사업 성과분석의 역할을 담당한다. 시도교육청은 전반적인 사업 총괄 및 관리, 지역교육청, 단위학교에 대한 행·재정적 지원, 시도교육청 추진 사업 연계 지원, 평가, 연수 및 컨설팅을 담당하도록 하였다. 사업 수행의 핵심적인 역할은 지역 교육청과 단위학교가 맡도록 했는데, 전자는 행·재정 지원, 운영계획 수립·총괄, 효과적인 사업 수행을 위한 지역협의회 구축, 공동 사업 기획·운영, 전문성 강화를 위한 연수·컨설팅, 자체평가를 통한 성과지표 달성 여부 확인 및 만족도 조사 등의 역할을 수행하고, 후자는 사업 운영을 위한 추진체제 구축, 프로그램 운영, 학습자 지원체제 구축 등의 역할을 담당하도록 했다.

그런데 문제는 농산어촌의 교육문제를 전담하여 추진할 수 있는 추진체제가 미비 하다는 점이다. 교육인적자원부와 시·도교육청에서 추진하는 업무 추진조직을 보면 교육인적자원부는 교육복지정책과에서 농산어촌의 교육여건 개선에 관한 업무를 주로 담당하고 있으며 사업의 성격에 따라 교원에 관한 업무는 교원정책과, 유아에 관한 업무는 유아교육과에서 담당하고 있다. 시도교육청도 유사한 업무 추진조직을 갖고 있다. 전담 부서가 별도로 있는 것이 아니고 관련 업무를 부서별로 나누어 추진하고 있다. 이와 같이 별드의 추진 조직이 없기 때문에 업무에 대해 전문성과 헌신도가 떨어진다(임연기 외, 2008).

교과부가 사업 매뉴얼을 별도로 제시하는 대신 시도 및 지역교육청이 자율적 추진역량 및 지원기능을 강화하도록 했으며, 지역과 학교의 특색을 살린 자율적 맞춤형 교육프로그램을 개발하여 자율적으로 운영하도록 하였다. 그리고 학교 중심의 지역교육공동체를 구축하여 운영하도록 하였다. 따라서 사업 추진체제와 관련해서는 구체적으로 시도교육청, 지역교육청, 단위학교의 사업 전담 부서 및 인력 그리고 추진체계도가 명확하게 제시되지 않았다. 그리고 이를 지원할 수 있는 연구지원센터 등의 운영도 모두 시도교육청의 자율사항으로 위임하였다. 전남의 경우, 시도교육청에는 과거 교복투사업의 연구지원센터가 동시에 사업 지원센터 역할을 하며, 지역교육청은 담당 장학사가 그리고 단위학교는 운영위원회(협의회)가 구성되어 사업을 심의하고 있다(물론 협의회가 구성되지 않은 학교도 있었다.).

도교육청 단위에서는 사업계획을 수립하였고, 연구지원센터와 협력하여 단위학교 사업 컨설팅과 지도점검을 지금까지 2회 실시하였다. 지역교육청은 본 사업이 효과적으로 운영될 수 있도록 계획 수립 시부터, 프로그램 개발 및 운영에 적극 개입하여 지도 감독해야 하고 물품 구입 시 회계법령을 준수하도록 지도하고, 지자체와 연계하여 학생들의 교통, 급식, 건강관리 등을 해결하는 데 지원을 아끼지 말아야 한다. 단위학교의 운영위원회의 경우 교원들로만 구성할 것이 아니라 지역사회와 연계를 강화하기 위하여 인근 대학, 마을공부방, 지역아동센터, 종교기관, 주민자치센터 및 지역 유지 등을 위원으로 포함시키고 사업에 대한 전반적인 계획과 예산안을 심의하도록 했어야 한다. 그런데 현실은 그렇지 못한 경우가 더 많았다.

투입변인의 또 다른 요소는 타당한 계획 수립이다. 사업 첫해이기 때문에 사업 전담 인력이 확보된 것[35]도 아니고, 사업에 대한 이해 부족과 경험이 없었기 때문에 사업 계획을 어떻게 세워야 하는지에 대해서 잘 몰랐고, 따라서 대체로 기존의 도시형 복지사업 학교 계획을 모방하는 수준에 그치는 경우가 많았다. 따라서 사업 계획 수립을 위한 학생, 학부모, 교사의 욕구조사를 시행[36]하지도 않았고, 학교의 실태를 분석한 결과를 반영한 계획이 수립되지도 않았다. 그리고 교육과정과 연계하여 사업을 시행하기 위하여 사업계획과 교육과정 계획을 동시에 수립하는 경우도 없었다. 전체 교사의 참여를 위한 프로그램 영역별 교사책임제나 영역별 업무분장을 연계하지도 못하였다.

교과부가 제시한 지침의 투입변인 중 마지막은 예산 투입의 효율성과 대응 투자이다. 전남은 단위학교당 예산 투입은 학생 수를 기준으로 배분하였으며, 그 결과 군당 2억 5천만 원에서 가장 많게는

---

35) 진도 오산초는 이 사업을 전담하는 복지부장을 별도로 임명하였다.

36) 담양의 수북중학교는 학생, 학부모, 운영위원회의 설문조사 및 분석결과를 바탕으로 돌봄학교 육성계획을 추진하였다(이하 거론되는 학교명은 필자가 컨설팅 시 느낀 주관적 경험에 바탕을 두고 있다.).

5억 6천만 원이 배정되었다. 아직 사업 첫해이기 때문에 지역연계 협력 사업 계획이나 프로그램이 없었으며, 지자체의 대응투자[37]는 그것이 물적인 것이 되었건 재정적인 것이 되었건 인적 자원이 되었건 거의 없었다. 예산 배정은 도교육청에서 일괄하기 때문에 단위학교의 구체적인 사정을 잘 고려하지 못한 면도 없지 않았다. 즉 배정 기준이 교복투사업처럼 다양한 변인을 고려하여 이루어지지 못하였고, 학생 수를 기준으로 하다 보니 학생 수가 적은 소규모 학교에서는 사업비가 부족하여 기본적으로 들어가는 장비를 충당하기도 어려운 경우도 있었다. 따라서 단위학교당 일정금액의 기본 경비를 책정하고 그 위에 학생 수에 따라 예산을 배분하는 방식도 고려해 볼 만하다.

단위학교에서는 사업 영역별, 프로그램별로 특정 사업에 편중되지 않도록 예산을 편성하여야 하지만, 학부모의 요구가 학습 영역에 과다하게 집중한 학교는 학습 영역에 과다하게 예산을 책정하거나 특기적성 교육 위주로 예산을 현중하여 책정한 경우도 적지 않았다. 편중된 경우도 적지 않았다. 그러다 보니 사회성 함양이나 심리정서 영역의 프로그램은 대체로 예산이 거의 투입되지 못하였고, 학생의 간식, 급식지원, 통학지원, 목욕, 안경, 치아, 교복지원, 보건 의료지원 등 기초안전망 영역에도 예산배정이 충분치 못한 것으로 나타났다. 특히 농산어촌 학생의 정서적 발달 및 심리적 안정을 도모하고 이를 통하여 학교 적응력을 향상시키기 위한 각종 프로그램(ADHD, 게임 중독, 흡연 예방, 성교육, 사회성 발달, 지도성 함양 등 프로그램)이 부족한 것으로 나타났다. 거기에 예산 산출 근거 역시 학교 회

---

37) 강진의 칠량중학교, 화순의 동면초등학교 등 일부 학교는 지자체의 재정적 지원을 확보한 경우도 있었다.

계규정에 준해서 이루어져야 하지만 불명확한 경우가 많았다.

또한 본 사업의 취지에 맞지 않는 시설에 투자한 경우도 발견되었다. 조경공사, 컴퓨터실 리모델링 사업, 시설 신축, 수족관 설치, 야외벤치 및 화단 정비, 푸른 숲 가꾸기 사업, 야외보완등 설치, 학생 자전거 보관소 설치, 운동장 우레탄 공사, 보도블록 설치 등은 사업의 취지와 부합하지 않기 때문에 재고되어야 한다. 컴퓨터, 노트북, 허브, 복합기, 냉난방기, 운동기구 등 물품 구입이나 자료구입 등도 본 사업비가 아니라 학교운영비로 처리함이 타당할 것이다.

그리고 프로그램도 없이 과다하게 악기를 구입하거나 체육 장비를 구입하는 일도 재고되어야 한다. 일단 관련 프로그램을 마련하고 그러한 프로그램을 운영하기 위하여 필요한 학습교구를 구입하는 것을 원칙으로 해야 할 것이다. 그 외에도 법령 및 지침에 없는 관리수당, 예컨대, 문단속 수당, 회계업무 수당, 담당 실무자 수당 등도 재고되어야 한다. 지역사회와 연계 명목으로 지역 주민 및 학부모 교육에 사업비가 과다 투자되어서 오히려 학생들에게 돌아가는 몫이 줄어든 경우도 있었다. 지역 주민 및 학부모 교육은 학생의 학습, 문화체험, 심리정서, 사회성 발달이나 기초안전망 지원과 연관하여 교육을 하고 그 결과가 학생들에게 환류되어야 할 것이다. 사업 계획 시 행정실과의 긴밀한 협의가 필요한 이유이자, 예산 활용에 대한 관계자 연수가 필요한 이유이다.

둘째, 사업 운영과 연관된 과정변인이다. 여기에는 학교 특성에 부합하는 프로그램을 개발·운영하였느냐와 이를 실행하기 위해서 지역사회와 연계 협력을 어느 정도 했느냐가 포함된다. 전자는 돌봄학교 운영을 위하여 교과부가 제시한 6개 영역 프로그램을 학교 특성

을 고려하여 얼마나 잘 개발하여 운영하느냐이다. 교과부가 제시한
영역별 목적과 프로그램(예시)을 제시하면 다음의 <표 9 - 4>와 같다.

〈표 9-4〉 돌봄학교 사업 내용

영 역	목 적	프로그램(예시)
학습능력 증진	- 모든 학생들이 국가 수준의 해당 학년 기초학력 이상을 갖출 수 있도록 학습 결손을 예방 - 학습결손으로 인한 자신감 상실을 회복, 학교생활 적응력 향상	- 복식학급 · 상치과목 해소를 위한 강사 지원 - 도서관 활성화 사업 - 독서 · 영어 · 영재교육 및 교재 지원 - 학교 간 공동 교육과정 편성 · 운영 지원 - 방과 후 학습지도 - 기초학습능력 증진 프로그램 지원 - 체험중심 교육과정 및 학습교재 개발 · 운영
기초안전망 확보(보육, 복지 지원)	- 기본적 교육복지가 충족되는 환경 속에서 학업에 전념할 수 있도록 함 - 학교가 가정의 기능을 보완하여 학생들의 정서적 안정 · 사회성 발달 도모	- 야간 돌봄교실 · 공부방 - 유치원 종일반 - 간식 · 급식지원 - 건강상태 · 영양상태 진단 및 치료 - 통학지원 - 준비물 지원 - 저소득층에 대한 목욕 · 안경 · 교복지원 - 저소득층에 대한 학교운영지원비 · 장학금 등 제공 - 장애학생 지원 - 다문화 가정 학생 지원 - 부모교육
사회성 함양	- 농산어촌 학생이 가정 및 지역사회의 건전한 구성원으로 성장하도록 지원 - 지역사회 및 지역사회구성원에 대한 이해를 바탕으로 지역에 대한 자긍심 고취	- 공중도덕 및 가치관 함양 교육 - 지역사회에 대한 이해 - 지역 특색 산업 등에 대한 이해 · 체험 - 다문화 이해교육 - 동아리활동 지원 - 미래 직업 선택 및 탐색 - 봉사활동 - 유명인사 · 지역인사 초청강의 - 지역사회와 함께하는 축제
문화체험	- 다양한 문화 · 체험 활동을 통해 농산어촌 학생의 잠재적 역량 계발 - 교육과정 내용과 연계한 문화 · 체험활동 지원으로 학습흥미 유발 및 교육과정 운영 보충 · 심화	- 방과 후 학교 프로그램과 연계한 특기 · 적성 활동 - 한자 · 컴퓨터 교육 - 생활체육 및 스포츠 체험 - 생태학습 · 노작교육 - 주제중심 체험활동 - 캠프
심리 ·	- 농산어촌 학생의 정서적 발달	- 위기학생 발굴 · 진단 · 치료

정서발달	및 심리적 안정 도모로 학교 적응력 향상	- 멘토링 지원 - 집단상담 - 학생 · 학부모 상담 - 교사 연수
지원	- 교사의 교육복지사업에 대한 이해를 높이고 사업 추진을 위한 전문적 지식과 기술 제공 - 학부모 및 지역 주민의 참여 활성화를 통해 학교 중심의 지역 교육공동체 구현	- 사업홍보 - 교사 자율연수 · 공동연수 지원 - 교사 동아리 지원 - 컨설팅 지원 - 학부모 · 지역 주민의 학교대상 자원봉사활동 지원 - 지역과 함께하는 교육활동 지원

단위학교에서는 이러한 기준을 참조하여 학생의 요구조사, 교사와 학부모의 기대 조사를 통하여 프로그램을 개발[38]하여야 할 것이다. 그런데 대체로 사업 영역과 목적에 맞추어 프로그램을 배정하기보다는 타 교육복지사업학교에서 기존에 시행한 프로그램을 차용하여 계획을 수립하다 보니 영역이 잘 맞지 않는 경우가 다수 발견되었다. 그리고 효과적인 운영을 위하여 교육과정과 연계를 권장하고 있는데, 돌봄학교 사업은 학교 교육과정과 별개로 운영되는 경우가 더 많았다.

영역 간 예시 프로그램과 맞지 않아 영역 조정을 해야 하는 경우, 학습 프로그램에 집중하거나, 일회성 문화체험 프로그램 운영, 사회성 향상 및 심리정서 영역의 프로그램의 미흡 등이 가장 많이 발견된 문제점이다. 학부모의 과다한 요구로 학습 영역의 프로그램이 과다한 경우, 그렇지 않아도 하루 종일 공부에 시달리고 방과 후 돌봄 프로그램으로 인하여 과도하게 학습을 하는 경우가 대체로 많았다. 학습영역과 문화체험이나 사회성 발달, 심리정서 영역 등을 종합적

---

38) 장흥의 장평초는 학교실태 분석을 통하여 가정으로 찾아가는 맞춤형 교육 서비스 프로그램을 편성하였고, 고흥의 도화중학교는 학교장이 학년별 설문을 조사하고 이를 분석하여 프로그램에 반영하였다.

으로 편성하여 놀이와 학습이 조화를 이루도록 함으로써 학생들의 학습의욕을 고취시키도록 해야 할 것이다. 그리고 과도하게 특기적성교육에 시간을 배정할 것이 아니라 영역 간 학교 특성을 고려, 조화롭게 프로그램을 배정해야 할 것이다. 체험 활동은 대체로 일회성 프로그램이 많았는데, 교육과정과 연계 운영하거나 별도로 '프로그램화'해야 할 것이다. 2차 연도부터는 자체적으로 프로그램을 개발할 수 있도록 교사들에게 프로그램 개발에 대한 연수를 실시하고, 개발비를 책정하여 지급하는 방안도 고려되어야 할 것이다. 그리고 학교 나름의 특성화 프로그램을 발굴 운영[39]하여야 할 것이다. 단위학교가 운영하기 어려운 프로그램은 지역 교육청에서 공동으로 프로그램을 운영하거나 학교 간 연계하여 운영하는 방법도 강구해 볼 필요가 있다.

사업 운영에 있어서 프로그램의 개발·운영 다음으로 단위사업 학교 간, 학교와 지역기관 및 가용 자원 간 얼마나 연계 협력을 했느냐도 중요하다. 대체로 사업 첫해이기 때문에 지역의 가용 자원 발굴과 연계 협력을 위한 노력[40]이 미흡한 것으로 나타났다. 지역교육청에서 공동프로그램을 운영할 경우 지역교육청 차원에서 지역 내 가용 자원을 발굴하고 이와 연계하는 방안을 강구할 필요가 있다. 그리고 지역사회 자원의 사업에 대한 관심과 이해 증진을 위하여 다

---

39) 컨설팅을 통하여 발견한 특성화 우수 프로그램으로는 강진 대구초의 농산어촌 경험 확대를 위한 도시체험 프로그램, 장성 사창초 및 영암 미암중의 기초안전망 프로그램, 담양 봉산초와 담양 동면중의 홍보 프로그램, 담양 수북중의 교육자료 제작 활용 사례, 보성 조성초의 위기학생 관리 프로그램, 장흥 장평초의 찾아가는 맞춤형 학습 프로그램과 봉사활동 프로그램, 진도 고성중의 전통예능 프로그램, 함평 나산초의 심리정서 영역의 해맑은 웃음 찾기 프로그램을 들 수 있다.

40) 담양의 수북중학교는 담양보건소, 담양인권상담소, 한누리재단, 광주영어마을, 전남대 등과 연계 협력하여 프로그램을 운영한 것으로 보고되었다.

양한 방법을 통해 사업에 대한 홍보를 강화하는 방안도 강구되어야 할 것이다.

사업을 효과적으로 운영하기 위해서는 또한 사업 참여자들의 사업에 대한 이해와 전문성 신장을 위한 노력이 중요하다. 도교육청과 지역교육청은 사업 참여자들(학교장, 교사, 행정실장, 학부모)에게 사업이해, 사업계획서 작성방법, 학생 이해, 프로그램 개발 및 운영, 상담 및 학생사례 관리 방법, 교육과정 연계 방법, 예산 운영 및 집행, 지역 네트워크 구축 방법 그리고 사업평가 방법에 대한 연수를 통하여 사업 당사자들의 사업에 대한 이해와 전문성을 제고시켜야 할 것이다.

그리고 사업 참여자에 대한 보상 역시 사업운영을 활성화시키는 방법이다. 표창이나 물질적 보상(포상, 해외연수 등), 담임 면제, 업무 경감, 선호 학급 우선 배당 등의 방법, 그 외에도 연구학교 지정, 자율학교 지정으로 초빙교장제나 초빙교사제 실시, 전보 가산점 부여, 승진 가산점 부여 등이 포함될 수 있을 것이다.

셋째, 산출 변인은 사업의 성과지표로서 여기에는 학생의 학업성취 수준 향상비율, 학생 전출입 비율 그리고 학교생활 및 사업에 대한 만족도가 포함된다. 사업이 끝나는 시점에서 그리고 단위 프로그램이 종료되는 시점에서 평가가 이루어지도록 사전에 평가계획을 수립해야 한다. 전체 사업에 대한 평가는 도교육청이나 지역교육청이, 운영과정에 대한 모니터링은 지역교육청이, 단위학교평가는 단위학교가 그리고 프로그램별 성과 측정은 사업 담당자가 실시해야 한다. 이를 위하여 평가계획과 평가 지표가 사전에 계획되어 있어야 한다. 도교육청에서 평가도구(설문지)를 사전에 제작하여 단위학교에서 활용할 수 있도록 지원하면 더욱 좋을 것이다.

이미 몇몇 학교에서는 사업의 성과를 분석하기 위하여 만족도 조사를 실시한 학교도 있었다. 그 결과 구체적인 양적 자료는 아직 구축되지 않았어도 기초 통계상의 자료나 참여자의 주관적 인식을 기초로 사업성과를 파악한 자료는 일부 발견되었다. 이를테면 강진 대구중학교의 학원수강생의 숫자 감소로 나타나는 사교육비 경감 효과(12명 학원 수강생→1명으로 감소), 담양 봉산초의 사교육비 절감 효과(2008년 30명 학원 수강→2009년 7월 2명으로 감소), 영암 장천초의 사교육비 절감 효과(2009년 3월 전교생 71명 중 46명 학원 수강→2009년 7월 8명 수강) 그리고 완도 신지중의 경우도 2009년 3월 전교생 78명 중 45명이 학원을 수강하였으나 본 사업 실시 이후 5명으로 격감하였다.

그 외 보성 조성초의 경우도 사업 시작 초기에는 17명의 학원 수강생이 1학기 끝난 시점에서 7명으로 줄어들었다. 구례 원촌초 학부모의 자녀를 위한 학원 수강 의욕이 저하된 것도 같은 맥락이다. 또한, 사업 만족도 제고 사례(담양 봉산초의 2009년 만족도 조사결과 학생 83%, 학부모 96%의 사업에 대한 만족 표명), 일부 학생의 성적 향상 사례(봉산초의 영어 수학 성적의 향상) 그리고 강진 칠량중의 학생 수 증가성과 및 화순 동면중학교의 전입학생의 증가 효과도 긍정적인 사업결과이다. 아직 성과를 총체적으로 드러내기에는 부족하지만 가시적인 사업성과가 이미 나타난 것만은 분명하다. 차후 이를 체계적으로 분석하는 작업이 이어져야 할 것이다.

Ⅲ. 전남 농산어촌 연중 돌봄학교 운영의 내실화 방안

　어느 학교를 막론하고 새로운 사업이 시작되면 일차적으로 해야 할 일이 더 늘어나기 때문에 사업담당자들의 부정적인 반응이 나타나기는 마찬가지이다. 그리고 생소한 사업으로 인하여 적극적인 추진 의지가 부족한 것도 사실이다. 이럴 경우 사업이 성공하기 위해서는 기본적으로 전문성을 갖춘 인적 자원, 추진체제, 재정적인 지원, 사업의 계획에서부터 성과의 측정을 포함한 사업 매뉴얼 그리고 지도자의 지도력이 있어야 한다. 지역과 연계하여 사업을 해야 하는 복지사업은 여기에 지역공동체의 결성, 즉 가정－학교－지역사회 간 유대망을 형성하고 연계할 수 있는 지역공동체가 형성되어야 한다.

　이러한 기준에 비추어 보면, 농산어촌 연중 돌봄학교는 일단 도시형 복지사업인 교복투사업과 비교하여 전문성을 갖춘 사업 전담 인적 자원(이를테면 지전가나, 프로젝트 조정자, 복지부장 등)의 배치가 없다. 그리고 교과부, 시도교육청, 지역교육청, 단위학교로 이어지는 추진체계 및 전담팀과 중앙연구지원센터에서 시도교육청의 연구지원센터로 이어지는 체계가 명확하게 갖추어져 있지 못하다(물론 중앙의 공주대학교센터와 지역의 연구지원센터가 있으나 교복투사업에 비해 체계나 역할이 분명하지 못하다.).

　재정적인 지원과 사업내용은 제시되었으나, 우수사례를 발굴하여 확산시키고 공통으로 사업을 운영하게 하는 사업 매뉴얼이 개발되어 있지 못하고 대신 시도교육청과 지역교육청 그리고 단위학교의 자율적 운영에 위임하고 있다. 비교적 잘 운영되고 있는 교복투사업이

철저한 사전준비와 사업 매뉴얼의 제작 배포로 사업 운영의 혼란을 최소화한 점을 감안하면 돌봄학교는 사업 매뉴얼이 없다는 것이 사업 활성화의 장애가 아닐 수 없다.

여기에 더하여 단위학교에서 사업에 참여하는 교사와 학교장 역시 사업 활성화를 위해 기본적으로 필요한 사업 이해 및 전문성이 확보되어 있지 못하고 이들을 위한 인센티브도 전혀 마련되어 있지 못하다. 단순히 사업 참여자의 헌신과 사명감에 의존하고 있다. 그 외에도 농산어촌이 처한 지역적 한계로 인하여 지역의 가용 자원을 발굴하여 활용하는 데도 제한이 따를 수밖에 없고, 그 결과 연계체계를 구축하는 일도 용이하지 않다.

그러나 연중 돌봄학교가 이러한 제한점을 극복하고 농산어촌 학생들의 교육복지를 실현시키기 위해서는 전술한 성과목표인 투입, 운영(과정), 산출변인이 갖추어지지 않으면 안 된다. 이를 통하여 농산어촌 학생들의 정상적인 교육경험의 기회를 제공하고 여기에 더하여 부가적인 세 가지 복지 활동이 동시에 추진될 수 있어야 할 것이다. 세 가지 복지 활동에는 지지적 서비스, 보충적 서비스와 대리적 서비스가 포함된다(한만길 외, 2000, 임연기 외, 2008 재인용). 첫째, 지지적 서비스란 학생들에 대한 이해와 관심을 통해서 그들이 건전한 시민으로 성장할 수 있도록 심리적, 정서적, 사회적 상담을 제공해 주는 서비스를 말한다. 둘째, 보충적 서비스란 가정 결손이나 기타 가정 여건에 의해 가정과 부모가 충분하게 학생들을 양육하고 보호하지 못할 경우 국가가 가정의 기능을 보완해 주는 서비스를 의미하며, 셋째 대리적 서비스란 가정 기능이 지나치게 약화되어 그 기능을 수행하기 어렵다고 판단되는 경우 국가가 대리하여 학생들을 보호하고 양육하며 지도하는 서비스를 의미한다. 이와 같은 세 가지 지원 활동은 교육적 불이익을 겪는 농산어촌 학생들의 교육복지를 위한 중요한 지원 활동이 된다. 따라서 농산어촌 교육복지가 구현되기 위해서는 이와 같은 세 가지 영역에 대한 통합적인 접근이 이루어져야 할 것이다.

그러면 투입(추진체제 구축, 타당한 계획 수립, 대응투자), 과정(특성화 교육 프로그램 운영, 연계·협력 실적), 산출(학업성취 수준 향상비율, 학생 전출입 비율, 만족도)에 걸쳐 사업을 내실화하고 발전시킬 수 있는 방안은[41] 무엇인가?

1. 효율적인 자원의 투입과 관리

돌봄학교 사업의 성공은 먼저, 최적의 인적·물적 자원, 재정적 자원, 교육적 자원, 지역사회 자원을 투입하여 효과적으로 관리함으로써 가능하다. 이를 위해서 첫째, 사업 예산을 사업 목표에 맞추어 영역별로 합리적으로 배분하고, 프로그램별, 분기별로 예산 배정을 적정하게 해야 한다. 특정분기에 사업을 집중하는 경향이 많이 발생하는데 계획 단계부터 예산책정을 효율적으로 해야 할 것이다. 시설 투자나 단순 경비 지원을 지양하고, 예산이 계획한 대로 정당한 집행 절차와 기준에 따라 투명하게 집행되어야 한다. 그리고 사업 담당자와 행정실장은 프로그램별 예산의 계획 대비 분기별 집행 내역을 수시로 점검해야 한다.

---

41) 이하 일부 내용은 이정선(2009), 교복투사업의 이해, 전남교육청 교복투사업 신규학교 사업자 대상 연수 자료집에서 발췌한 내용이다.

둘째, 돌봄학교 사업은 사업 담당 교사만의 사업이 아니라 학교 차원의 사업이다. 특히 이 사업은 별도 인력의 투입이 없고 대부분 소규모 학교에서 사업을 시행하기 때문에 전 교사의 참여는 필수적이다. 일단 단위학교구성원은 누구를 막론하고(교사, 사서, 영양, 보건 교사 등) 사업의 담당자가 되어야 한다. 돌봄학교 사업 중심의 업무 분장을 새롭게 만들어도 좋고, 기존의 학교 내 부서가 6개 영역의 프로그램을 분담하여 운영하여도 좋다. 영역별 담당부장제를 두고 그 아래 T/F 팀을 구성하여 운영하는 방법도 있을 것이고, 프로그램별 담당교사제를 운영하는 것도 한 방법일 것이다. 중요한 것은 모든 교직원이 사업의 기획과 운영과정에 참여하여야 한다는 점이다. 이를 위하여 사업 반성회와 연수 그리고 선진지 견학 등을 통하여 전 구성원이 사업 목표를 공유하고 사업을 이해하도록 해야 한다.

셋째, 사업이 성공하기 위해서는 물적 자원의 투자, 즉 기존의 모든 학교 시설을 이용하여 돌봄학교 프로그램을 운영하여야 하며, 특히 농산어촌 학생의 제한적 경험을 확대할 수 있는 다양한 도서관 활성화 프로그램을 마련하여 도서관을 적극 활용할 수 있어야 할 것이다.

2. 추진체제 구축

임연기 외(2008)의 연구에서도 농산어촌 돌봄학교의 가장 큰 문제는 사업을 전담하여 추진할 수 있는 체제가 구축되어 있지 못하다는 점을 지적하였다. 이들은 농산어촌 교육복지 추진심의회 구성, 농산어촌 교육복지 전담 부서 설치, 농산어촌 교육 연구지원체제 정비 그리고 전문 인력 배치를 주장하였다.

사업이 성공하기 위해서는 사업을 추진할 수 있는 체제가 정비되어야 한다. 그리고 구성원들이 목표를 공유하고 전문성을 신장하기 위한 다양한 노력을 경주하여야 한다. 먼저, 원활하게 사업을 추진하기 위해서는 학교 내 돌봄학교 업무가 전담 부서를 중심으로 진행될 수 있도록 학교 조직과 업무 분장을 재구조화해 보면 어떨까 한다 (진도 오산초의 사례). 교육복지부는 학생건강관리, 상담 서비스 제공, 학교 부적응 학생, 특수교육 요구 학생 관리 등의 업무와 가정과 지역사회와의 연계를 강화하는 역할을 수행하고, 전체 사업을 기획하고 총괄하는 역할을 맡는다. 또한 동 학년과 다른 부서로부터 필요한 사업 제안서를 받아 부서별 사업과 학년별 사업을 조율하여 이 사업과 학교교육과정이 상호 연계성을 갖고 운영될 수 있도록 해야 한다. 단위 사업별(프로그램)로 관련 부서가 사업 계획을 수립하고 사업을 추진하도록 하여 사업 전담 부서를 중심으로 학교의 전체 조직이 상호 유기적인 협조체제를 구축하도록 해야 한다. 그리하여 가칭 교육복지부는 교무 업무분장상 교육복지사업의 각 영역별로 상호 연계할 수 있도록 교육과정상에서 사업을 계획 운영하고, 단위 사업별로 모든 교사가 계획이나 운영단계에서 참여할 수 있도록 한다. 연구학교 운영처럼 학교체제를 교육과정과 연계하여 교복투사업을 추진하면 더욱 좋을 것이다.

운영위원회(협의체)는 지역사회의 유력인사나 학부모 그리고 학교 구성원을 동참시켜 사업계획과 예산에 대한 심의는 물론 지역 연계가 자연스럽게 일어날 수 있도록 해야 한다. 사업을 성공적으로 운영하기 위해서는 학교의 외적 체제도 정비하여야 한다. 외적 체제로는 학교와 지역사회의 형식적 비형식적 기관 간 연계 협의체 구성 그리고 학생을 다차원적으로 지원할 수 있는 통합지원망 체제의 구축이 포함된다. 특히 학교장 간 협의체, 실무자 간 협의체를 구축하고, 지역사회의 유관 기관과 공동으로 협의체를 구축하여 인적 자본, 시설, 프로그램 연계가 활발하게 일어날 수 있도록 해야 한다. 특히 사업 계획 단계에서부터 지역사회협의체를 구성하여 운영할 필요가 있다. 이를 위해서는 지역사회 내 유관 기관과 단체의 현황을 파악하고 설명회 등 의사소통 과정을 통해 협력체를 구성해야 한다.

이러한 체제를 가동하여 구성원 모두가 사업목표를 공유하여야 하며, 사업을 운영하는 담당 교사의 전문성을 신장시켜야 한다. 사업목표의 공유는 학교장, 교사 그리고 지역사회 유관 기관을 대상으로 사업을 이해하고 사업을 추진하기 위한 의욕을 북돋아 줄 수 있는 다양한 연수를 통하여 가능하다. 특히 집중지원 대상 학생의 학부모를 대상으로 사업에 대한 이해를 높이기 위한 다양한 노력도 강구하여야 할 것이다.

그리고 다양한 교사 연수를 통해서 모든 교직원이 사업을 올바로 이해하게 할 뿐만 아니라 전문성을 신장시켜 사업 운영에 보탬이 될 수 있도록 해야 한다. 이를 위해 사업 이해 관련 연수, 효과적인 프로그램 운영에 관한 연수, 자율연수비 지원 그리고 학생과 지역의 특성에 맞는 교수-학습 모형 개발, 프로그램 개발 등을 위한 연구비 지원 및 실질적인 프로그램 운영에 도움이 되는 교사 동호회 활동 등을 지원해야 한다. 이러한 연수를 통하여 사업에 대한 이해 및 정보를 공유하고 실질적인 전문성 신장뿐만 아니라 사업 추진을 위하여 각자가 맡은 임무가 무엇인가를 이해 할 수 있을 것이다.

3. 지역연계를 통한 교육공동체 형성

연중 돌봄학교 사업도 단위학교 중심의 지역 접근 사업이다. 따라서 지역의 유관 기관과 함께해야 한다. 이를 위해서는 학교구성원들이 지역기관과 네트워크를 구축하여 운영할 수 있어야 한다. 지역사회와 학교, 가정의 네트워크 협력은 다양한 영역에서 가능하다. 인적 자원의 교류, 사업 네트워크, 정보의 교류, 물적 교류 등이 여기에 해당한다(이정선, 2009). 첫째, 인적 교류는 돌봄학교사업에 참여하는 주체들 간의 교·강사 교류를 비롯하여 자원봉사자들이 상호 교류함으로써 협력을 가능하게 하는 것을 말한다. 이들이 협의체를 구축하여 정기적으로 모임을 갖거나 인력풀을 만들어 데이터베이스를 활용하는 것도 한 방법일 것이다.

둘째, 사업 네트워크는 지역 내 교육, 문화, 복지 사업 등을 상호 연계함으로써 효율적으로 사업을 추진, 운영하려는 것을 말한다. 종합적인 프로그램을 만들어 제공하거나, 지역의 교육 시설을 공유하거나, 지역의 교육 및 문화 이벤트 사업(지방의 문화 축제, 평생학습 축제, 청소년 동아리 축제, 열린 음악회 등)을 돌봄학교 협의체에서 공동으로 기획하고 운영하는 것들이 여기에 속한다.

셋째, 정보의 교류는 사업 주체들이 협의체를 구성하고 정기적인 모임을 갖거나 각 기관들이 컴퓨터 통신망을 연결하여 유관 정보를 공유하는 것을 말한다. 핵심이 되는 기관에 포스트 컴퓨터를 설치하고 각 기관에는 단말기로 활용될 수 있는 소형 컴퓨터를 도입하여 데이터 통신이 가능하도록 하면 좋을 것이다. 담당자 간 온라인상 대화방을 마련(네이트온 활용)하여 상시 연계 체제를 구축, 온라인상의 회의나 정보를 상시적으로 교류할 수 있는 방법도 여기에 포함된다.

넷째, 물적 교류이다. 물적 교류는 학교를 비롯하여 교육복지 및 기타 교육 관련 시설이 보유하고 있는 물적 자원을 교류하는 것으로 물적 자원은 시설, 설비, 교재, 교구 등을 말한다. 지역의 모든 교육 주체(학교, 가정, 지역사회 내 기업, 청소년 단체, 복지관, 회사, 단체, 등)와 가용 자원이 대상 학생에 모아질 때 건전한 시민으로 성장할 수 있다는 점에서 다양한 네트워크 구축의 영역을 확대해 나가는 일이 필요하리라 본다.

이를 통하여 학교가 지역의 실정 및 특성을 반영하고 지역과 연계하여 다양한 프로그램의 구안과 적용 방안을 모색하여 지역 교육 프로그램 운영을 위한 인적·물적 시스템을 구축하고 수요자의 요구에 맞는 맞춤식 교육, 특기·적성개발, 보육 프로그램 적용 등을 통하여 교육공동체를 대상으로 한 정규 교육과정 이외의 교육서비스 활동을 활성화하여 가장 좋은 교육·문화·복지 공간으로서의 역할을 해 나갈 수 있어야 할 것이다(임연기 외, 2008).

4. 효율적인 사업 운영

사업 효과를 최대화하기 위해서는 학생의 요구를 파악하고 적절한 프로그램을 개발, 운영하여 그 결과를 적절한 방법에 의해 평가하고 필요한 각종 지역 자원을 적극 활용할 수 있어야 한다. 그러기 위해서는 먼저 다양한 매체를 통하여 사업에 대한 홍보를 하여 학부모나 지역사회가 사업에 관심을 갖도록 해야 한다.

사업계획을 수립할 때는 교사, 학부모, 학생을 대상으로 하는 요구조사나 특성을 파악하여 이를 반영한 학교 특성에 부합하는 프로그램을 계획해야 한다. 참여율과 만족도는 곧 이들의 요구에 얼마나 부합한 프로그램을 계획하였느냐에서 비롯되기 때문이다. 또한 교육과정과 연계하여 계획을 수립하여야 하고, 사업평가 결과에 기초하여 차기 연도 사업 계획이 수립되어야 한다.

특히 영역별 프로그램을 개발하고 운영할 경우 교육과정과 연계하여야 하는데, 이는 학습, 문화체험, 심리 정서, 사회성 향상, 기초안전망 지원, 복지 등 영역의 각 프로그램이 교육과정상의 교과, 재량, 특활 영역과 조합하여 계획이 수립되어야 하고, 각 프로그램이 교육과정 속에서 운영될 수 있도록 해야 한다. 그리고 프로그램을 계획할 때, 각 프로그램별 평가 계획 및 활용 계획을 동시에 세워서 평가 결과가 후속조치로 이어지고 보다 나은 프로그램 수정으로 환류되어야 한다.

5. 사업 평가 및 환류

본 사업의 성과 척도로서 학업성취 수준 향상 비율, 학생 전출입 비율, 만족도 등이 제시되었다. 그런데 성과 분석을 위한 도구가 개발, 제시되거나 평가 매뉴얼이 개발, 제시된 것도 아니다. 모든 프로그램이 단위학교의 자율적인 추진이다. 따라서 사업 성공을 위해서는, 이를테면 중앙연구지원센터에서 평가 편람을 만들어야 한다. 이러한 결과를 분석하는 목적은 추후 사업 계획게 피드백을 주어 보다 나은 사업계획서를 작성하게 하기 위해서이다.

결과 분석은 크게 사업 분석과 프로그램 분석으로 나뉠 수 있다. 전자는 목표 설정, 수요자 요구분석, 프로그램 개발 및 운영, 전문성 신장, 지원체제 구축, 지역사회와 연계, 예산 집행 등 전 과정에 걸쳐 본래 추구하려던 바와 견주어 목표를 달성했는지, 얼마나 효과적으로 사업을 실행했는가를 점검하는 절차라면, 후자는 단위 프로그램 하나하나가 본래 의도대로 실행되었으며 결과는 얼마나 의도한 대로 나왔는가를 점검하는 활동이다. 전자는 교과부나 시도교육청, 혹은 중앙연구지원센터나 시도연구지원센터에서 평가편람을 만들어 운영하면 좋을 것이다.

단위학교에서는 각 프로그램에 대해서 시행 후 목표 도달 여부, 운영상 애로점, 개선해야 할 사항, 수강자의 인식과 반응, 효과 검증, 강사의 인식 등을 종합적으로 판단해 보아야 한다. 각 세부 단위사업별 효과를 검증할 수 있는 면담, 관찰, 만족도 조사 도구, 사업평가 도구 및 분석 시스템을 개발해야 할 것이다. 구체적으로 평가 결과는 구성원들과 공유하는 절차(워크숍이나 연찬 혹은 세미나)를 통하여 차후 연도 사업계획서에 반영할 수 있어야 할 것이다.

Ⅳ. 결 론

　지금까지 농산어촌 연중 돌봄학교가 등장한 배경과 전남의 운영 실태에 대해서 살펴보았고, 농산어촌 연중 돌봄학교가 활성화되기 위해서 필요한 것들을 주관적인 경험에 기초하여 정리해 보았다. 중요한 것은 모든 지역사회의 가용 자원이 연중 365일 동안에 걸쳐 학습, 문화체험, 심리심성, 복지, 사회성 함양, 기초안전망 구축 등을 통하여 농산어촌 취약계층 학생을 통합적으로 돌봐야 한다는 점이다. 이를 통하여 농산어촌 학생(특히 취약계층 학생들)의 교육적 불이익이나 결손을 완화 내지는 해소시켜 그들이 건전하고 바람직한 시민으로 성장할 수 있도록 다양하고 유의미한 교육경험을 제공해야 할 것이다. 이들의 문제가 복합적인 만큼 그들의 문제를 해결하는 방법도 통합적이고 종합적이어야 한다.

　끝으로, 한 가지 덧붙일 것은 모든 사업이 그렇듯, 돌봄학교 사업도 사람이 하는 사업이다. 따라서 참여하는 사람들의 사기 진작과 이들을 지원해 주는 시스템이 잘 구축되어 있어야 사업은 성공할 수 있다. 그런 점에서 단위학교 사업이 잘되게 하기 위해서는 학교를 둘러싼 지역교육청, 시·도교육청의 역할 및 지원부서의 역할이 중요하다. 단위학교에서 해결할 수 없는 일들을 해결해 줄 수 있기 때문이다. 사업참여자들의 사기를 진작시킬 수 있는 보상체제도 마련되어야 할 것이다.

제10장
꿈과 감동을 주는 교육복지투자우선지역사업

교육복지투자우선지역지원사업(이하 교복투사업)은 교육취약 아동·청소년의 교육 기회, 과정, 결과에서 나타나는 주요 취약성을 최대한 보완하기 위한 다차원적 사업(교육, 문화, 복지의 통합지원체제 구축사업)이다. 학교가 중심이 되는 지역교육공동체 구축을 통한 학습, 문화체험, 심리·정서, 보건 등 삶 전반에 지원함으로써 교육취약 아동·청소년의 교육적 취약성을 해소해 나가고자 하는 사업이다 (교과부, 2006).

교복투사업의 정책 목표는 ① 저소득층 영·우아 및 아동·청소년의 학습결손 예방과 치유를 통한 학습 증진, ② 저소득층 영·유아 및 아동·청소년의 건강한 신체 및 정서 발달과 다양한 문화적 욕구 충족, ③ 교육·문화·복지의 수준 제고를 위한 가정 – 학교 – 지역사회 차원의 지원망 구축에 있다.

2003년 서울과 부산의 8개 지역에서 시범사업으로 출발하여 2005년에는 인구 50만 이상의 광역시 수준 15개 지역, 2006년에는 인구 25만 이상의 중소도시 30개 지역, 2007년에는 60개 지역으로 확대되었고, 2008년 말 40개 지역이 추가되어 2009년 현재 총 100개 지역 538개 초·중·고등학교에서 사업을 진행하고 있다.

지원규모나 사업비 규모의 확대에 못지않게 그동안 참가 학생의 인지적, 정의적, 사회적 발달 등 긍정적 성과를 거두었다(참조, 한국교육개발원, 2009 연수교재 pp.48－77). 그러한 긍정적인 변화의 원동력은 여러 가지가 있겠지만 참여 교사들의 헌신적인 관여와 노력이 있었기에 가능했다고 해도 과언이 아니다. 또한 학교장의 역할이 결정적이었다는 주장 역시 설득력을 얻고 있다. 이는 객관적으로 입증되고 있고 사업 관계자들의 경험을 기초로 한 공통된 주장이기도 하다.

물론 이는 사업을 올바로 이해하고, 학교 내외의 추진체제를 구축하여 구성원(교원, 학부모, 학생, 지역인사)들의 협조와 참여를 이끌어 낸 경우이고 지역사회와 연계 협력체제를 구축하여 교육복지공동체를 구성한 경우이다. 그리고 집중지원 대상 학생을 체계적으로 발굴하여 이들에 대한 이해를 바탕으로 맞춤형 프로그램을 제공하고, 과학적 사례 관리를 통하여 종합적 지원을 제공한 경우이다. 그 외에도 구성원의 요구조사를 토대로 프로그램을 개발하고 교육과정과 연계하여 학습, 심리·심성, 문화체험, 복지, 지원 등의 영역에 걸친 프로그램을 교과, 재량, 특활 등과 연계하여 운영한 경우와 그러한 결과를 체계적으로 평가하여 우수한 결과를 산출한 경우이다.

이하 학교구성원 각자의 역할과 추진체제의 역할을 알아보고자 한다.

Ⅰ. 교복투사업의 활성화를 위한 학교장의 역할[42)

현실적으로 투입과 운영 그리고 결과 및 피드백에 이르기까지 효과적으로 사업을 운영하지 못한 경우도 적지 않다. 특히 학교장이 사업에 대한 올바른 이해와 운영 방법 그리고 수행해야 하는 역할을 올바로 이해하지 못했거나, 이해했더라도 실천하지 못한 경우에 특히 그러하다. 따라서 성공적인 교복투사업을 위하여 학교장의 역할이 다시금 중요해진다. 그렇다면 학교구성원 모두에게 희망과 감동을 주는 교복투사업을 하기 위하여 학교장이 해야 할 일은 무엇인가.

1. 교복투사업의 등장 배경 및 사업 이해

학교장은 먼저, 교복투사업의 등장 배경과 사업 내용을 제대로 알아야 한다. 대체로 교복투사업에 대한 이해는 등장 배경, 개념, 정책 목표, 추진전략, 성격, 방향 및 내용, 추진 경과 등을 포함한다. 배경, 성격 그리고 기본방향 및 내용을 구체적 설명은 생략하고 간단간단하게 제시하면 다음과 같다.

---

42) 충청북도 교육청 학교장 연수자료(2009. 12. 7)를 재편집한 것이다.

가. 등장 배경

1) 가난한 사람들이 늘고 있다(취약계층의 확대).
2) 사과는 사과나무에서 멀리 떨어지지 않는다(소득분배 구조의 악화와 빈곤의 대물림).
3) 지역별 계층 분화 현상과 교육의 취약성

나. 성격

1) 교육 불평등 해소 사업이다.
2) 단위학교만의 사업이 아니라 가정－학교－지역사회가 함께 하는 지역공동체사업이다.
3) 무조건적 시혜 사업이 아니라 주체형성(empowerment) 사업이다.
4) 취약계층의 '교육적 성취사업'이다

다. 기본 방향 및 내용

영 역	목 표	프로그램 예시
학습 (주지교과 학습지원)	학력증진과 학습지원	－ 도서관 활성화 사업 － 기초학력부진 학생학습지도 － 일대일 학습지원 및 학습 멘토링 － 저소득층 우수학생 학습지도 － 정규교과, 재량활동을 통한 체험학습 － 교과 관련 보충학습 지원
문화·체험 (예·기·체능 및 관련 자치활동)	다양한 문화 체험	－ 특기·적성 및 문화 체험과 방과 후 활동 － 동아리활동 － 학급활동 － 축제
심리·정서 (정서적 지원 및 심리 상담·치료)	특별한 문제 또는 욕 구충족을 통한 정신건 강 도모	－ 개별상담 및 집단상담 － 가정방문 및 가족상담 － 학습장애 요소 진단 및 치료 － 부적응 학생 진단 및 치료 － 정서 지원 멘토링
복지 (보육 및 보건)	건강한 신체발달 지원 및 보호	－ 방과 후 교실, 야간보호교실 － 건강 검진 및 치료 － 학습준비물 지원

지원	사업운영지원	- 학부모 연수 - 교시연수 - 사업 홍보 - 지전가 및 교사의 사업활동 지원 - 학습자료 개발, 교과연구 등 교원 전문성 신장

2. 구성원의 참여

학교장이 교복투사업이 무엇인가를 알았으면, 다음으로 교사와 학생 그리고 학부모로 하여금 그 사업이 무엇인가를 알게 하여 그들로 하여금 교복투사업에 대한 부정적 인식을 극복하고 적극적으로 사업에 참여하게 만들어야 한다. 교복투사업은 사람이 하는 사업인 만큼 그 성패는 구성원이 이를 어떻게 생각하는가와 이를 실천하기 위해 그들이 얼마나 노력하느냐에 달려 있다고 해도 과언이 아니다. 학생들이 참여를 기피하거나 교사가 전근을 가는 등 적극적으로 참여를 하지 않으려는 것이 문제이다. 학부모 역시 사업어 대한 이해 부족으로 자녀를 적극적으로 사업에 참여시키지 않으려 하는 것도 문제이다.

전체 사업 관련 교사와 학부모 연수 강화, 대상 학생의 자발적 참여 유도를 위한 학생의 요구조사 및 담당자의 의견 수렴을 기초로 사업 계획 수립(전년도 사업 평가결과, 학생, 학부모의 기초적인 요구조사, 교사와 지역사회전문가의 의견 수렴 등), 학교교육과정과 연계를 통한 프로그램 운영, 대상 학생 관리 시스템 구축(대상 학생 사례관리) 그리고 지역사회에 대한 다양한 홍보 활동 강화 등을 통해 낙인문제등 다양한 문제는 해결할 수 있어야 한다. 교사의 자발적 참여를 유도하기 위한 다양한 인센티브제도도 교육청과 연계하여 고안해 보아야 한다. 이 중에서도 특히 학생과 교사의 참여를 증진시키기 위한 노력이 중요하다.

가. 학생 참여 증진: 취약계층 아동의 이해 및 발굴과 관리

교복투사업의 대상은 ① 교육최소 기준미달 집단(기초학력 미달 학생, 학업중단 아동, 청소년, 비문해 성인), ② 사회적 취약집단(경제, 문화, 언어, 인종, 신체 등: 경제적 빈곤층 및 자녀, 다문화 가정 및 자녀, 도서벽지 거주자 및 자녀, 장애인 등)이다(교과부, 2006). 직접적인 지원 범위는 집중관리 학생→집중지원 학생→사업 대상 학교 학생→전체 영유아, 청소년으로 확산된다.

취약계층 아동에 대한 이해는 교복투 대상 학생의 인구보건학적 특성, 개인의 지적·정서적·신체적 특성, 가정환경, 학교생활, 지역사회환경 관련 특성 등의 종합적 본성이 포함되며 이를 통해 그들의 장점과 단점을 파악하고 교복투사업을 통하여 학습, 문화체험, 심리·정서, 복지 영역에서 필요한 프로그램을 고안하는 기초자료로 활용할 수 있어야 한다. 이를 바탕으로 학습자의 특성에 부합하게 프로그램을 계획하고, 학생의 요구를 반영한 프로그램을 개발하고 그리고 평가 결과를 반영하여 프로그램을 조정하면 프로그램에 대한 학생들의 참여도와 만족도는 향상될 것이다.

또한 취약계층 아동의 이해 못지않게 중요한 것은 집중 관리 학생의 발굴 및 지원이다. 교복투사업 대상 학생을 발굴하여 선정하고 적절한 지원을 하는 일은 지전가에게 부과된 역할이다. 그러나 학생 수가 많은 학교에서는 학급 담임의 협조는 필수적이다. 학급 담임이 학생들을 가장 정확하게 파악하고 있기 때문이다. 따라서 학급 담임 교사는 지전가와 함께 가정방문이나 상담을 통하여 대상 학생을 발굴하고, 학교에서 설정한 선정 기준에 따라 1차, 2차, 3차에 걸쳐 대상 학생을 선정하여야 한다. 지전가가 체계적이고 과학적인 사례관리를 통하여 대상 학생을 관리하고, 교사는 이를 모니터링하거나 중간 점검 등을 통하여 상호 유기적으로 학생 지원에 협조하여야 한다. 교사나 지전가의 범위를 벗어난 지원은 학교나 지역 유관 기관의 협조로 대상 학생에게 통합적 서비스가 가능하도록 해야 한다.

학생들을 사업에 참여시키기 위하여 할 수 있는 몇 가지 팁(tip)을 필자의 경험적 지식을 바탕으로 정리하면 다음과 같다.

---

1. 집중관리대상 학생에 대한 이해를 바탕으로 이들에게 적합한 맞춤형 사업을 기획한다. 지적, 정서적, 신체적 특성을 분석하여 이들의 단점을 보완하고 장점을 살릴 수 있는 사업이 무엇인가를 구안하여 실천한다.
2. 사업을 기획하기 전 학습자의 요구조사, 학부모 및 교사의 기대와 희망을 조사하고 그 결과를 반영하여(특히 학생의 요구를 반영하여) 최적의 프로그램을 계획하여 실행한다. 학부모의 과도한 주지교과에 대한 요구와 학생의 놀이 위주의 요구를 교사의 교육적 안목에서 조정한다.
3. 방과 후 교과나 학습 프로그램의 경우 지나치게 교과내용 학습(국, 영, 수) 일변도의 프로그램을 지양하고 놀이와 학습이 조화를 이루도록 한다(교과 학습과 문화 체험이 통합되는 서비스를 제공한다.).
4. 학습자와 교사 간 라포를 형성할 수 있는 프로그램을 동시에 운영한다. 사제동행 프로그램, 가정방문 및 상담 프로그램, 특색 있는 학급경영 프로그램, 교육과정과 연계한 프로그램, 방과 후·놀토·방학 중 프로그램 등(교사가 필요할 경우 강사로 적극 참여한다.).
5. 다양한 교수학습방법 및 멀티미디어 등 다양한 교육매체를 활용한다.
6. 교사 위주의 전달식 수업에서 탈피하여 학습자의 경험과 활동 중심의 참여형 수업 방식으로 전환한다.
7. 학생들에게 프로그램 참여 정도에 따라 인센티브로 제공하는 프로그램을 별도로 운영한다(쿠폰제, 방학 중 운영되는 인기 프로그램(이를테면 스키캠프 등)의 참여권 부여 등).
8. 관리대상 학생의 낙인감으로 인하여 참여를 꺼리는 것을 여방할 수 있도록 가능하면 일반 학생이 공통으로 참여하는 프로그램(교육과정과 연계)을 기획하고 운영한다.

---

9. 취약계층 우수 아동을 위한 프로그램을 운영하여, 긍지와 자부심을 심어 주도록 한다.
10. 지역 내 가용 자원을 최대로 활용하여 가장 우수한 프로그램, 강사를 섭외하여 운영함으로써 학생들의 선호도를 제고한다.
11. 집중지원 대상 학생들의 참여도가 높은 문화프로그램을 학교교육과정과 연계하여 개발하며 학생들의 참여를 높일 수 있는 심리·정서 프로그램을 개발하여 운영한다.
12. 중도 탈락자가 생길 경우 그 원인을 알아보고 교복투 협의회를 통하여 필요한 대책을 강구한다.
13. 학습 이외의 문화체험, 심리심성, 복지 프로그램은 다양하고 학생의 특성을 고려하여 개발하여 운영한다.
14. 다른 학교의 우수 프로그램을 벤치마킹하되 자기 학교의 특성을 고려하여 재조정한다.
15. 강요가 아니라 학생의 감성을 고려하여 자발적으로 하고 싶은 것을 하게 한다.

나. 교사의 참여

다음으로 학교장은 교사의 참여 동기(그것이 내적 동기든, 외적 동기든)를 신장시키고, 교사들의 전문성을 향상시켜서 사업에 적극 참여함으로써 결과적으로 참여 교사들이 긍지와 보람을 느낄 수 있도록 해 주어야 한다. 그러기 위해서는 외적 동기원으로 가능한 실질적 지원과 보상(승진, 물질적 보상, 포상 등)을 아끼지 말아야 한다. 전문성을 신장시킬 수 있는 연수 참여(학교 내외), 동아리 지원, 자기 개발을 위한 지원(선진지 견학, 워크숍 참여 등), 프로그램 개발비, 연구성과 분석비 지원 등을 통하여 교사들이 신명나게 사업을 할 수 있는 여건을 만들어 주지 않으면 안 된다. 특별히 우리나라의 문화적 습성과 학교문화의 특성상 학교장의 교사에 대한 칭찬과 타인지향적인 행동 동기를 잘 활용할 수 있어야 할 것이다.

구체적으로 교사들의 참여를 유도하기 위하여 학교장은 교복투사업을 원활하게 추진할 수 있는 학교 환경을 조성해야 한다. 이를 위해서 학교장이 해야 할 일은 학교의 재구조화를 통한 실질적인 사업

전담 부서 설치 및 운영 그리고 구성원들의 역할을 명료화해 주어야 한다. 학교의 재구조화와 관련하여 학교 내에 사업추진위원회와 지역사업운영협의회를 설치 운영하고, 교복투 전담 부서를 설치하여 보다 원활하게 사업을 운영할 수 있도록 추진체제를 정비하여야 한다. 이와 관련하여 "06 교복투사업 이렇게 합니다"에는 다음과 같은 내용이 제시되어 있다.

- 학교 내 교육복지 업무가 사업 전담 부서를 중심으로 진행될 수 있도록 학교 조직과 업무 분장을 재구조화한다.
- 사업 전담 부서가 사업을 총괄하되, 단위 사업별(프로그램)로 관련 부서가 사업 계획을 수립하고 사업을 추진하도록 하여 사업 전담 부서를 중심으로 학교의 전체 조직이 상호 유기적인 협조체제를 구축하도록 한다.
- 이때 담당 부장과 담당교사, 지전가의 역할을 적절하게 분담하여 사업이 효과적이고 효율적으로 운영되도록 한다.
- 부장교사는 교육복지 업무를 총괄하는 역할을 수행한다.
- 담당교사는 교복투사업이 원활하게 수행되도록 학교의 다른 사업과 조율하는 역할을 수행하며 전체 교사의 협력을 유도해야 한다. 특정 프로그램 운영을 통해 학생들을 지도하는 역할을 수행하기도 한다.
- 사업을 위해 교내 교육복지사업 추진위원회를 구성하여 운영한다.
- 중등의 경우, 프로그램별 주무부서 즉 교육복지 대상 학생을 주로 만나는 부서들끼리 정기적인 협의 체제를 구축하여 대상 학생 관리를 원활하게 하는 것이 필요하다(이를테면 진로 상담부, 생활지도부 등과 같이 대상 학생이 많이 겹치는 경우, 교육복지추진위원회 내에 사례관리협의회나 실무위원회 등을 두어 체계적이고 유기적인 학생관리 체제를 구축한다.).
- 학교장이 적극적으로 유관 기관자 모임을 구성하고 사업 관련 협약서를 작성하는 등, 지역사회기관과의 적극적인 연계 속에 사업을 진행할 수 있는 실제적인 토대를 구축하는 역할을 수행해야 한다.
- 담당부장 또는 교사는 지역사회 유관 기관의 사업 운영 실두자와의 연계 속에 지역기관 연계 사업 기획 및 평가, 대상 아동 사례 관리 등의 역할을 수행한다.

그 외 학교장은 학내에 민주적 의사소통 구조 확립, 구성원 간 우호적 분위기 조성(사업 이해, 사업 내용 이해를 위한 담당자 연수, 학생회 활용 학생 관심 유도, 개별면담 등 활용), 우호적 지역사회

분위기 조성(학교 홈페이지, 가정 통신문, 설명회, 언론 홍보 등 활용)에도 힘써야 한다.

　이러한 활동을 위하여 그리고 학교구성원의 참여를 증진하기 위해서 학교장이 해 볼 수 있는 가장 현실적인 방안은 연수를 강화하는 일이다. 교복투사업 이해, 사업계획서 작성, 학생 이해 및 상담, 대상 학생 발굴 및 사례관리 방안, 프로그램 개발 및 우수 프로그램 제공(프로그램 가이드), 학교사회 이해 및 교육과정 연계 방안, 프로그램별 평가 방안(측정 도구 개발), 지역사회 연계협력 방안, 예산 집행 및 운영 지침, 사업 홍보 및 우수사례 발굴과 확산방안 등에 대한 연수이다. 이를 한국교육개발원에서는 연구지원센터로 하여금 사업담당자별 연수를 다음과 같이 할 것을 권고하고 있다. 이를 활용하면 좋을 것이다.

〈표 10 - 1〉시 · 도 연구 · 지원센터가 지원하는 연수

대　　상	연수내용
학교장	○ 교사와 학부모의 사업 참여 유도 방안 ○ 교복투사업의 효율적 운영을 위한 학교 조직편성 · 운영 방안 ○ 학교교육과정과 교복투사업의 효율적인 연계 · 운영 방안(우수사례 중심) ○ 학교와 지역사회 연계 협력 강화를 위한 지역사회 유관 기관 및 시설에 대한 이해 ○ 학교 간 연계협력을 위한 학교장의 역할 ○ P.C.와 지전가의 역할 이해
행정실장	○ 교복투사업에 대한 이해 ○ 교복투사업 예산 운영 방향과 지침
담당교사	○ 저소득층 아동에 대한 이해 및 지원 프로그램 구성 · 운영 방안 ○ 교복투사업 프로그램과 학교교육과정과의 연계방안 ○ 학교와 지역사회 연계 협력 강화를 위한 지역사회 유관 기관 및 시설에 대한 이해 ○ P.C.와 지전가의 역할 이해
P.C., 지전가	○ 학교의 조직과 문화에 대한 이해

	– 학교의 업무 분장
	– 교사문화, 학생문화, 빈곤학생 및 가정에 대한 이해
	○ 학교교육과정에 대한 이해
	○ 사업 운영을 위한 예산 지침, 공문서 작성과 결재
	○ 교육청과 학교 직원의 복무규정
	○ P.C., 지전가의 역할과 직무
	○ 지역사회 자원의 실태 조사 및 자원연계 방안
유아교육기관장	○ 학부모 사업 참여 유도 방안
	○ 효과적인 종일반 운영 방안
	○ 가정 및 지역사회 연계 프로그램 운영

출처: 한국교육개발원(2006). 교복투사업 이렇게 합니다. p.26.

　그 외에도 교사들의 업무를 경감함으로써 교사들이 즐겁게 일할 수 있는 분위기를 만들어야 한다. 학교장은 교복투사업이 특정인, 특정 부서만의 사업이 아니라 전체 교직원의 사업이 될 수 있도록 해야 한다. 일단 단위학교구성원은 누구를 막론하고(교사, 사서, 영양, 보건 교사 등) 사업의 담당자가 되어야 한다. 교복투사업 중심의 업무 분장을 새롭게 만들어도 좋고, 기존의 학교 내 부서가 사업 프로그램을 분담하여 운영하여도 좋다. 영역별 담당부장제를 두고 그 아래 T/F 팀을 구성하여 운영하는 방법도 좋을 것이고, 프로그램별 담당교사제를 운영하는 것도 좋을 듯하다. 중요한 것은 모든 교직원이 사업의 기획과 운영에 참여하여야 한다는 점이다. 이를 위하여 사업 반성회와 연수 그리고 선진지 견학 등을 통하여 전 구성원이 목표를 공유하고 사업을 이해하도록 해야 한다. 그리고 부서 간, 교사 간 역할을 명확히 구분하여 구성원 간 갈등을 최소화하여야 할 것이다.

3. 프로그램 개발과 운영 지도

학교의 재조직화, 가용 자원의 투입 다음으로 학교장은 학교구성원들에게 프로그램 개발과 운영을 지도해야 한다. 교복투사업은 단순히 프로그램을 개발하여 적용하는 것으로 끝나는 것이 아니다. 또한 교복투사업은 타 학교의 프로그램을 흉내 내는 것이 아니다. 교복투사업은 사업의 내용과 형식을 학교의 특성에 맞게 만들어 가는 과정이며, 결과적으로 학생의 교육·문화·복지 수준을 향상시키는 사업이다. 여기서 프로그램이란 지역사회의 교육문제를 인식하고, 그것을 해결하기 위한 교육계획을 수립하여 그 계획의 목표를 효과적으로 달성하기 위해 실천하는 구체적이고 총체적인 교육활동을 말한다. 성공적인 프로그램을 개발하기 위해서는 ① 홍보를 통한 참여자의 관심 유도, ② 참여를 통한 이익 증대, ③ 교수자의 인성과 교수기능 고려, ④ 학습자의 욕구가 충족되어야 한다. 프로그램 개발의 절차는 프로그램 기획(개발의 필요성 확인, 개발을 위한 지원체제 구축, 아이디어 회의, 자문위원회 구성, 프로그램 환경 분석, 잠재 고객 분석, 학습 요구 및 필요 분석, 지역 자원 활용 방안 모색)→프로그램 설계→프로그램 홍보→프로그램 실행→프로그램 평가→후속조치 순으로 하면 좋을 것이다(한국교육개발원, 2009).

특히 영역별 프로그램을 개발하고 운영할 경우 교육과정과 연계하여야 하는데, 이는 학습, 문화체험, 심리·정서, 복지 영역의 각 프로그램이 교육과정상의 교과, 재량, 특활 영역과 조합되어 계획이 수립되어야 하고, 각 프로그램이 교육과정 속에서 운영될 수 있도록 해야 한다. 교과 영역과 관련해서는 많은 부분 일반 학생들의 참여도 허락해야 한다. 그리고 프로그램을 계획할 때, 각 프로그램별 평가 계획 및 활용 계획을 동시에 세워서 평가 결과가 후속조치로 이어지고 보다 나은 프로그램 수정으로 환류(피드백)되어야 한다.

그러기 위해서는 교사의 전문성 신장, 효율적인 예산 집행, 지역사회와 연계 등을 고려하여 종합적인 사업 계획을 수립하여야 한다. 특히 사업 자체에 대하여 내용, 운영, 결과에 대한 평가 계획이 있어야 하고 각 프로그램에 대해서도 시행 후 목표 도달 여부, 운영상 애로점, 개선해야 할 사항, 수강자의 인식과 반응, 효과 검증, 강사의 인식 등을 종합적으로 판단해 보아야 한다. 프로그램 개발 및 적용 시 봉착하는 문제들로는 타 학교에서 기 시행된 프로그램을 모방하는 데 그칠 뿐 지역사회와 학교구성원의 요구에 부합하는 학교 나름대로의 특성화된 프로그램을 만들어 내지 못한다는 점이다. 거기에 프로그램의 영역 간 불균형 및 다양성 부족도 문제이다. 특히 문화, 심리정서 프로그램은 내용이 하나의 주제로 일관되게 프로그램화되지 못하고 일회성이나 이벤트성으로 운영되는 경우가 많은 것이 문제이다.

4. 지역사회와 네트워크 구축

학교장은 학교와 지역의 특성에 맞는 다양한 네트워크(network)를 구축하여야 한다. 네트워크는 여러 관계의 연결체로서 개인과 개인, 개인과 집단, 또는 집단과 집단들이 상호작용 속에 연결된 상태이다. 1:1의 관계를 포함하여 한 조직 내에서 구성원 간, 단위 간 연결을 말하기도 하고, 지역 간 상호 복잡한 망으로 연결되기도 한다. 따라서 네트워크는 하나의 시스템 안에서 여러 구성요소들의 연계, 제휴, 협력 관계를 나타낸다. 교복투사업은 그리고 이를 바탕으로 구축될 공동체는 학교 - 가정 - 지역사회 간 교육 · 문화 · 복지의 통합적 지원망을 추구한다. 이러한 네트워크 협력은 인적(주민 참여, 사람 연계), 물적 교류(시설 연계)에서부터 사업 네트워크, 정보교류, 공간의 교류 등과 같은 다양한 영역에서 이루어질 수 있다(양병찬, 김경애, 2009).

프로그램 연계, 기관 연계, 사업 연계 등을 복지기관뿐만 아니라, 정신보건센터, 청소년문화센터, 수련관, 공부방, 문화의 집, 사회교육기관, 초중등학교 간, 가정과 연계하여 시행하여야 한다. 특히 사업 계획 단계에서부터 지역사회협의체를 구성하여 운영할 필요가 있다. 이를 위해서는 지역사회 내 유관 기관과 단체의 현황을 파악하고 설명회 등 의사소통 과정을 통해 협력체를 구성해야 한다. 지전가는 실무를 담당하고 학교장이 나서서 기관장으로서 역할을 해야 한다. 이를 통해서 지역사회 유관 기관 간 공동사업을 활성화할 수 있어야 한다.

유관 기관과 학교 간 인적 교류, 사업네트워크, 정보교류, 공간의 교류는 물론 현금과 현물 지원을 통하여 교복투사업과 연계망을 구축한 사례들도 참고하면 좋을 것이다. 특히 지자체에서 지원하는 취약계층 지원사업과 적극적으로 연계하여 교복투사업의 효과를 극대화한 사례도 나타나고 있다(대전의 동신중학교: 대전광역시의 저소득층 밀집지역 복지사업인 무지개프로젝트를 통하여 도서관 건립비 등 7개 사업에 1,435백만 원의 지원금을 유치한 사례).

5. 사업 추진 결과 점검 및 평가 지원

학교장은 사업 추진과정과 결과에 대한 점검을 해야 한다. 사업의 과정에 대한 것은 단위학교에서, 결과에 대한 것은 사업 평가를 통해서 이루어진다. 이 과정에서 학교장은 과정과 결과에 대한 평가와 프로그램별 평가를 주관하고 그 결과를 차기 연도 사업계획에 반영하여 사업을 보다 효율적으로 운영할 수 있어야 한다. "06 교복투사업 이렇게 합니다"에 나타난 사업추진 과정에 대한 점검 내용은 다음과 같다.

- 교내외 협의회를 공식적, 비공식적으로 개최하여 수시로 사업의 추진과정을 점검한다.
- 전 교사의 참여를 통한 사업제안과 주기적인 평가를 실시한다.
- 주요점검 사항은 다음과 같다(학생과 학부모의 참여 정도, 수요자의 관심과 열의, 학교의 준비 정도, 관리자 및 교사의 협력 정도, 학교 및 지역사회의 지원 활용 정도, 인적자원(강사, 프로그램 진행자 등)·물적 자원(시설, 설비 등) 현황, 사업추진 결과
- 교내의 사업추진위원회를 중심으로 사업에 대한 자체평가를 실시한다.
- 자체평가 시 확인해야 할 것은 다음과 같다: 구성원의 사업 지향점 공유 수준, 학교의 재구조화 효과, 프로그램 참여자의 프로그램에 대한 만족도, 집중지원 대상 학생의 프로그램 참여도, 프로그램의 학교교육과정과의 연계성, 지역사회 연계 협력의 다양성 및 연계체제 구축 수준, 사업 효과의 종류 및 수준, 사업 효과의 지속성 등.

프로그램 평가는 계획 수립 시 기획자나 후에 사업운영자가 평가 방법 및 도구 등을 고려하여 프로그램이 종료될 때 실시한다. 양적 지표를 통한 평가나 정성평가를 통하여 효과나 성과를 드러낼 수 있으면 된다. 이러한 자체 점검 외에도 외부기관의 사업 전반에 대한 평가에 대비하여야 한다. 2009년 외부기관평가와 관련된 사항은 다음과 같다(2009평가 사업매뉴얼, 교과부).

〈표 10 - 2〉 사업평가 기준표

영 역	평가지표	지표별 배점
효과	학교 적응력 향상	20
	학업능력 향상	20
	학교교육 만족도 향상	20
운영	프로그램의 효과적 운영	20
특색	학생 · 학교 특성의 적극적 반영 노력	20
	계	100

단위학교는 시도 연구지원센터에서 사업 효과, 사업 운영(자원 투입과 관리, 시스템 구축, 운영), 특색 등 3개 영역에 걸쳐 100점 만점으로 평가한다.

6. 사업 반성 및 중장기 발전계획 수립

사업을 마친 후에는 사업에 대한 전반적인 반성이 필요하다. 투입 - 과정(운영) - 산출을 통하여 장양할 점, 보완할 점을 점검하여 차기계획에 반영하는 것도 중요하고 특히 학교구성원들의 수고에 대한 위로와 격려의 자리로 삼는 것도 중요하다. 그리고 단위학교 차원의 사업 전망을 기초로 중장기적인 발전 전략을 수립할 필요가 있다. 운영 매뉴얼에 제시된 대로 1차 연도 사업은 교복투사업의 기반구축에, 2차 연도는 사업운영 체계를 구축하고 사업의 운영을 통한 효과 제고에, 3차 연도는 지역 연계 사업 확대로 사업성과 확대에, 4 - 5차 연도는 사업의 안정적 정착을 통한 자생력 확보에 사업운영 목표를 맞추어야 할 것이다.

결론적으로 교복투사업은 사람이 하는 것이다. 학교장은 학교구성원들이 교복투사업을 올바로 이해하고 적극적으로 참여할 수 있도록 필요한 전략과 방안을 강구해야 한다. 희생이 없으면 감동이 없다. 학교문화와 학교 작동원리에서 보듯 학교장의 헌신과 솔선수범은 교복투사업을 통하여 구성원이 희망과 감동을 느끼게 하는 원동력이다. 따라서 학교장은 사람을 움직여야 한다. 구성원 간 소통과 신뢰를 통하여 교육공동체를 형성할 때 교복투사업뿐만 아니라 학교 전체가 행복한 사회가 될 것이다.

Ⅱ. 교복투사업의 활성화를 위한 교사의 역할[43)]

교복투사업을 활성화하는데 교사가 해야 할 일은 무엇인가? 다양한 대답이 가능하겠지만, 필자의 주관적 경험에 따르면, 대략 다음과 같이 정리할 수 있겠다. 기초지식으로서 교복투사업에 대한 이해, 취약계층 아동에 대한 이해를 바탕으로 집중관리 학생 및 대상 학생의 발굴 및 사례관리 지원, 교복투 학교 운영 참여 및 지원, 프로그램 개발 및 운영, 프로그램 평가 및 모니터링 협조 등이다. 이 외에도 지역 유관 기관 간의 연계 협력이나 사업홍보 및 전문성 신장 등의 활동을 지원하거나 참여하는 것도 포함된다. 이를 구체적으로 살펴보면 다음과 같다.

첫째, 사업에 대한 올바른 이해이다. 대체로 교복투사업에 대한 이

---

43) 천안여자중학교 교사 연수용 자료(2009. 10. 13)를 재편집한 것이다.

해는 등장 배경, 개념, 정책목표, 추진전략, 성격, 방향 및 내용, 추진 경과 등을 포함한다. 이는 앞 절에서 언급했으므로 생략한다.

둘째, 사업 학교 교사는 취약계층 아동에 대한 올바른 지식을 가지고 있어야 한다. 전술한 것처럼 취약계층 아동에 대한 이해는 교복투 대상 학생의 인구보건학적 특성, 개인의 지적, 정서적, 신체적 특성, 가정환경, 학교생활, 지역사회환경 관련 특성 등을 종합적으로 이해함으로써 그들의 장점과 단점을 파악하고 교복투사업에 필요한 프로그램을 고안하는 기초자료로 활용할 수 있어야 한다.

셋째, 집중 관리 학생의 발굴 및 지원이다. 전술한 것처럼 교복투 사업 대상 학생을 발굴하여 선정하고 관리하여 적절한 지원을 하는 일은 지전가에게 부과된 역할이다. 그러나 학생 수가 많은 학교에서는 담임교사의 협조가 필수적이다. 따라서 학급 담임교사는 지전가와 함께 가정방문이나 상담을 통하여 대상 학생을 발굴하고, 학교의 선정 기준에 따라 1차, 2차, 3차에 걸쳐 대상 학생을 선정하여야 한다. 지전가가 체계적인 사례관리를 통하여 대상 학생을 관리하고, 교사는 이를 모니터링하거나 중간 점검 등을 통하여 상호 유기적으로 학생 지원에 협조하여야 한다. 교사나 지전가의 범위를 벗어난 지원은 학교나 지역 유관 기관의 협조로 대상 학생에게 통합적 서비스가 가능하도록 해야 한다.

넷째, 교복투 학교 운영 참여 및 협력이다. 교사가 교복투 학교 운영에 참여한다 함은 지원체제의 하나인 교복투 전담 부서의 일원이 되거나 프로그램의 기획, 운영, 평가의 일원으로 참여하는 것을 말하고, 교육과정의 운영계획 수립 시 혹은 평가나 반성 시 담당 교과와 학급의 교복투사업과 연계하는 방안을 공동으로 모색하는 것을 말한다. 특히 교육복지전담부서의 일원이 되면, 다음과 같은 업무를 맡게 된다.

*교육복지전담부서의 역할	
● 학교 내 교육복지 비전 수립	● 교육취약집단 발굴 및 관리
● 관련 사업 및 프로그램 연계	● 프로그램 운영 및 평가
● 지역자원 발굴 및 연계	● 학교와 지역기관 협의체 운영
● 학교와 지역사회 네트워크 구축	● 교육취약집단 요구조사 및 교육프로그램 개발

　다섯째, 사업 학교 교사가 해야 할 일은 프로그램 개발 및 운영 지원이다. 특히 영역별 프로그램을 개발하고 운영할 경우 교육과정과 연계하여야 하는데, 이는 학습, 문화체험, 심리 정서, 복지 등 영역의 각 프로그램이 교육과정상의 교과, 재량, 특활 영역과 조합하여 계획이 수립되어야 하고, 각 프로그램이 교육과정 속에서 운영될 수 있도록 해야 한다. 교과 영역과 관련해서는 많은 부분 일반 학생들의 참여도 허락해야 한다. 그리고 프로그램을 계획할 때, 각 프로그램별 평가 계획 및 활용 계획을 동시에 세워서 평가 결과가 후속조치로 이어지고 보다 나은 프로그램 수정으로 환류되어야 한다.

　여섯째, 프로그램 평가 및 모니터링 협조이다. 평가는 크게 프로그램 평가와 사업 전체 평가로 구분된다. 교사가 하는 프로그램 평가는 계획 수립 시 기획자나 후에 사업운영자가 평가 방법 및 도구 등을 고려하여 프로그램이 종료될 때 실시한다. 양적 지표를 통한 평가나 정성평가를 통하여 효과나 성과를 드러낼 수 있으면 된다. 자체평가 시 확인해야 할 것은 구성원의 사업 지향점 공유 수준, 학교의 재구조화 효과, 프로그램 참여자의 프로그램에 대한 만족도, 집중지원 대상 학생의 프로그램 참여도, 프로그램의 학교교육과정과의 연계성, 지역사회 연계 협력의 다양성 및 연계체제 구축 수준, 사업 효과의 종류 및 수준, 사업 효과의 지속성 등이다.

끝으로, 학생들을 교복투사업에 적극적으로 참여시키기 위한 일반적, 구체적 노력에도 불구하고 더 중요한 것은 교사의 사업에 대한 적극적인 참여이다. 학생 참여는 교사의 적극적인 참여가 없이는 불가능하다. 잭슨(Jackson, 1968)이 이야기하듯 '만족한 젖소가 양질의 우유를 생산'한다. 교사가 자기 활동에 만족 할 때, 그 결과가 학생들에게 환류되기 때문이다.

Ⅲ. 교복투사업의 효율적 운영을 위한 행정팀의 역할[44]

특별히 교복투사업 매뉴얼에도 행정팀이 해야 할 역할을 규정한 내용은 찾아볼 수 없다. 따라서 학교장의 명을 받아 교복투 관련 행정사무를 수행하면 될 것이고, 이러한 행정사무는 학교의 특성과 상황 그리고 구성원들의 기대와 암묵적 태도 등에 의하여 구성되는 것으로 보아야 할 것이다.

교복투사업의 성공을 위하여 행정팀이 해야 할 역할은 먼저, 교복투사업에 대한 주체자로서 참여이다. 이때 참여란 사업계획서 작성에서부터 사업 운영 그리고 결과에 대한 평가와 피드백에 이르기까지 사업 전 과정에 대한 참여를 의미한다. 단위학교에서 실제로 담당 교사, 지전가에 의해서 사업계획서가 작성되다 보니 계획서상 예

---

44) 광주광역시 교육청 행정실장 연수용 자료(2009. 5. 19)를 재편집한 것이다.

산은 산출 근거가 명확하지 않고 주먹구구식인 학교가 많은 것이 사실이다. 이는 곧바로 감사 지적사항으로 연결되어 학교에서는 고생하고 징계만 받는 결과를 낳는 경우도 있다. 따라서 행정실 회계담당자는 반드시 계획단계에 참여하여 그 세부사업이 회계 관련 법령에 부합되면서도 사업목적을 달성할 수 있도록 해야 한다. 이를 위하여 단위학교 사업운영위위원회(실장)나 실무추진협의체(주무)에 일원으로 참여하는 것이 필요하다.

둘째, 사업의 주체자로 교복투사업에 대해서 기초 소양을 가지고 있어야 한다. 즉 교복투사업의 등장 배경, 내용, 운영 절차 및 방법, 평가 그리고 환류 등에 대해서 기초정보를 가지고 있어야 방관자가 아닌 적극적인 참여자가 될 수 있다. 이를 위하여 교복투사업 매뉴얼을 한 번이라도 숙독하는 것이 필요하다.

셋째, 효율적인 자원의 투입과 관리 영역에서 행정팀의 주 역할을 찾아야 할 것이다. 교복투사업의 성공은 먼저, 최적의 인적·물적 자원을 투입하여 효과적으로 관리함으로써 가능하다. 이를 위해서 사업 예산을 사업 목표에 맞추어 영역별로 합리적으로 배분하고, 프로그램별, 분기별로 예산 배정을 적정하게 해야 한다. 특정분기에 사업을 집중하는 경향이 많이 발생하는데 계획 단계부터 예산책정을 효율적으로 해야 할 것이다. 단순 경비 지원을 지양하고, 예산이 계획한 대로 정당한 집행 절차와 기준에 따라 투명하게 집행되어야 한다. 그리고 프로그램별 예산의 계획 대비 분기별 집행 내역을 수시로 점검해야 한다. 수시로 사업 예산운영의 합리성을 따져 보아야 한다. 이때 점검 내용은 아래와 같으면 좋을 것이다.

	사업 예산계획은 체계적으로 수립되었는가?
사업예산 운영의 합리성	프로그램별 예산은 적절하게 배정되었는가?
	예산은 계획대로(분기별) 집행되었는가?
	예산 집행은 적법한 절차에 따라 이루어졌는가?
	예산변경 시 절차는 정당하게 이루어졌는가?

넷째, 장기적으로는 예산 회계로 역할을 국한하기보다 더 나아가 효과적인 사업 수행의 일원이 되기 위해서 관리 영역 이외에 교육 영역에 대한 기초 소양과 학교 교육과정에 대한 기초 지식을 배양할 필요가 있다.

다섯째, 교복투사업의 원활한 운영을 위하여 교무실과 상호 소통하고 지역 네트워크 구축에도 동참하기 위해서는 장기적으로 교복투 사업 담당자에게 요구되는 네트워크 구축 역량(리더십, 대인관계 능력, 의사소통 능력, 모니터링 및 컨설팅 능력)을 축적하는 일도 필요할 것이다.

아무튼 행정팀의 역할에 대한 명확한 규정(guide line)이 없기 때문에 현재로서는 단위학교에서 구성원들과 그들의 역할을 스스로 구성해 나가야 한다.

Ⅳ. 교복투사업 추진을 위한 지역교육청의
지원체제 및 역할[45]

1. 사업 추진체제 및 지원체제

교복투사업의 원활한 추진을 위하여 사업 지원체제와 추진체제를 두고 있다. 사업 지원체제에는 지원협의회와 연구·지원센터가 있다. 전자는 다시 '중앙 교육복지투자우선지역지원사업협의회'와 '광역 교육복지투자우선지역지원사업협의회'로 구분된다. 전국 단위에서 교복투사업을 위한 부처 간 연계방안을 협의하기 위한 협의회가 중앙협의회이고, 시도의 사업에 대한 연도별 지원 계획 수립 및 기관 간 연계방안을 수립하기 위한 협의회가 광역협의회이다. 전체적인 사업 체계도를 살펴보면 <그림 10-1>과 같다.

---

45) 교과부 교복투사업 실무자 연찬 시 특강용 자료(2008. 11. 20)를 재편집한 것이다.

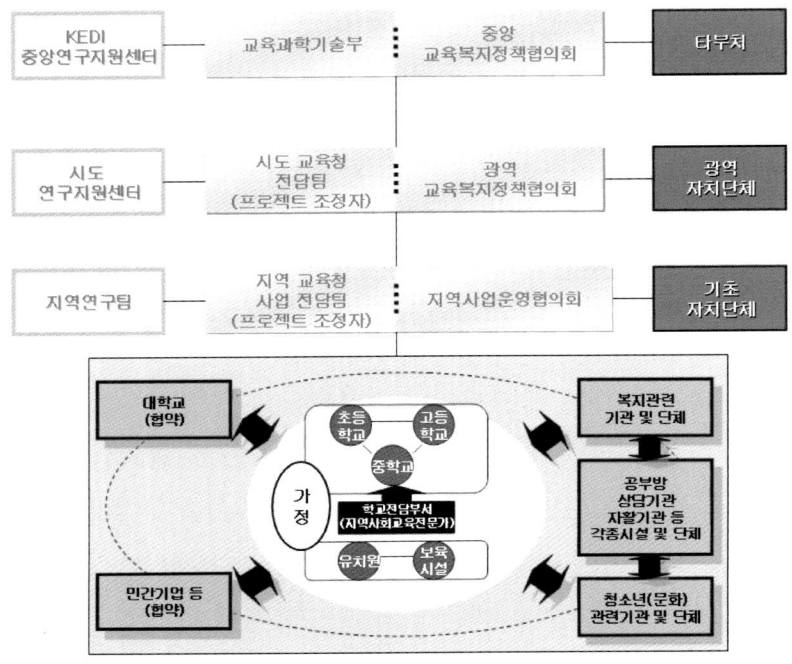

〈그림 10 - 1〉 사업 체계도(김정원, 2009)

연구·지원센터는 중앙연구·지원센터와 시도연구·지원센터로 구
분되는데, 전자는 전국 단위에서, 후자는 시도지역 단위에서 사업의
기본방향 제시 및 정보제공, 사업 결과에 대한 평가 및 환류 등 사
업 운영에 관한 전문적 연구와 지원을 하는 지원체제이다. 특히 시도
연구·지원센터는 지역 단위의 사업 모델 개발 및 프로그램 운영 지
원, 사업 추진 모니터링 및 현장 컨설팅, 지역네트워크 구축 지원,
사업 자체 평가(모니터링 포함), 사업 담당자 연수 등의 역할을 수행
한다. 각각의 기능을 요약하면 다음의 <표 10 - 3>과 같다.

〈표 10-3〉 연구·지원센터의 역할(김정원, 2009)

역 할	중앙 연구·지원센터	시도 연구·지원센터
연 구	국가 수준 사업 운영 모델 개발	지역 사업 운영 모델 개발
	사업 분석의 틀 개발 및 국가 수준 사업성과 분석	사업성과 분석을 위한 기초자료 생산 및 지역 차원 사업성과 분석
	사업 관련 기초 연구	사업 관련 기초 연구 지원
	평가도구 개발 및 사업 수행결과 분석	평가도구 개발 지원 및 지역 차원 사업 수행결과 분석
사업 관련 DB 구축	사업 관련 데이터 수집 양식 개발 및 관련 정보 DB 구축	지역 차원 사업 관련 정보 DB 구축
연수 및 컨설팅	사업 매뉴얼 개발 담당자 연수 및 컨설팅 지원	담당자 연수 및 컨설팅 지원
네트워크 구축	국가 수준 네트워크 구축	지역 수준의 네트워크 구축

원활한 사업 추진을 위하여 시도 단위에서는 사업전담팀을 두도록 하였으며, 지역 단위에 지역교육청, 기초자치단체, 문화·복지 관련 기관이나 단체, 학교, 시민단체 등 지역의 각종 기관들을 중심으로 '교육복지투자우선지역지원사업운영협의회(지역사업운영협의회)'를 구성하고, 여기에서 사업의 추진계획 수립, 기관 간 협조체제 구축, 광역자치단체 및 중앙 정부에 지원 요청 등 지역사업에 대한 의사결정기구의 역할을 하도록 하였다.

또한, 지역 교육청에는 사업을 총괄·지원할 사업 전담팀을 설치하도록 했으며, 사업전담팀은 팀장, 담당공무원, P.C.로 구성하도록 하였다. 단위학교에는 교복투사업 운영위위회와 실무추진협의회 그리고 사업전담 부서를 설치하도록 하였고, 실무담당 인력으로 지전가를 배치하였다. 사업전담팀은 지역교육청 초등 혹은 중등과장을 책임으로 하여 교육복지 담당 장학사, 일반 공무원, P.C., 지전가로 구성하고, 지역 내 교육복지사업 추진의 총괄 및 지원 역할을 담당하도록 하였다. 사업전담팀의 역할은 교육복지사업 총괄 업무, 지역 특성을 반영한 지역교육청 단위의 사업 추진, 지역교육청 내 유관사업 수행 부서들과 상호공조체제 구축 및 업무 조정, 지역사회의 교육·문화·복지기관의 현황 및 특성 파악, 지역사회 자원 발굴, 학교와 지역사회 간 연계망 구축 등이다. 지역교육청의 사업지원 조직은 다음과 같다.

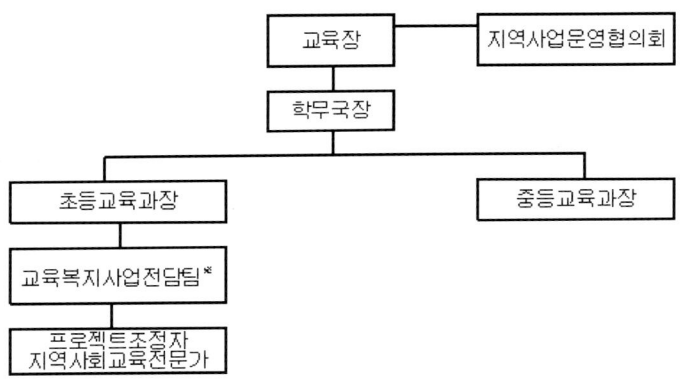

※ 교육복지사업전담팀은 교육청의 사정에 따라 초등교육 혹은 중등교육 과장 아래에 둘 수 있음.

〈그림 10-2〉 지역교육청의 교육투자우선지역지원사업 추진 조직

그 외 사업을 추진하기 위하여 프로젝트조정자(P.C.)와 지역사회전문가(지전가)를 선발 배치하고 각자에 맞는 역할을 부여 하였다. 먼저 P.C.는 다음과 같은 역할을 수행한다. 즉 학교와 지역사회의 요구를 파악하고 이를 반영하는 지역별 교육투자우선지역지원사업 추진계획 수립 및 실행, 지역 내 학교 간, 지역사회기관 간 그리고

학교와 지역사회기관과의 연계, 교육투자우선지역지원사업운영협의회
실무 지원, 지역교육청 교육복지전담팀 내 실무 담당, 해당 지역 및
학교에 대한 우수사례 제공 및 홍보, 단위학교 프로그램의 효과적인
운영을 위해 지역사회 연계, 단위학교의 교장, 담당교사, 지전가와의
상설 대화 창구 역할 수행 등이다.

지전가의 역할은 크게 세 가지인데, 하나는 학교와 지역사회 요구
를 파악하고 이를 반영하는 학교별 교육투자우선지역지원사업 추진계
획 수립에의 참여이고, 다른 하나는 지역 내 학교 간, 지역사회기관
간 그리고 학교와 지역사회기관과의 연계이며, 마지막은 단위학교 교
육투자우선지역지원사업 실무 운영지원이다. 기관별 교복투사업을 위
한 행정지원체제 및 역할을 살펴보면 다음의 <표 10－4>와 같다.

〈표 10－4〉 교복투사업을 위한 교육행정지원체제(김정원, 2009)

구분	시도교육청 교육복지전담부서 (실무인력배치)	지역교육청 교육복지 전담부서 (실무인력배치)	학교 교육복지전담부서 (실무인력배치)
역할	• 광역단위 교육복지 비전 수립 • 광역 지역 내 교육취약집단 정보 수집, 분석 • 관할 지역 내 지원 발굴 및 관련 정보 축적 공유 • 교육취약집단 정보 분석에 기초한 관련 사업 조정 • 관련 인력 연수 • 광역단위 교육복지협의체 운영 • 광역교육청, 지자체, 민간기관과의 네트워크 구축 • 지원정책 발굴	• 지역 차원 교육복지 비전수립 • 교육취약집단 정보 수집 분석 • 교육취약집단 정보분석에 기초한 관련 사업조정 연계 • 지역 지원 발굴 및 관련 정보 축적 • 지역 내 교육취약집단 요구조사 및 지역 공동 교육프로그램 개발 • 지역교육청 단위 관련 부서 연계 • 지역 차원 교육복지협의체 운영 • 지자체, 민간과의 네트워크 구축 • 지원 정책 발굴	• 학교 내 교육복지 비전 수립 • 교육취약집단 발굴 및 관리 • 교육취약집단 요구조사 및 교육프로그램 개발 • 관련 사업 및 프로그램 연계 • 프로그램 운영 및 평가 • 지역지원 발굴 및 연계 • 학교와 지역기관 협의체 운영 • 학교와 지역사회 네트워크 구축

2. 지역사업운영협의회의 역할

교복투사업매뉴얼(2006)에 따르면, 지역사업운영협의회는 교육장, (부)구청장, 교육·문화·복지 관련 단체·기관대표, 학부모대표 등으로 구성하고, 사업계획 심의 및 기관 간 연계 방안 수립 등의 역할을 하도록 되어 있다. 현재는 대부분, 사업계획 및 예산 심의 등의 역할과 지역사회 내에 교복투사업에 대한 우호적 여론 조성, 지자체나 기초지자체와의 연계 협력을 위한 포럼(세미나) 개최, 인적 네트워크를 활용한 대응 투자 유치, 관련 단체 및 기관 간 연계 협력을 위한 노력 등을 수행하고 있다.

먼저, 지역사업운영협의회 구성 방향과 관련하여 첫째, 교육 - 문화 - 복지 간 실질적인 연계망이 구축될 수 있도록 지역의 단체장 및 관계자 등 다양한 인사의 참여를 유도하고, 둘째, 사업 계획의 우선순위 설정, 평가 등 전체 지역사업에서 중심 역할을 할 수 있도록 기능을 수행한다.

다음으로, 운영협의회의 인적 구성과 관련하여, 첫째, 사업 지원 및 시행기관, 일반 학부모, 시민 등으로 균형 있게 구성하되, 지역대표성과 심의의 효율성을 높이기 위하여 구청장, 시·군의원, 교육단체, 청소년문화 관련 단체, 복지단체, 학부모, 시민대표 등으로 구성한다. 둘째, 지역사업운영협의회에는 필요에 따라 실무지원위원회 및 심의소위원회와 같은 소위원회를 설치·운영할 수 있다.

또한, 운영협의회는 크게 두 가지 기능을 수행하는데, 하나는 지역차원의 교육투자사업 내용(계획 및 계획 집행에 대한 평가 및 지원에 관한 사항) 및 예산 심의 조정의 기능과, 다른 하나는 사업을 추진하기 위한 민간전문가의 선발 등에 관한 사항의 심의 기능이다.

끝으로, 지역사업운영협의회가 현실적으로 자주 모이기 어렵기 때문에 프로젝트조정자가 실무를 총괄하도록 권한이 부여된 실무지원위원회46)에서 지역의 사업 방향이나 내용 등에 대한 실질적인 협의와 결정을 하도록 권장하고 있다.

3. 지역교육청의 역할

사업을 원활하게 추진하기 위하여 지역교육청이 해야 할 역할은 크게, 사업 계획의 심의와 예산 배분, 공동사업의 계획과 추진, 사업 운영 지원과 평가 및 환류(피드백), 학부모와 지역 주민의 참여 활성화, 지자체 및 지역사회기관과의 연계 구축 그리고 사업 평가이다. 이를 구체적으로 살펴보면 다음과 같다.

가. 사업 계획의 심의와 예산 배분

지역교육청은 단위학교에서 자체 심의를 거쳐 제출한 사업계획을 지역사업운영협의회를 개최하여 심의해야 한다. 협의회는 이를 위해 학교·기관별 사업설명회 개최 및 사업목적과 의지를 확인하기 위한 의견청취, 학교의 실정 파악을 위한 활동을 적극적으로 수행해야 한다.

또한 운영협의회에 교육·문화·복지 관련 전문가를 위원으로 참여시켜 수립한 사업의 방향 및 기준 부합 여부, 합목적성, 추진전략

---

46) 실무지원위원회 구성은 교육청, 구청 및 학교 담당자(교사, 지전가 등), 유아교육·보육협의회, 문화·복지 관련 단체 실무자 등을 포함하여 10명 이내로 구성한다.

의 효과성, 사업에 대한 학교구성원의 추진 의지와 열의, 지역사회의 참여, 학교의 여건, 교육효과 등에 비추어 심층적 검토를 통해 단위학교의 사정에 맞는 예산배정이 이루어질 수 있도록 한다. 이를 위해 실무지원위원회나 심의소위원회를 구성 운영할 수 있다.

끝으로, 처음에 계획한 예산을 변경하고자 할 경우에는 단위학교에서 교육복지위원회의 심의와 학교운영위원회의 결의를 거쳐 지역교육청에 변경 신청을 하면, 지역교육청에서는 실무지원위원회나 심의소위원회의 논의를 거쳐 지역사업운영협의회에서 최종 변경 여부를 결정한다.

나. 공동사업의 계획과 추진

교육투자사업 초기부터 단위학교에서 학교 간 연계, 지역사회기관 간 연계가 어렵기 때문에 지역교육청에서 이러한 어려움을 해소하기 위하여 여러 학교가 공동으로 참여할 수 있는 프로그램을 개발하여 추진하도록 하고 있는데, 단위학교에서 추진하기에 인적, 물적 자원이 부족한 경우나 대상자가 적어서 대상자 1인 대비 운영비가 과다한 경우 지역교육청에서 프로그램을 공동으로 개발하여 운영하도록 한다. 이때 공동사업을 위해 필요한 경비는 교육청 단위에서 예산의 일정 부분을 편성·운영할 수 있으며, 사업 규모가 클 경우는 교육청과 단위학교가 공동으로 예산을 편성하여 운영할 수 있다.

다. 사업 운영 지원과 평가 및 환류(피드백)

사업전담팀은 학교 및 지역사회기관을 방문하여 사업을 모니터링

하고 지원방안을 마련하여야 하며, 지역의 가용 시설, 기관 및 전문 인적 자원의 실태를 파악하여 학교와 연계할 수 있도록 지원하고, 단위학교가 외부강사로 활용할 수 있도록 인력 풀을 구축하여야 한다. 그 외 지역교육청은 사업운영 평가 및 피드백을 위하여 필요한 사항(대상 아동별 프로그램별 기록 관리, 외부강사 활용 및 외부기관 활용 시 유의사항 제시 등)을 지원해야 한다.

라. 학부모와 지역 주민의 참여 활성화

지역교육공동체의 구축을 위하여 필요한 학부모와 지역 주민의 참여를 활성화시키기 위하여 지역교육청은 인쇄매체, 인터넷, 사업설명회, 매스컴을 통한 홍보를 강화하여야 한다. 학부모와 지역 주민이 사업과 관련하여 단위학교나 기관에서 시행하고 있는 상담, 학습부진아 지도, 특기적성교육, 방과 후 공부방, 도서관 활성화 프로그램 등에 지도교사, 보조 인력으로 참여하는 자원봉사자로 활용한다.

마. 지자체 및 지역사회기관과의 연계 구축

지역교육청은 지역사회와의 연계를 활성화하기 위하여 정책적인 지원을 해야 한다. 이를 위해 기초자치단체와 공동으로 협의회를 통해 지역교육문제, 사업에 대한 투자, 지역사회 발전 방향을 논의하고, 지자체의 복지, 문화, 청소년 담당 부서와 연계 체제의 구축을 통하여 자치단체의 공부방 지원사업, 청소년 상담실 운영사업, 청소년문화 활동, 지역아동센터사업, 소외계층 평생교육사업 등과 연계하여 추진될 수 있도록 한다. 또한 지역교육청은 지방자치단체와 연계하여 학교에서 공동 운영할 수 있는 프로그램을 확인하고 프로그램의 질을 향상시키기 위한 방안을 마련하여야 한다.

바. 사업 평가

끝으로, 지역교육청은 중앙연구지원센터에서 마련한 평가 매뉴얼에 따라 전체 사업에 대한 평가를 지원하여야 한다.

이상에서 효과적인 교육투자우선지역지원사업을 위하여 지원체제를 구축하여 필요한 인력을 배치하고, 지역교육청이 담당해야 할 역할을 구체적으로 제시하였다. 그런데 문제는 현실적으로 이러한 이상 모델이 현실에 적용되는 과정에서 여러 가지 장애로 인하여 그대로 시행되기 어렵다는 데 있다. 그러한 장애요소는 무엇이며 이를 극복하기 위하여 어떤 노력들을 해야 하는가를 알아보면 다음과 같다.

4. 지역교육청의 교복투사업 추진의 장애요소 및 극복방안

첫째, 사업추진체제가 실제로는 매뉴얼대로 잘 운영되고 있지 않다는 점이다. 대체로 지역사회운영협의회의는 분기별 1회 정도 열리는데, 문제는 여러 문제 사안들이 분기별로 정해서 발생하는 것이 아니기 때문에 일을 처리하기 전에 자문을 구해서 하기보다는 모든 문제를 해결해 놓고 결과보고만 하는 식이 된다는 점이다.

특히 각 학교에 교부하는 예산에 대한 심의 및 예산 변경의 경우 필요한 때에 즉각적으로 심의가 이루어지지 않아 사업에 차질을 빚는 경우가 많다. 협의회를 바로 소집하려 해도 지역운영협의회의 구성원이 구청장을 비롯하여 시·구의원, 지역사회기관장 등이기 때문에 일정을 잡기가 용이하지 않기 때문이다.

이러한 현실적인 장애를 극복하기 위해서는 매뉴얼에서 권장하는 것처럼 지역운영협의회 내 소위원회를 구성하여 운영하거나 실무지원위원회에 사업의 많은 부분을 협의 및 심의하도록 권한을 위임할 필요가 있다. 그리고 파트별 실무협의회를 활성화할 필요가 있다. 즉 학교장 간 협의회, 부장교사 간 협의회, 행정실장 간 협의회, P.C. 및 지전가 간 협의회의 활성화가 그것이다.

지역교육청은 이들 파트별 실무협의회가 활성화될 수 있도록 적극적으로 지원을 해야 한다. 담당자들이 파트별로 애로사항에 대한 토론기회를 마련하고 전문화된 교육의 장을 마련해 주어야 한다. 학교장, 교사, P.C., 지전가 등 역할별 협의체를 분기별 또는 현안별로 체계화하여 상시적인 논의와 공동사업의 창안이 가능하도록 지원에 중점을 두어야 한다. 대표적으로 지전가 간 협의회의 운영 사례가 광주광역시 서부교육청의 지전가 모임인 미래희망프로젝트47)이다.

둘째, 사업 전담팀의 인력 배치에 관한 어려움이다. 가장 이상적으로는 사업전담팀을 초등 혹은 중등과장과 장학사, 일반 행정직 그리

---

47) 미래희망프로젝트는 광주 서부교육청 산하의 지역사회 내 교육복지 실현을 위한 지전가 중심의 자생적인 연구모임이다. 지전가와 교복투사업을 실행하는 연계기관. 교육복지에 관심이 있는 사람들이 모여 지역사회 네트워크를 구성하고, 주제모임을 통한 연구, 영역별 전문가와 만남을 통한 정보공유 등 지역사회 내에서 모임을 통해 소통의 즌을 마련하고 지역의 교육복지를 좀 더 내실화 있게 실현하는 데 목적이 있다. 정규 일과 시간 이외에 2주마다 모임을 정규적으로 진행하면서 월 1회는 자체 스터디를 하고, 월 1회는 복지전문가를 초청하여 워크숍 형태로 모임을 지속하였다.

고 P.C.로 구성하는 것이 좋으나 현실적으로는 교육청의 인력 부족으로 일반행정직이 배치되지 않는 경우가 더 많다. 지역교육청은 사업학교에 실질적 효과를 발휘할 수 있는 업무를 집중적으로 수행하여야 한다. 미시적으로 필요한 학부모와의 관계, 지역사회기관이나 자원과의 관계 및 기초자치단체와의 관계는 사업효과를 극대화할 수 있는 지름길이다. 그런데 행정직이 배치되지 않으면(물론 장학직만으로도 사업의 교육적 흐름에 큰 공헌을 하고 있으나) 예산 등을 포함한 행정 부분에서 사업이 원활하게 추진되는 데 어려움이 발생한다. 행정업무를 전담하는 행정직 배치로 전문성을 확보할 수 있을 것이고, 현실적으로 장학사들의 업무가 과중하여 교육투자우선지역지원사업에 집중할 수 없기 때문에 P.C.에게 거의 전적으로 교육투자 사업 업무를 부담시키고 있는 실정인데 이를 극복할 수도 있을 것이다. 따라서 사업전담팀은 과장 이하 장학사 1명, 행정직 1명, P.C.로 구성·운영하는 것이 이상적이다.

보다 근본적으로는 교육복지와 관련된 업무가 중복되어 시행되고 있는 현실을 극복하기 위하여 교육복지업무를 일원화하여 운영할 수 있도록 가칭 '지역교육안전망 지원센터'나 '교육복지지원센터'를 설치하는 방안도 강구해 볼 필요가 있다. 앞에서 지적한 것처럼 지금까지 우리나라에서 수행하고 있는 복지 관련 사업은 8개 부처에서 시행하고 있는 23개 사업인데, 이를 정책유형별로 보면, 교육 불평등 해소, 방과 후 활동, 평생교육, 학교 부적응 치유, 정보화 교육 등 5개 영역으로 분류된다. 첫째, 교육 불평등 해소 영역에는 교육투자우선지역지원사업, 농산어촌지역 교육여건개선, 다문화 가정자녀교육지원, 장애아교육지원, 무지개청소년센터, 희망스타트사업 등이 있고,

둘째, 방과 후 활동 영역에는 방과 후 학교 사업, 청소년 방과 후 아카데미, 문화예술교육지원사업, 청소년공부방사업, 방과 후 보육사업, 지역아동센터사업 등이 있다. 셋째, 평생교육 영역에는 평생학습도시 조성사업, 성인 문해교육지원사업, 청소년직업체험 프로그램 등 고용지원센터사업이 있으며, 넷째, 학교 부적응 치유 사업으로는 대안교육활성화, 지역사회 청소년통합지원체계(CYS) 구축사업, 가출청소년 쉼터, 청소년동반자프로그램, 아동학대 예방사업이 있다. 다섯째, 정보화 교육 영역으로는 저소득자녀 정보화 지원사업, 정보화 마을 조성사업, 정보화 교육 등 정보격차 해소사업 등이 있다.

이러한 사업이 사업 주체별로 각각 별도로 시행되고 있기 때문에 지역에서는 사업을 추진하는 데 중복되거나 혼란이 가중되는 경우가 많다(특히 방과 후 학교 사업과 교육투자사업 간 중복). 따라서 이러한 폐단을 줄이기 위해서는 이러한 사업 추진체를 일원화하여 전담 부서를 만들어 통합적으로 운영할 필요가 있으며, 교육투자사업 역시 그러한 지원체제 속에서 재규정되어야 할 것으로 보인다.

또한 다른 부처에서 시행하는 사업별 중복도 문제려니와 지역교육청 내에서 시행하는 유사사업 간 중복 역시 사업 참가자들을 힘들게 한다. 이를테면 학기 초, 교육청에서 지원하는 급식 및 저소득층 PC 보급, 인터넷 사용료 지원, 방과 후 바우처, 지자체 우유지원 등 교육복지 관련 취약계층을 위한 다양한 지원 과정에서 가정환경조사나 학부모의 서명 등을 그때그때 요구하기 때문에 비슷한 작업을 이중 삼중으로 하게 된다. 이러한 것들을 일원화하여 여러 번 같은 일을 반복하는 일이 없도록 지역교육청 내 유관사업 담당자와의 유기적인 협의체를 구성할 필요가 있다.

셋째, 사업 참여자(특히 담당 장학사)들의 잦은 인사로 인한 사업의 계속성이 부족하다는 점이다. 학교도 마찬가지지만 사업전담팀원의 잦은 이동은 사업추진에 많은 어려움을 야기한다. 전임자가 모두 동의하여 사업을 추진하기로 했으나 담당자가 바뀌면 처음부터 모든 사업을 다시 이해시켜야 하고 사업 추진을 위해서는 몇 배 더 많은 에너지가 소모된다. 특히 사업 담당 장학사가 교체되면 사업을 다시 시작하여야 한다. 현실적으로 사업 전담 장학사는 신규 임용자가 담당하는 경우가 더 많다. 사업이 확대되면서 예산규모가 확대되다 보니 시도교육청의 감사와 시의회, 교육위원회 등의 주목의 대상이 되었고 업무량이 많아 교육청에 새로운 장학사가 오면 항상 신규 장학사에게 교육투자사업을 떠넘기는 식이 되고 있다. 심한 경우 6개월에 한 번 적게는 1년에 한 번씩 교체되기도 한다. 문제는 담당자 한 명이 바뀌는 것으로 끝나는 것이 아니고 지역 전체의 사업을 발전시킬 수도 후퇴시킬 수도 있다는 점이다. 따라서 이를 해소하기 위하여 담당장학사는 몇 년을 임기로 정해 두고 발령을 내는 전임제로 추진하면 어떨까 한다. 일정 기간 동안 한 장학사가 전담한다면 사업이 훨씬 효율적으로 진행될 수 있을 것이기 때문이다.

넷째, 사업 참여자들의 사업에 대한 이해 부족이다. 여기에는 지역교육청의 교육장, 지역사업운영협의회 위원, 신규 임용된 사업전담팀원이 포함된다. 먼저 단위학교에서 학교장의 마인드가 사업의 성패를 좌우하듯, 지역교육청에서는 교육장의 사업에 대한 이해력과 추진의지가 지역교육청 전체의 교육투자사업에 영향을 미친다. 교육장은 지역교육투자사업의 추진에 있어서 핵심적인 존재이다. 교육장의 의지에 따라 사업의 판도도 달라진다. 따라서 교육장은 사업의 적극적인 지지자가 되어야 한다. 교육장이 사업에 대한 부정적인 사고를 가지고 있다면 담당자의 의지와는 상관없이 모든 사업은 자연스럽게 후퇴된다.

교육장은 사업에 대한 적극적인 지지자를 넘어서 사업에 대한 총괄자로서 지역사업운영협의회 위원장으로서 사업계획을 심의하고, 사업 추진 방향을 의결하며, 예산 집행을 결정하는 등의 일상적인 업무를 넘어서 사업을 홍보하고 지역사회와의 연계를 구축하는 핵심 역할을 해야 한다. 즉 교육장이 지역 기관장 회의나 대표성을 띠는 자리에 서게 될 때 교육투자우선지역지원사업의 중요성과 지역의 참여를 유도하는 주장을 지속적으로 해 준다면, 그 파장은 대단할 것이다. 시청이나 구청 그리고 학부모들까지 관심을 갖게 될 것이며 자연스럽게 교육복지공동체는 구축되리라 본다.

그런 점에서 교육장을 위한 교육투자사업에 대한 사업 보고회를 개최하거나 해당 자료를 제공하여 보다 손쉽게 정보를 얻을 수 있도록 해야 한다. 중앙연구지원센터 차원에서 연수 교재를 편찬하거나 기 출판된 사업 매뉴얼을 숙지하도록 하는 방법을 강구해 볼 필요가 있다. 보다 적극적으로는 단위학교의 학교장 연수처럼 한 지역의 수장인 교육장이 이 사업에 대해 정확한 이해와 지원을 할 수 있도록 교과부 차원에서의 연수가 필요하리라 본다.

다음으로, 지역사업운영협의회 위원의 사업에 대한 이해 부족이다. 지역사업운영협의회는 지역구청장을 비롯하여 시의회, 교육위원 및 각 영역별 대표(장)들이 참여하는데, 현실적으로 이들 역시 교육투자사업에 대한 정보가 거의 없기 때문에 교육투자사업에 대한 전반적인 이해가 부족한 상태에서 회의에 참석하게 되고 회의 안건에 대해 구체적인 질문이나 의견보다는 원론적인 이야기, 각자에게 해당되는 주제에 대한 의견이 많아 지역 전체의 발전을 모색한다거나 지역사업운영협의회 중심으로 교육투자사업의 발전을 위하여 의견을 제시하는 경우는 많지 않다.

물론 지역사회운영협의회 위원들이 교육투자사업에 적극 개입해 주면 지역사회에서 교육투자사업이 보다 쉽게 확대되고 발전될 수 있다. 즉 사업을 이해하고 이들이 사업에 적극 협조해 준다면 지역 차원의 교육투자사업 내용 및 예산 심의 조정의 역할과 민간전문가의 선발 역할 이외에도 지역 연계 및 사업에 대한 홍보 역량이 강화되어 지역사회의 교육공동체 형성에 적지 않게 기여하리라 본다.

따라서 이들을 위한 사업보고회를 개최하거나, 단위 사업 시행 학교의 방문, 운영협의회를 사업 시행 학교에서 개최하기, 교육복지 소식지에 투고 요청, 선진지 견학 동행 등, 이들을 사업에 적극적으로 개입시킬 수 있는 방안을 강구하여야 한다. 단위사업학교에서 학교장 교감을 비롯한 부장, 담당교사 등의 사업관계자 변동에 따른 사업 이해와 연수가 지속적으로 필요한 것과 마찬가지로 교육청의 사업 담당자들 역시 사업에 대한 올바른 이해를 위한 연수는 필수적이다.

P.C.들이 계획된 사업을 추진함에 있어서 가장 어려운 부분은 일반 행정직과의 조율부분이다. 특히 교육청 내에서 예산을 집행하는 부서의 일반직과 P.C.와의 역학관계는 단위학교에서 지전가와 교사 및 행정직과의 관계와 유사하다. P.C.들이 임시직으로 취급받는 경우가 많다고 한다. 일반 행정직도 사업전담팀의 일원으로 협력자의 역할을 충실히 할 수 있도록 무언가 노력이 있어야 할 것이다.

다섯째, 프로젝트조정자(P.C.)의 위상 및 역할에 대한 재고이다.

앞에서 제시한 것처럼 사업의 실질적인 추진은 P.C.가 좌우하는 경우가 많다. 이들은 학교와 지역사회의 요구를 파악하고 이를 반영하는 지역별 교육투자우선지역지원사업 추진계획 수립 및 실행, 지역 내 학교 간, 지역사회기관 간 그리고 학교와 지역사회기관과의 연계, 교육투자우선지역지원사업 운영협의회의 실무 지원, 지역교육청 교육복지전담팀 내 실무 담당 그리고 해당 지역 및 학교에 대한 우수사례 제공 및 홍보와 단위학교 프로그램 효과적 운영을 위해 지역사회 연계, 단위학교의 교장, 담당교사, 지전가와의 상설 대화 창구 역할을 해야 한다.

이들은 학교와 시교육청 사이에서 중간조정자의 역할을 하여야 하는데 결코 쉽지 않은 위치이다. 단위학교와 시도교육청에서 취하는 이중적 잣대가 P.C.의 정체성을 어지럽게 한다. 즉 단위학교나 시도교육청에서 어떤 문제를 해결해 주기를 원할 때는 중간조정자의 강한 모습을 보이기를 원하고, 또 다른 사항에서 강한 행동을 취하면 1년 계약직 정도로밖에 취급을 하지 않으려 한다. 그래서 비정규직으로서의 소속감 부재 및 애매한 지위와 신분의 불안정 등이 이들을 힘들게 한다. 그러나 학교에서 하고 있는 사업을 홍보하고 그것을 하나로 묶고 지역교육투자사업에 끌어들이는 실무자는 P.C.이다.

이를 위해서 P.C.는 많은 것들을 경험해야 한다. 타 지역과의 교류가 있어야 하고 많은 사람들과 접촉을 해야 하며 다양한 우수사례를 발굴하여 홍보해야 한다. 그러나 현실적으로 P.C.들은 해야 할 행정적인 업무가 너무 많다. 국회요구자료, 행정감사, 국정감사, 교육위원회, 시의회의 요구 등. 다양한 요구자료 답변뿐만 아니라 예산처리를 위한 행정절차, 각종 연수, 공동사업, 협의회 등 행정적인 업무가 너무 많다. 일반 행정직을 사업전담팀에 배치하여 행정업무를 경감시켜 주어야 하고 P.C.가 단순히 업무 보조자가 아니라 교육투자 사업을 위해 배치된 전문인력이라는 위상을 확고히 해 주어야 한다.

이를 위해서 우선 고려되어야 할 것은 전문인력을 정규직화하여 이들의 불안한 신분을 보장해 주어야 한다. 이를 통해서 연관 참여자와 안정적인 관계설정 및 업무 추진이 지속적으로 가능하게 해야 한다. 더 나아가 교육복지관련법을 제정하여 이 사업이 국가의 책임이라는 것을 명시하고 조직, 재원, 인력 등 관련 내용을 구체화하여 사업의 지속성과 안정성을 보장해 주어야 할 것이다.

여섯째, 단위학교 사업의 과중한 부담을 경감하기 위하여 지역교육청의 공동사업을 확대할 필요가 있다. 학교마다 사정은 다르겠지만 교육과정과 별도로 많은 프로그램이 학습, 심리정서, 문화체험, 복지 영역에 걸쳐 운영되고 있다. 그런데 일부 지역교육청에서는 단위학교에서 추진하기에 인적, 물적 자원이 부족한 경우나 대상자가 적어서 대상자 1인 대비 운영비가 과다한 경우 지역교육청에서 프로그램을 개발하여 운영하도록 하고 있는 것과는 별도로 일부 지역교육청에서는 단위학교에서 추진 가능한 사업(예: 문화체험활동/캠프)을 중복 추진하는 경우도 적지 않다고 한다.

현행 단위학교에 지원되는 교육투자 사업비는 대략 1억 원 정도 되는데, 바쁜 학교 일정과 제한된 인적 물적 자원을 감안하면 때로는 단위학교에서 수행하기에 과도한 부담이 되는 경우도 적지 않다. 그럴 경우 지역교육청에서 프로그램을 공동으로 개설하여 운영하는 것이 대안이 될 터인데, 지역교육청 역시 인적, 물적 자원의 제한으로 인하여 그렇지 못한 경우가 많다. 아무튼 단위학교와 시도교육청에서 시행하고 있는 사업과 중복을 피하고 그러면서도 단위학교의 과도한 사업을 지원(이를테면 홍보, 학부모 및 신규 참가자 연수, 지역사회의 인적 물적 자원 파악 정보 제공, 연계 협력 방안 모색 등)하는 방향으로 역할별, 사업별 요구를 파악하여 사업을 계획하고 운영하여야 할 것이다.

일곱째, 지역교육청 역할과 관련하여 단위학교별 예산 배분의 합리성을 재고할 필요가 있다. 물론 해당 지역교육마다 예산 배분에 대한 합리적인 기준이 설정되어 있다. 그러나 여기서 한 가지 더 고려할 것은 일률적으로 정한 기준이 아니라 단위학교의 사업평가 결과와 사업계획의 전문성 및 적극성을 참조하여 기관별 예산을 조정할 필요가 있다는 점이다. 다음 연도 사업예산을 수립하는 시기(보통 8-9월)와 평가 및 사업계획 수립 시기(11월, 1-2월)가 서로 상이하므로 사업예산 확정 시에는 총액수준으로 정하고 평가결과 등을 반영하여 구체적인 사업계획서를 수합해 타당성을 판단(지역운영협의회 및 사업전담팀의 고유기능 발휘)하여 기관별로 예산규모를 결정하자는 것이다.

끝으로, 지자체와 연계 협력방안을 보다 적극적으로 모색할 필요가 있다. 앞에서 언급한 것처럼 지역교육청은 지역사회와의 연계를 활성화하기 위하여 정책적인 지원을 해야 한다. 이를 위해 기초자치단체와 공동으로 협의회를 통해 지역교육문제, 사업에 대한 투자, 지역사회 발전 방향에 대한 논의, 지자체의 복지, 문화, 청소년 담당 부서와 연계 체제의 구축을 통하여 자치단체의 공부방 지원사업, 청소년 상담실 운영사업, 청소년문화 활동, 지역아동센터사업, 소외계층 평생교육사업 등과 연계하여 추진될 수 있도록 해야 한다. 이를 위해서는 자치단체와 지역사회기관을 사업의 동반자로 만드는 일이 중요하다. 앞에서 언급한 것처럼 교육복지사업을 일원화하여 전담하는 기구의 신설이 고려되어야 할 것이다. 지역사회 연계 방안이 별도로 논의되기 때문에 여기서는 생략한다.

지금까지 특정 내용을 중심으로 논리적이고 이론적인 관점에서 논의를 전개하기보다는 실천적인 관점에서 교육투자사업을 보다 활성화하기 위해서 필요한 것들이 무엇인가를 병렬적으로 열거해 보았다. 이를테면 학교장 연수의 내용에 초점을 둔 것이 아니라 사업의 활성화를 위해 학교장 연수가 필수적이라는 점을 지적하였다. 그러나 무엇보다도 중요한 것은 사업에 대한 기본적인 이해가 필요하고 사업에 대한 참여자의 의지와 열성이 중요하다는 점이다. 제도와 시스템을 아무리 잘 구축하여도, 운영 규칙과 전략을 잘 수립해도 그 속에서 이를 실천하는 사람들의 사업에 대한 이해와 열성이 부족하다면 사업의 성공은 장담할 수 없다. 그런 점에서 담당자들의 자기성찰을 위한 지속적인 연수가 필요하고 이를 위하여 사업 담당자별 연수자료의 개발 보급은 당장 해결하여야 할 과제가 아닌가 한다.

제11장
유관 기관 간 연계를 통한
교육복지공동체의 형성48)

　　교육복지투자우선지역지원사업(이하 교복투사업)은 유관 기관 간 연계의 양과 질에 따라 성과가 달라진다는 주장은 실증적 자료를 통해서도 확인된 바이지만 사업에 참여하는 사람들의 주관적 경험을 통해서도 쉽게 공감하는 사실이다. 유관 기관 간 연계의 중요성은 교복투사업의 개념, 정책 목표, 추진 전략에도 잘 나타나 있다. 먼저, 교과부가 발간한 매뉴얼(2006)에 따르면, 교복투사업은 교육취약 아동·청소년의 교육 기회, 과정, 결과에서 나타나는 주요 취약성을 최대한 보완하기 위한 다차원적 사업(교육, 문화, 복지의 통합지원체제 구축사업)이자, 학교가 중심이 되는 지역교육공동체 구축을 통한 학습, 문화·체험, 심리·정서, 보건 등 삶 전반에 대하여 지원함으로써 교육 취약 아동·청소년의 교육적 취약성을 해소해 나가고자 하는 사업이다. 여기서 교복투사업은 학교가 중심이 되는 지역교육공동체 사업이라고 그 성격49)을 규정하고 있다.

---

48) 대구광역시 서부교육청 특강자료(2009. 12. 3)를 재편집한 것이다.

다음으로, 교복투사업은 지역교육공동체 구현을 통한 취약계층의 삶의 질을 제고하기 위하여 그 정책 목표를 ① 저소득층 영·유아 및 아동·청소년의 학습결손 예방과 치유를 통한 증진, ② 저소득층 영·유아 및 아동·청소년의 건강한 신체 및 정서 발달과 다양한 문화적 욕구 충족, ③ 교육·문화·복지 수준 제고를 위한 가정－학교－지역사회 차원의 지원망을 들고 있다. 여기서 지역 내 유사기관 간 연계의 정당성은 세 번째에 해당된다. 한 개인이 가지고 있는 욕구와 문제가 단순하지 않고 복합적이다 보니 학교만으로는 온전히 대응할 수 없다. 따라서 학교가 지역사회 내 다양한 주체들과 네트워크를 통해 다차원적 지원 시스템을 구축할 때 취약계층 학생들은 다양한 사회적 관계망 속에서 건강한 시민으로 성장할 수 있을 것이다.

셋째, 유관 기관 간 연계의 중요성은 이를 추진하기 위한 가장 핵심적인 전략인 학교를 중심으로 한 지역교육공동체 구축의 필요성에도 잘 나타나 있다. 학교가 지역사회와 연계해야 할 필요성과 방법 등은 이미 많은 주장들[50]이 제기되었으므로 생략하고, 여기서는 교복투사업매뉴얼에서 밝힌 학교와 지역사회 연계의 필요성과 연계과정에 대한 것만 살펴보도록 한다.

교복투사업매뉴얼(2006)에는 지역사회와 연계 협력의 필요성을 지식정보화 사회에서의 학교 역할 변화와 언제 어디서든 다양한 방법으로 배움이 계속되어야 한다는 평생교육 차원에서 논의하고 있다.

---

49) 교복투사업의 성격에 대해서는 다양한 견해가 있다. "교육 불평등을 해소하고 평등을 실현하려는 사업이다. 가정－학교－지역사회가 함께 하는 지역공동체사업이다. 무조건적 시혜 사업이 아니라 주체형성(empowerment) 사업이다. 취약계층의 '교육적 성취사업'이다." 등이 대표적인 것이다.

50) 이정선(2001), 가정－학교－지역사회의 사회문화적 관계: 콜맨의 사회자본을 중심으로, 교육인류학연구 4권 2호를 참조하면 좋을 것이다.

즉, "학교교육이 보편화되고 지식과 정보의 전달 수단이 획기적으로 발달함에 따라 학교 밖에서도 다양한 지식을 획득할 수 있게 되어, 학교의 전체적인 역할 변화가 요구되고 있다. 교육에 대한 인식 변화로 학교의 담장 안에서만 배움이 일어나는 것이 아니라 실생활 속에서의 문제해결 능력 함양의 교육적 가치가 부각되고 있어, 관찰, 관람, 실행 등의 다양한 체험 학습이 요구된다."(p.9).

계속해서 매뉴얼에서는 상호이해, 의사소통과 협의, 연계를 지원하는 인력 배치(P.C., 지전가), 연계체제 구축 차원에서 학교와 지역사회 간 연계 과정을 제시하고 있다. "학교와 교복투사업을 추진하는 학교에서는 지역사회의 자원을 서비스 제공을 위해 활용하는 단순한 도구가 아니라, 교육공동체 실현을 위한 공동 파트너로 이해해야 한다. 즉 지역사회의 자원을 단순히 활용할 가치가 있는 대상으로만이 아니라 상호 간 연계와 협력을 통해 함께 고민하고 도움을 주고받을 수 있는 협력자로 이해해야 한다. 지역교육공동체 구축을 위해서는 학교와 지역사회의 적극적인 의사소통과 협의 과정이 필요하다. 그리고 가정 – 학교 – 지역사회가 교육을 위해 함께 상호 협력하는 체제를 구축하여야 한다. 연계협력이 필요하다 하더라도 특히 학교의 교육과정 운영의 질을 제고하기 위하여 지역사회 자원을 연계하여야 하며, 취약계층 학생들의 가정환경의 취약성을 보완할 수 있는 교육, 문화, 복지 서비스가 통합적으로 제공되도록 해야 한다."(pp.9 – 10).

이처럼 교복투사업의 개념, 정책 목표 그리고 추진전략에서 밝히고 있는 것처럼 학교를 중심으로 한 유관 기관 간의 연계를 통한 교육공동체 형성은 교복투사업의 본질에 해당할 뿐만 아니라 사업 3차 연도부터 정부의 단위학교에 대한 지원금의 감액으로 인하여 장기적으로 보면 교복투사업의 성패는 지역 유관 기관 간의 연계, 협력을 통한 교육공동체 구축과 궁극적으로는 자생력 확보를 통한 취약계층 학생의 교육, 문화, 복지의 통합적 서비스가 계속해서 가능한가에 달려 있다고 해도 과언이 아니다.

그런데 문제는 유관 기관 간 연계협력의 당위성을 선언적으로 주장하는 것보다 현실적으로 더 중요한 것은 어떻게 연계 협력을 할 것인가이다. 따라서 이하 교육복지와 지역연계의 개념과 연계영역 및 연계방안, 연계 협력을 통한 교육복지공동체 구축 방안을 살펴보고자 한다. 교복투사업은 '지역교육공동체 구축' 사업이기도 하지만 보다 구체적으로 '교육복지공동체'의 구축사업이기 때문에 교복투사업을 통하여 구축하려는 교육복지공동체의 모습과 구축 방안에 대해서도 살펴볼 것이다.

Ⅰ. 교육복지와 지역 네트워크

1. 사회적 연계[51]

학교와 지역사회 간 연계는 사회학에서는 기본적으로 사회를 구성하고 있는 요소들 간의 연대 혹은 연계에서부터 비롯되었다. 소위 고전적 사회학자인 뒤르켐(Durkheim)은 사회는 서로 다른 기능을

---

51) 연계 혹은 연대(network), 유대(tie), 관계(relationship)는 엄밀하게 말하면 각기 다른 의미를 내포하고 있지만 여기서는 유사한 개념으로 사용한다.

수행하는 개인이나 집단, 다양한 요소들로 구성되어 있으며 각 요소들은 상호 유기적인 연계를 통하여 사회 통합에 기여한다고 주장하였다. 사회는 다양한 연대망으로 구성되며, 이 연대망은 모든 구성원이 각기 역할을 수행하도록 기능하면서 사회가 통합되는 데도 이바지한다. 그런데 사회에 따라 연대 유형도 달라진다. 그는 박사학위논문인 「사회분업론」에서 단순사회와 산업사회는 서로 다른 연대 유형을 갖는다고 주장하였다(Smith, 2008 재인용). 단순사회에서 사람들은 보다 더 유사하고 동일한 과업을 수행한다. 그 결과는 기계적 연대이다. 이는 친족과 같이 태어나면서부터 자동적으로 형성되는 유사성에 입각하여 성립하며 강력한 집합의식[52]이 지배한다. 기계적 연대하에서는 사람들이 모두가 동일한 일을 수행하는 만큼 사고방식도 유사한 경향이 있다. 이러한 사회에서는 일탈이 거의 없고(있더라도 관용이 없다.), 동조가 사회적 규범이 된다. 대조적으로 산업사회에서는 노동분업이 있고 유기적 연대가 있다. 유기적 연대는 분업과 전문화에 의하여 서로 분절된 이해관계와 가치관이 집합의식을 대치한 사회에서 나타난다. 유기적 연대에서는 노동분업이 증가함으로써 나타나는 역할의 다양성 때문에 차이에 대해서 더 관용적이다.

오늘날 우리가 추구하는 연대망은 물론 사적으로 형성된 기계적 연대는 아니다. 그러나 공통의 신념과 가치 및 정서를 공유한 공동체를 구축하기 위해서는 최소한 사회 구성요소들 간 유기적 연대망을 구축하지 않으면 안 된다. 기계적 연대 사회에서처럼 맹목적인 집합의식을 기대할 수는 없지만 집합의식이 강한 사회일수록 공동체

---

52) 뒤르켐이 한 사회가 공유하는 도덕의식이나 정서생활을 언급할 때 사용한 개념으로 내면화된 제재, 인식, 감지된 문화의 의미이다.

의식 즉 공통된 정서와 신념이 더 강하다는 점에 주목하여야 한다.

가정 – 학교 – 지역사회 간 연계를 설명하는 기초준거로서 활용 가능한 주장은 뒤르켐의 연대의 형태 이외에도 콜맨(Coleman)이 주장한 '사회자본'이라는 개념이 유용하다.[53] 로리(Loury, 1977)는 개인이 자신의 이익을 얻기 위하여 가정이나 지역사회에서의 사회적 관계를 통하여 생성되는 자원을 어떻게 활용하는가를 기술하기 위하여 사회자본이라는 개념을 사용하였다(Schneider, 2000: 377 재인용). 따라서 그에게 있어서 사회자본은, 콜맨(Coleman, 1990)이 잘 정리한 것처럼, 아동의 인지적 혹은 사회적 발달에 유용한 가정 내 관계나 지역사회 내 사회조직에 존재하는 일련의 자원들을 의미한다.

콜맨(Coleman, 1988, 1990)에 따르면, 사회자본은 개인이 목표를 성취하기 위하여 타인과의 과업을 보다 쉽게 만드는 사회적 관계(social relationship)를 의미한다. 이러한 개념의 기본 전제는 인간의 행동은 개인의 행동을 촉진시키기도 하고 구속하기도 하는 사회적 관계와 사회적 유대망(network of social ties)에 의해 좌우된다는 점이다. 여기서 사회적 유대망은 인간 행동에 직·간접적으로 영향을 미치는데, 첫째, 정서적 지지, 정보교류, 물적 자원의 교환을 통하여 인간 행동에 직접 영향을 미치기도 하고, 둘째, 사회적 상호작용의 기초를 형성하는 규범, 기대 그리고 사회적 구조를 통하여 인간행동에 간접적으로 영향을 미치기도 한다(Lee & Croninger, 1996: 4).

그는 다른 자본(물적 자본, 인적 자본)처럼 사회자본은 특정 목적을 성취한다는 점에서 생산적이다. 그러나 다른 자본과는 달리 구성

---

53) 이하 논의는 이정선(2001), 가정 – 학교 – 지역사회의 관계: 콜맨의 사회자본을 중심으로, 교육인류학연구 4권 2호, 이정선(2001), 콜맨과 브루되의 사회자본론 비교, 초등교육연구 16권 1호에서 일부를 재인용하였다.

원들 간 관계 구조 속에 존재한다(p.312). 즉 특정 행위를 촉진하는 연결망(relational tie)이다. 사회자본은 두 가지 관계로 개인적 삶의 영역에서 형성되는데, 하나는 개인의 사적 사회적 네트워크를 구성하는 '자발적 관계'에서, 다른 하나는 개인이 참여하는 공적인 사회적 네트워크를 구성하는 '형식적 관계'에서이다. 전자는 가족, 친척, 이웃, 친구와의 관계가 대표적이며, 이들은 일시적 보육, 단기적 금전 차용, 자녀 양육에 대한 조언, 교육적 정보, 정서적 지지나 격려와 같은 네트워크에 의존하는 정도가 일상사나 장기적인 삶의 목표를 성취하는 데 영향을 미친다.

후자, 즉 공적 사회적 네트워크를 형성하는 형식적 관계는 공유된 목표를 추구하기 위하여 구축되며, 공식적인 멤버십, 권리, 의무 등을 인지해야만 작동이 가능하다. 조합, 회사, 전문가 협회, 시민단체, 학교, 청소년 단체, 교회 등 종교단체 등이 그러한 예이다. 이러한 특정 사회적 네트워크의 일원이 된다는 것은 행위를 촉진하는 자원에 접근할 수 있다는 의미이며, 목표에 대한 성공 가능성을 증진시켜 준다는 의미이다. 공적 네트워크는 사적 네트워크를 통하여 얻을 수 있는 것보다 더 많은 사회적 자원을 풍부하게 교환할 수 있게 하며, 일상적인 상호작용을 통하여 얻을 수 있는 것보다 더 많은 사회자본을 얻도록 도와준다. 공적 관계 네트워크는 물론 확대될수록 구속력은 약화되지만, 구성원 간 정보 교류를 확대하고, 보다 확산된 상호의무, 상호지지, 관심 등을 창출한다. 공적 네트워크는 구성원 간 기대와 신뢰, 규범의 창출을 통하여 공동체 발전에 기여한다((Lee & Croninger, 1996: 6 - 8).

콜맨(Coleman, 1990)은 사회자본의 대표적인 형태를 크게는 신뢰

(trust), 네트워크(network), 규범(norm)으로 구분하였다. 보다 구체적으로는 구성원 간 의무와 기대, 사회조직 내에 존재하는 신뢰, 유용한 정보교환, 지역사회 내의 규범과 제재, 권위관계 그리고 의도적 사회조직 등으로 구분하였다(1990, p.312). 그러한 사회자본은 앞 장에서 언급한 것처럼 가정, 학교, 지역사회 내 구성원 간의 관계 속에 존재한다. 가정에서는 부모-자녀 간의 유대감, 부모가 가지고 있는 교육에 대한 정보, 자녀교육에 대한 개입의 방식으로, 학교에서는 교사와 학생 간 관계, 기능적 사회가 가지고 있는 규범이나 기대의 형태로 그리고 지역사회 내에서는 지역사회 거주 학부모들 간의 사회적 상호작용, 유대망, 관계 구조의 긴밀성 그리고 학부모와 지역사회 내에 있는 제도들 간의 다양한 관계로 존재한다.

우리가 이야기하려는 지역교육공동체 구축은 콜맨의 표현을 빌리자면 직접적으로는 지역사회 내 공적 사회적 네트워크를 형성하는 일이며, 종합적으로는 가정과 학교와 지역사회 내에 사회자본을 형성하는 일에 다름 아니다. 가정과 학교 내 사회자본의 형성 방안은 본문과 관련이 없으므로 생략하고, 지역사회 내 사회자본의 구축방법은 후술할 것이다.

2. 교육복지와 지역 네트워크

전술한 것처럼 교복투사업은 개별학생을 직접 지원하는 단순한 방식을 취하지 않고, 학교가 중심이 되는 지역교육공동체를 형성하여 교육취약집단의 삶 전반에 대하여 통합적으로 지원할 수 있는 시스템 구축에 초점을 두고 있다. 공동체가 하나로 제도화된다면 그 자체로 시스템이 될 수 있고 그 속의 사회적 관계망은 구성원 간 만들어 내는 협력망이다. 시스템은 외형적 틀이고 사회적 관계망은 그 속에서 활동하는 사람들 사이에 형성되는 협력망이다. 즉 활동을 공유하는 사람들이 다양한 상호작용을 통하여 만들어 내는 협력망이다. 네트워크는 요소들 간 관계망으로서 시스템끼리 관계를 엮을 수도 있고, 사람들 간 관계를 엮을 수도 있다. 그리고 시스템을 구성하고 있는 요소나 작동하는 데 관여되는 물적 요소들을 상호 엮을 수도 있다. 지금까지 교복투사업을 통하여 학교중심 교육복지 네트워크[54]를 어떤 영역에서 실제로 어떻게 구축했는가를 살펴보면 다음과 같다(이하 한국교육개발원의 2009 연수자료를 활용함).

　가정 – 학교 – 지역사회의 네트워크 협력은 다양한 영역에서 가능하다(한국교육개발원, 2009). 인적 교류에서부터 사업네트워크, 정보교류, 공간의 교류 등이 대표적이다. 실제로 이러한 지역 네트워크 확산 노력은 해가 갈수록 양적으로나 질적으로 확대되었다. 한국교육개발원(2009: 69)에서 집계한 자료에 따르면, 학교별 연계 협력 기관 수는 2007년 12.9개였는데, 2008년에는 25개 기관 이상으로 증가하였으며, 지역별 여건과 특성에 맞는 지역네트워크 사례도 다양하게 생성되었다. 다음은 지역 특성화 네트워크 구축 사례이다.

---

54) 교복투사업에서 네트워크는 하나의 시스템 안에서 구성 요소들 간 연계, 협력, 제휴를 의미한다. 다수의 노드(node: 사람이나, 팀, 조직 등) 사이를 내·외부적 연계(link)를 통하여 시스템적으로 설립하고 운영(관리)함을 의미한다(한국교육개발원, 2009. pp. 188 – 189).

◈ 지역 특성화 네트워크
▷ 서울 북부교육청: 각기 취약계층 아동 · 청소년을 위한 고유 사업과 기금원을 가진 세부 네트워크 발족의 모태 역할 및 조정 역할 담당(노원교육지원센터, 방과 후 교실 협의회 운영, 교육복지 재단, 희망네트워크 사업, 아동청소년 네트워크 등)
▷ 부산시 교육청: 부산해운대 교육청에서 출발하여 전체 부산시로 확대된 취약계층 아동 · 청소년을 위한 기금 마련 지역 네트워크
▷ 대구 서부교육청: 지역사회교육공동체 운동인 '서부 강다리 사업'을 통하여 1학교 1기업 결연 사업(13개 지역 기업과 연계하여 기부, 진로 멘토링, 부모교육, 지원 봉사 등 추진), 소식지 발간, 주민 어울림 한마당 행사 주관, 건전 기부문화 조성 등 추진
▷ 서울 동부교육청: 지역사회운영협의회와 중랑구 지역사회복지협의체의 아동 · 청소년 실무분과가 네트워크를 공유, 상호 승인 후 실무자들의 협의 기구를 공식화하고 소통 구조를 일원화함(18개 기관의 실무지원위원회의 참여, 지역 학교 및 지역기관 간 협의회 및 워크숍 운영)
▷ 그 외: 광주의 사랑의 고리, 대구 범물 지역 안전망, 인천의 두빛나래 등

Ⅱ. 유관 기관 간 연계를 통한 교육복지공동체의 구축[55]

교복투사업에서 지역 네트워크의 구축을 통하여 이루려는 최종 목표는 대상 학생들에게 종합적 서비스를 제공하여 삶의 질을 향상하는 것이여 그 방법은 교육복지공동체의 구축을 통해서 가능하다. 그런데 교육복지공동체는 공동체, 교육공동체 개념을 기반으로 도출되는 개념이다. 그러면 공동체와 교육공동체는 무엇인가?

---

55) 이하 내용은 이정선(2009), 교육복지투자우선지역지원사업을 통한 교육복지공동체의 형성(시론), 초등도덕교육연구 30권 pp.73－111에서 일부 발췌하였다.

1. 공동체와 교육공동체

먼저, 공동체는 공유된 정서, 가치, 의미를 가진 집단이다. '우리' 의식이 있고 공동의 목적을 갖고 그 목적에 헌신하며 상호 협력이 이루어지는 집단이다. 즉 내면화된 공통된 지식, 신념, 가치관, 행동 양식이 있다.

물론 공동체의 개념에 대한 논의는 다양하게 시도되었다. 지금까지 공동체주의가 주장하는 공동체에 대한 개념을 요약하면 다음과 같다(우남희 외, 1997). 첫째, 공동체의 구성원들은 삶의 의미와 가치를 공유함으로써 연대의식을 공유한다. 둘째, 공동체의 구성원들이 공유하는 의미와 가치가 그 공동체의 문화적 전통을 역사적으로 구성한다. 셋째, 전통 그리고 그것에 각인된 공유할 수 있는 가치와 의미를 바탕으로 공동체 구성원들은 그들의 입장, 세계관, 도덕관 그리고 정체성과 자아를 형성한다. 넷째, 공동체는 공유하고 있는 가치와 의미를 더 합리적으로 발전시키기 위하여 구성원들과 다른 공동체의 다양성을 존중하고 구성원들 간에 그리고 다른 공동체와 자유로운 의사소통을 장려한다. 다섯째, 공동체는 그 구성원들이 연대의식을 바탕으로 삶의 주체자로서 사회에 참여하고 사회를 민주적으로 재구성할 것을 요구한다.

교육공동체는 교육을 지향하여 그 뜻을 함께하고 공동의 노력을 경주하는 공동체이다(이종재, 1999). 교육공동체는 그 수준에 따라 국가 수준의 교육공동체, 지역 수준의 교육공동체, 단위학교 수준의 교육공동체를 상정할 수 있다. 그리고 학교 수준에서도 교직사회를 별도의 공동체(이는 교직사회의 갈등과 쟁점에 초점을 두고 문제해결의 방향을 의미하는 것으로서 교육공동체적 관점이다.)로 보려는 관점도 있다.

단위학교공동체는 물론 학교와 지역사회 간 관계를 도외시하고 구축되는 것은 아니지만 공동체로서 학교에 더 많은 비중을 둔다. 학교공동체에서는 학교구성원 간 지향하는 이념적 요소들로서 공유 가치, 평등과 참여기회의 개방, 가치 및 신념을 통한 결속, 공동 활동, 자율과 책임, 헌신과 신뢰, 상호 보살핌과 지원적 인간관계, 헌신적인 과업 수행, 내부적인 통제방식, 연대를 통한 관리 및 평가, 상호 이해와 존중을 들 수 있다(김성열, 2001).

공동체는 구분하기에 따라 친족공동체, 지역공동체, 의식공동체로 구분되기도 하고, 전문공동체, 학습공동체, 리더공동체, 민주적 공동체로 구분되기도 한다. 그렇다면 교육공동체는 어떤 성격을 가지고 있는 공동체인가? 지금까지 교육공동체를 교사의 전문성 공동체에 초점을 두는 전문적 공동체, 교사-학생 간 관계 구조에 초점을 두고 학습자의 모임에 초점을 둔 학습공동체 그리고 민주적 공동체의 이상을 실현시키고자 하는 민주적 공동체, 공동체를 형성하는 생태적 환경에 초점을 둔 생태적 공동체 등 다양한 관점에서 공동체를 논의하였다.

그 결과 지금까지 다양한 모습의 교육공동체가 제시되었다. 이를테면 신현석(2004)은 자유주의와 공동체주의가 합해진 절충적 공동체(시민공동체)를 제시한다. 집단들의 다양한 가치추구 형태로 분화되는 다원주의 사회에서 이상적인 교육공동체로서, 절충적 공동체는 다름을 인정하면서도 함께하는 의식을 공유하는 새로운 공동체주의이자, 개인권(individual rights)과 공동선(common good)의 변증법적 규합을 통해 '옳은 것'과 '좋은 것'이 상호 보완되는 공동체이다.

정영수(2004)는 이상적 미래교육공동체로서 '책임공동체'를 들고 있다. 이는 지식탐구를 일상화하는 학습공동체이자, 전문적인 심성공동체이고, 가치 내지는 도덕공동체이다. 책임공동체는 또한 다양성과 비판적 의사소통을 수용하여 변화를 이끌어 내는 실천공동체이자 박애공동체이다. 심성보(2003)는 공동체라는 개념은 때로는 지나치게 동질적이고 개성과 다양성을 수용하지 못하기 때문에 그리고 민주주의와 의사소통이 원활하지 못한 공동체는 수직적 질서와 강압적 교화만을 조장할 가능성이 있다고 보고, 민주주의와 공동체가 결합된 '민주적 공동체'를 제시하였다. 민주적 학교공동체는 억압이 없고 공정하고 자율성이 높으며 개인과 공동체가 공존하고 보다 정의롭고 배려가 깊은 학교공동체이다. 여기서는 구성원 간 의사소통이 잘되고 연대감이 강하며, 학생을 교육의 주체로 수용한다.

그 외에도 이숙정(2006)은 '도덕적 교육공동체'를 상정하고, 능력, 개방성, 돌봄, 상호존중 그리고 협력을 도덕적 교육공동체를 가능하게 하는 관계적 신뢰56)의 구성요소로 보았다. 여기서 능력이란 공동체를 구성하는 구성원이 가지고 있는 어떤 특정 영역에 영향을 줄 수 있는 일련의 기능, 역량 그리고 특성을 말하며, 개방성이란 다른 사람의 관점과 의견을 성실하게 고려함으로써 자신의 관점과 의견이 의심스럽거나 적절하지 못한가를 검토하고 그것을 기꺼이 수정하고 재구성하는 태도를 말한다. 돌봄이란 상대방의 관점과 관심을 존중

---

56) 관계적 신뢰란 신의와 신뢰관계가 형성되는 사회적 맥락에 초점을 두는 역동적 개념으로 친족 간에 형성되는 유기적 신뢰와 사회적 계약에 의하여 이루어지는 계약적 신뢰의 특성을 모두 포함한다. 학교구성원들이 상대방의 인지적 정의적 도덕적 특성에 기초하여 서로 의심 없이 긍정적인 관계를 형성하고 유지하려는 태도를 말한다.

하고 그 존중에 대해 책임감과 부담을 갖는 경향을 말하며, 협력은 공동의 목표를 달성하기 위하여 공동체 구성원들이 서로의 생각을 공유하고 외재화시키면서 문제를 해결해 나가는 것을 의미한다.

그러나 필자가 주목하고자 하는 것은 학교 그 자체를 공동체로 보려고 하는 학교공동체 관점이나 교직사회가 추구해야 할 이념적 공동체로서 교육공동체보다는 학교와 지역사회의 관계에 초점을 둔 공동체이다. 여기서는 공동체를 구성하는 요소들 간 관계와 전체적인 연계 구조망(holistic network)이 중요하다. 그리고 이러한 교육공동체에서는 학교에 대한 지역민의 참여, 구성원들 간 협력, 민주적 의사결정구조의 분권화 등이 중요하다. 따라서 이러한 교육공동체는 학습공동체, 정보공동체, 가치공동체, 전문공동체, 문화공동체로서의 공유된 정서와 가치와 의미를 공유한다. 그렇다면 교육복지공동체는 어떤 공동체인가? 그리고 어떤 방법으로 구축할 수 있는가?

2. 교육복지공동체의 성격

새로운 공동체의 구축을 위해서는 현행 우리 사회의 공동체가 가지고 있는 성격과 기능을 먼저 분석해 보아야 한다. 교복투사업을 통한 교육공동체의 구축방안을 찾기 위해서도 이 점은 마찬가지로 적용된다. 교복투사업은 전술한 것처럼 저소득층 영·유아 및 아동·청소년의 교육의 기회, 과정, 결과에서 나타나는 주요 취약성을 최대한 보완하기 위한 다차원적(교육, 문화, 복지) 지원사업이다. 학교가 중심이 되는 지역교육공동체의 구축을 통해 학습, 문화, 심리·정서

등, 삶 전반에 대한 지원을 함으로써 저소득층 아동 및 청소년의 교육적 취약성을 해결해 나가고자 하는 사업이다(한국교육개발원, 2006).

먼저, 교복투사업을 매개로 한 교육복지공동체는 일차적으로 교육적 동기와 복지적 동기 그리고 문화적 욕구충족 동기의 통합에 기초한 공동체이다. 이기범(1996)은 교육복지의 동기를 국가경쟁력 강화를 위한 투자적 동기와 삶의 질을 높이기 위한 복지적 동기로 구분한다. 전자는 경제적 효용성과 정치적 효용성을 기대하는 입장인 반면, 후자는 이를 통하여 전체 구성원의 삶의 질을 향상하고자 하는 입장이다. 그런데 교복투사업은 그 목적에서 보는 것처럼 일단 투자적 동기에서 출발한 사업은 아니다. 취약집단에 대한 지원을 통하여 교육과 복지 및 문화가 조화를 이루도록 하는 사업이기 때문이다.

교복투사업이 추구하고자 하는 정책 목표는 저소득층 영유아 및 아동·청소년의 학습결손 예방과 치유를 통한 학력증진에 있다. 즉 보상교육을 통하여 학습력을 증진하는 데 있다. 또한, 그 내용과 방향에서 보는 것처럼 취약계층 대상자의 건강한 신체 및 정서 발달과 다양한 문화적 욕구 충족에 있다. 이를 통하여 교육·문화·복지 수준 제고를 위한 가정-학교-지역사회 차원의 지원망을 구축하고자 한다. 취약계층 대상자의 실질적 교육기회 보장 및 삶의 질을 제고하기 위한 지역사회 차원의 교육·문화·복지의 통합 서비스망 구축 사업이다. 따라서 그 목표와 내용 및 추진전략에서 보는 것처럼 교복투사업을 기초로 형성되는 교육복지공동체는 교육과 복지 및 문화적 동기의 통합을 기초로 한다.

둘째, 교복투사업이 취약계층 대상 학생들의 권리보장 사업이자 동시에 공동선을 이루기 위한 사업인 것처럼 교복투사업에 기초한 교육복지공동체는 그 구성원(특히 취약계층 학생)의 권리를 보장해 주고, 더 나아가 공동선을 실현하려는 공동체적 성격을 지닌다. 교복투사업은 무조건적 시혜 사업이 아니라 주체형성(empowerment) 사업이다. 교복투사업은 일부가 오해하고 있는 것처럼 가진 자가 없는 사람에게 무언가 베풀어 주는 사업이 아니다. 소위 받는 데 익숙한 '거지근성'을 심어 주는 사업은 더더욱 아니다. 교복투사업은 먼저 사회적 약자는 누구나 사회로부터 받을 권리를 타고난다는 권리 보장 입장에서 이해해야 한다. 특히 학습권은 사람이면 누구나 누려야 하는 인권 중에서도 가장 기본이 되는 권리이다. 사회적 취약계층 역시 그들이 사회에 요구할 수 있는 권리를 주장하는 것에 다름 아니다. 교육받을 권리를 지켜 주지 못한 국가나 사회는 그들에게 부과된 의무와 책임을 다하지 못하는 직무유기를 하고 있는 것과 같다. 따라서 교복투사업은 국가나 사회가 취약계층에 무언가 베풀어 주는 사업이 아니라 그들이 정당하게 누려야 하는 권리를 보장해 주는 사업이다.

유네스코(UNESCO) 역시 1985년 학습권을 주창하여 사람이면 누구나 읽고 쓸 권리, 탐구하고 분석할 권리, 상상하고 창작할 권리, 자신의 세계를 읽고 역사를 쓸 권리, 교육 자원에 접근할 권리, 개인 및 집단적 기능을 발전시킬 권리를 갖는다고 명시하였다. 다만 교복투사업을 추진함에 있어서 중요한 것은 수혜 대상 스스로 받는 것을 능사로 여기는 태도나 습관에 길들여지는 것을 경계하고, 스스로 무언가 할 수 있다는 자기주도적 학습력과 자기 효능감을 동시에 신장시켜 주어야 한다. 자생적으로 사회적 관계에 참여하는 행위자로서 필요한 능력을 형성시켜 줄 필요가 있다.

자생적으로 사회적 관계에 참여하는 행위자로서 필요한 능력은 자신의 삶을 계획적으로 구상하고 실행하는 능력, 함께하는 집단과 적극적으로 관계를 형성하며 협동하고 발생하는 갈등을 관리하는 능력, 문제 상황의 해결을 위해 지식, 정보, 언어, 기술 등을 활용하는 능력을 말한다(김정원, 2009). 교복투사업의 목표는 개개인으로 하여금 이러한 능력을 획득하여 주체적이고 능동적으로 자신의 삶을 영위하는 사람을 교육하는 것이다. 학습, 문화체험, 심리·정서, 복지 프로그램을 통하여 이러한 능력을 재학시절부터 길러 줌으로써 성인이 되어 주체적인 사회인이 되도록 하자는 것이다.

또한, 교복투사업은 취약계층 학생의 권리를 보장해 주는 동시에 공동선을 실현하기 위한 방편으로 추진되었다. 앞에서 제시한 유네스코의 학습권은 교육복지가 개인의 권리이자 국가와 사회의 의무라는 것을 뒷받침해 준다. 이는 자유주의의 교육은 인간이 진정으로 인간답게 생존하기 위하여 필요한 권리라는 주장과 일치한다. 교육이 개인에게 주어진 권리 행사에 필수적인 수단이기 때문에 모든 사람은 교육받을 권리를 갖는다. 그러나 교육복지가 권리로만 정당화되면 공동체 성원의 연대의식을 잃게 되어 공동체가 약화되고 와해될 가능성마저 있다.

따라서 교육복지공동체에서는 단순히 개인의 권리 이상의 그 무엇을 필요로 한다. 즉 공동선에 대한 헌신과 연대 및 구성원의 의무를 강조한다. 공동선으로 말미암아 개인이 가치와 의미를 공유함으로써 사회구성원이 되고 사회와 공동체의 연대를 형성하게 한다. 공동체 자체가 인간 생존에 필요한 본질적 가치를 지니고 있다고 보고 공동체의 보존 자체를 공동선으로 생각한다. 따라서 공동체 안에서 자아를 형성하고 가치 있는 삶을 추구하기 위해서는 자신이 속한 공동체의 가치와 의미를 알아야 하고 공동체의 연대에 적극적으로 참여하여야 한다.

셋째, 교복투사업의 분배방식이 평등과 차등의 원리가 통합 적용되는 것처럼 교복투사업을 기초로 한 교육복지공동체 역시 평등과 차등의 원리를 통합하여 분배하는 공동체적 성격을 갖는다. 기본적으로 교복투사업은 불평등 해소 사업이다. 그중에서도 교복투사업은 교육기회, 내용 그리고 결과의 평등을 지향한다. 교육을 통한 평등 실현은 다양한 방법으로 가능하다. 먼저 교육의 평등은 교육기회의 평등과 내용의 평등으로 나뉜다. 다시 전자는 허용적 평등과 보장적 평등으로, 후자는 과정의 평등과 결과의 평등으로 나뉜다(김신일, 1993). 허용적 평등관은 신분, 성, 종교, 지역, 인종에 상관없이 누구에게나 동등하게 교육의 기회를 부여하자는 입장이다. 즉 일체의 법적, 제도적 차별을 철폐하고 모든 사람에게 교육받을 기회를 동등하게 부여하자는 것이다.

그러나 실제로 이러한 평등관에도 불구하고 경제적 빈곤계층이나 소외계층 그리고 도서, 벽지에 거주하는 학생들은 여러 가지 제약으로 인하여 교육의 기회를 동등하게 누릴 수가 없었다. 따라서 교육평등을 실현하기 위하여 장애가 되는 경제적, 지리적, 사회적 제반 요소를 제거해 주자는 평등관이 제기되었는데 이러한 입장이 보장적 평등관이다. 의무교육 기간의 확대, 중등교육의 보편화 등을 통해서 교육받을 의지를 가진 모든 사람에게 교육기회를 확실하게 제공하자는 것이다.

그러나 보장적 평등관은 교육기회의 확대를 가져오긴 했으나 계층 간 분배구조를 변화시키는 데까지는 미치지 못하였다. 즉 학교 간의 시설과 교육여건, 교수 - 학습 자료, 교사의 자질, 교육과정에 있어서 차이를 극복할 수 없었기 때문이다. 결과적으로 학교 간의 차이는 상급학교 진학의 차이를 가져오게 했고, 이어서 상급학교교육의 기회분배 차이를 초래하게 되었다. 따라서 내용의 평등이 실현되기 위해서는 교육의 과정이 평등해지지 않으면 안 된다는 주장이 제기되었다. 이러한 입장이 과정의 평등관이다. 이러한 과정의 평등을 주장하는 사람들은 학교의 교육조건이 같아지면 교육결과가 평등해질 것이라고 생각했었다.

그러나 현실적으로 학생 각자마다의 능력의 차이로 인하여 그리고 선수학습 경험의 차이 및 지역사회의 조건의 차이로 인하여 같은 교육조건하에서도 교육결과는 다르게 나타나게 마련이다. 결과의 평등은 능력이 낮은 학생이나 열악한 환경에 처한 학생에게 더 많은 시간과 노력을 경주하여 모든 학생이 동일한 교육결과를 꾀하자는 평등관이다. 따라서 지적 능력이 떨어지거나, 저소득층이나, 아니면 열악한 교육환경에 처한 학생일수록 더 많은 교육적 관심과 배려를 받아야 결과적으로 평등이 실현된다는 입장이다. 즉, 부족한 사람에게 더 투자한다는 역차별, 차등의 원리가 적용되어야 한다. 따라서 교육복지를 기반으로 하는 공동체는 그 분배 원리를 일차적으로는 모든 사람들의 교육적 필요를 충족시키기 위해 평등하게 분배해야 한다. 그러나 참여자의 상황과 조건을 고려하여 못 가진 자에게 더 주는 역차별의 원리가 통합되어야 진정한 복지가 가능해진다고 본다.

넷째, 교육복지공동체는 다양한 형태의 교육공동체의 성격을 포괄하는 공동체이다. 교육공동체의 실체를 보여 줄 수 있는 다양한 공동체 모형으로는, 학습공동체, 가치공동체, 전문공동체, 민주적 공동체, 도덕적 공동체, 리더공동체 등이 있으며, 차이의 공동체, 동료공동체, 박애공동체, 대화의 공동체 등이 있다. 또한 공동체는 존재양식에 따라 친족공동체, 지역공동체, 의식공동체 등으로도 구분한다.

교육복지공동체는 추구하는 목표나 내용, 방법, 추진전략 및 참여자에 따라 이러한 공동체가 모두 연관이 되는 포괄적 공동체 성격을 갖는다. 이러한 영역별로 교육복지공동체가 어떻게 연관되는가는 추후 별도의 분석을 필요로 한다. 이때 전술한 학교를 중심으로 한 교육공동체의 성격으로 들고 있는 학습공동체, 가치공동체, 전문공동체, 차이의 공동체를 고려해 볼 수 있을 것이다. 또한 전술한 단위학교 교육공동체의 성격으로 들었던 돌봄공동체, 민주적 공동체, 학습공동체, 전문공동체, 리더공동체의 성격도 고려해 볼 수 있을 것이다. 교복투사업의 추진전략에 밝힌 대로 교육복지공동체는 일견하면 학교를 중심으로 한 지역교육공동체의 성격이 가장 강하다. 교복투사업이 가정 – 학교 – 지역사회 차원의 종합적인 교육지원 및 협력망 구축사업이기 때문이다.

다섯째, 교육복지공동체는 학교공동체가 가지고 있는 존재론적, 심리학적, 행동적, 구조적, 윤리적 차원 등 다차원적 성격을 띤다. 즉 존재론적 차원에서 공동체는 가족과 마을에 비유된다. 가족공동체와 마을공동체처럼 이러한 공동체는 상호 수용적이며 지원적이고 친밀성과 지속성을 특징으로 하는 구성원 간 관계로 형성된다. 심리학적 차원에서 공동체는 강력한 정서적 결합체이다. 심리적 안전감, 소속감, 개인 상호 간 결합의식, 헌신을 통해 구성원의 욕구를 충족시킬 수 있는 공유된 신념을 가지고 있다. 행동적 차원에서 공동체는 공동체 구성원의 실제 활동과 행태로서 특징지어지며, 구성원 간 상호지원과 활동참여, 소속감, 활발하고 지속적인 상호작용, 협동적 사회적 상호작용, 응집력, 공동의 목적의식, 집단의식, 우리의식을 특징으로 한다. 구조적 차원에서 공동체는 살아 있는 유기체적 존재의 본질적 특성을 갖는다. 여기서는 구성요소들 간 상호의존적 관계를 유지한다. 윤리적 차원에서는 다양한 가치를 존중하며 서로 다른 점을 인정하고 윤리적 기준에 따라 의사결정을 하는 가치공동체 내지는 도덕공동체이다. 교육복지공동체는 이러한 차원을 모두 포괄하는 다차원적 공동체이다.

3. 유관 기관 간 네트워크를 통한 교육복지공동체의 구축방안

전술한 것처럼 단순히 관련 제도를 만들었다 해서 공동체가 저절로 구축되는 것은 아니다. 물론 제도를 갖추는 일도 중요하지만 그에 못지않게 제도 속에서 살아가는 사람들 간, 구성 요소들을 상호 연결하는 유대망이 더 중요하다(이를 시스템인 틀과 사회적 관계망으로 구분하였다.). 그리고 일단 형성된 유대망을 지속적으로 유지시키는 일도 필요하다. 교복투사업이 단순히 취약집단 학생들을 위한 교육복지사업으로 그치는 것이 아니라 이를 계기로 하나의 교육공동체로 발전하여야 한다. 즉 지역사회 내 해체된 교육공등체가 복원되는 계기로 삼아야 할 것이다. 이를 실현하기 위하여 필요한 것들이 무엇인가?

첫째, 구성원 간 신뢰를 구축하는 일이다. 한 행위자가 위험에도 불구하고 다른 행위자가 자신의 기대 혹은 이해에 맞도록 행동할 것이라는 주관적 기대를 말한다. 신뢰는 의무감과 기대로 구성된다(이정선, 2001). 여기서 의무와 기대란 이를테면 만약 한 행위자(A)가

타 행위자(B)에게 무언가를 해 주었고, B가 다음에 이를 갚을 것이라고 믿는다면, 이러한 관계는 A에게는 기대를 갖게 하며, B에게는 신뢰를 지키라는 의무감을 지운다. 따라서 이러한 관계에서 중요한 두 가지 요소는 첫째, 의무감의 상환 수단이 되는 사회 내의 신뢰수준, 즉 되돌려 받으리라고 얼마나 믿느냐 하는 것과, 둘째, 실제적 의무감이 이행되는 정도에 달려 있다. 이러한 정도가 낮은 사회가 불신사회이다. 의무감을 실행함으로써 기대가 충족되는 것이 신뢰관계이자, 그런 관행이 정착된 사회 혹은 문화적 규칙과 규범으로 정착된 사회가 신뢰사회이다.

신뢰에는 일반화된 신뢰(generalized trust)와 특정화된 신뢰(parti-cularized trust)57)가 있다. 소위 얇은(thin) 신뢰라고도 하는 일반화된 신뢰는 기대와 믿음이 모르는 낯선 사람에게까지 확대된 신뢰를 말하며, 자신이 잘 아는 사람에게만 국한되는 두터운(thick) 신뢰는 특정화된 신뢰이다. 인간의 사회적 행위 및 인간관계에 있어서 신뢰가 협력의 윤활유 역할을 한다는 것은 이미 잘 알려진 사실이다 (Fukuyama, 1988; Putanam, 2000). 이러한 신뢰는 관용과 차이에 대한 수용 및 낯선 것에 대한 수용 그리고 구성원 간 연대와 상호 간 조화를 가능하도록 한다. 집단 간 적대감과 혐오증을 없애고 공동체와 개인 간 결합을 강화하여 궁극적으로 집단 간 연대를 강화한다.

이서행(2003)은 새로운 공동체(그것이 어떤 형태의 것이 되었건)를 형성하기 위하여 필요한 것은 신뢰를 구축하는 일이며, 이를 위

---

57) 이러한 구분에 따르면 우리 사회의 신뢰는 특정화된 경향이 강하다. 동질감, 유유상종의 원리에 입각하여 구축되기 때문에, 즉 우리라는 정서적 비합리적인 집단결속에 의존하기 때문에 개인의 자율적인 의사표현이나 주장이 허용되기 어렵고 따라서 일반화된 신뢰로 발전하지 못한다(김태선, 2007, p.26).

해서는 제도개혁이나 의식개혁과 더불어 민주시민 교육이 필요하다고 주장하였다. 여기서 말하는 민주시민교육은 민주사회의 구성원들에게 요구되는 능력과 태도 또는 자질(공동체 의식)을 가르쳐 민주시민성이라고 하고 이를 기르고 강화하는 활동을 말한다.

그 외에도 이숙정(2006)은 관계적 신뢰의 구성 요소인 능력, 개방성, 돌봄, 상호존중 그리고 협력을 도덕적 교육공동체를 가능하게 하는 요소로 보았다. 이러한 사실들을 종합해 보면 교육복지공동체를 형성하기 위해서는 그것이 어떤 형태가 되었건, 아니면 어떻게 그것을 정의하건 그리고 그 구성요소를 무엇으로 보건 구성원 간 신뢰구축이 필수적임을 알 수 있다. 단순히 특정화된 신뢰에서 나아가 일반화된 신뢰로 발전하면 더욱 좋을 것이다.

둘째, 지역사회구성원 간 촘촘한 유대망을 구축하는 일이 필요하다. 네트워크(유대망)는 콜맨(Coleman)이 이야기하는 사회자본의 한 형태이다. 특히 지역사회구성원 간 구축된 촘촘한 유대망을 공동체라고 할 수 있다. 지역사회 내의 사회자본은 지역사회 주민들의 사회적 관계와 상호작용, 관계 구조의 긴밀성 그리고 구성원과 지역사회 내에 있는 제도들 간의 관계에서 발견된다.

학교와 가정과 지역사회가 네트워크를(특히 학교와 지역사회 간 연계) 구축하기 위해서는 지금껏 제시된 '맹아적' 교육복지공동체 모델들을 참고하면 좋을 것이다. 실천과정을 통하여 검증된 사례를 하나의 모델로 하는 모델학습이 필요하고 이를 발전시켜 새로운 교육복지공동체로 정착할 수 있기 때문이다. 따라서 교복투사업을 지원하기 위하여 성장해 온 다양한 네트워크의 구축사례를 통하여 그 과정과 실제 및 필요한 것들을 이해하는 일이 중요하다. 김경애 등(2007)

은 서울 노원지역의 교복투사업 사례를 통하여 지역 네트워크('통합기능의 마을모형')는 구조적으로 핵심인력 중심의 협의체 구성, 파트너십 형성, 공동사업 모색, 구조화(제도화) 작업 그리고 자생력 확보의 형태로 발전한다고 보았다. 네트워크 형성 과정에서 연쇄적인 친분 관계의 자원 연결, 단순 참여로 시작된 전적인 공유, 관계자 간 끝없는 다각도의 접촉, 호혜적 역할 분담, 사업대상에 대한 공동 탐구, 의사결정권한 확보, 감동의 감염을 통한 자발성 강화 등의 특징이 도출되었다 한다.

김경애 등(2007)은 또한, 지역사회 네트워크의 모형으로 '거점중심의 클러스터 모형'을 제시한다. 서울의 강서지역의 네트워크가 대표적인 사례인데, 이들에 따르면, 네트워크를 구축하는 과정은 먼저 거점중심의 클러스터(거점 기관을 선정하여 지역의 거점 중심 센터로 지정) 시스템을 구축하고, 클러스터를 조직화하여 지역사회기관들(학교 포함)의 역할을 확장하고 업무를 분담, 사업을 진행한다. 그런 연후 지역사회기관 간 기능적 연계를 통하여 기관 간 서로 흩어졌던 기능들을 상호 연계함으로써, 즉 지역사회기관 간 네트워크를 통해 지역 주민들에게 필요한 원스톱 서비스를 제공할 수 있다. 외부 자원 및 사업과 연계하는 과정에서 지역사회기관들은 자체적으로도 역량을 강화해 나가면서 사업을 확장해 나가고 각종 민간 자본을 끌어들이려고 노력한 결과 스스로 클러스터의 자생력을 확보하게 된다.

부산해운대 지역의 네트워크는 '주민자치적 지역운동 모형'이다. 그 발전과정을 살펴보면, 교복투사업을 시작하면서 지역 내 네트워크 구축의 필요성을 인식하고 복지시설과 단체, 시민단체 위주의 네트워크가 점차 풀뿌리 주민 조직 및 학부모 조직과 네트워크를 구축하는 쪽으로 발전하였다. 지역사회기관에서는 자체 예산 투입 비중을 늘리고 공모 사업에 참여하여 별도의 예산을 확보하였다. 학교에서는 다양한 프로그램을 지역사회기관과 협력하여 운영하였다. 특히 학부모단체 및 시민단체 등 지역단체 17개가 자체 방범 네트워크를 구축하여 청소년 선도를 위한 야간순찰대를 조직 운영하였고, 지역 자치센터(동사무소)는 자체적으로 교육복지부를 설치 운영하였다. 지역의 여러 단체와 기관 시설들이 지역 아동의 교육복지를 위하여 촘촘한 연계망을 구축한 것이다. 해운대교육청은 지역사회 교육복지공동체 구축 사업을 '희망의 사다리'라고 칭하고 지역사회 유관 기관 간 연계망을 통합하였다. 그리하여 반송지역의 교육·문화·복지단체가 함께하는 지역공동체로서 지역 내 개인 후원자, 자원봉사자, 종교단체, 병원, 교사, 학부모, 기업 등 지역 주민 모두가 주인이 되는 운동을 전개하였다. 지역 주민이 지역 아동의 교육복지를 위하여 자생적으로 이룩한 지역공동체를 구축한 것이다.

세 지역의 사례분석을 통하여 양병찬 등(2009)은 네트워크 구축에 필요한 것들로, 같은 뜻과 비전을 가진 사람, 초기네트워크에 필요한 공동사업비 마련, 리더와 사업을 만들어 가는 선구자(테스터), 만남과 공유의 장, 민-관-학 조직들이 가진 기능의 결합, 네트워킹 역량을 가진 담당자를 들고 있다. 이러한 조건에 의해 네트워크가 구축이 되었으면, 조직을 효과적으로 운영할 수 있는 방안을 강구하여야 한다. 끝없는 비전을 생산해 내야 하고, 성과와 산출물을 지역사회에 전파 확산하여야 하며, 끊임없이 새로운 사업을 만들어서 지역 내 의욕과 역동성이 식지 않도록 해야 하고, 네트워크 내 독자적인 규율과 법칙을 만들어 내야 한다. 그리고 역량 있는 사업당담자를 발굴하여 키워야 하며, 지역 내 참여의 문화를 만들어야 한다. 그리고 결과나 성과를 구성원 간 나누어야 하고, 예산이나 혜택은 공개적이고 투명하게 운영되어야 하며, 참여자들이 무언가 새로운 것을 배우려고 하는 스터디 모임을 만드는 것 등이 필요하다.

넷째, 공동체 교육을 통한 교육복지공동체를 구축할 수 있다. 교복투사업을 통하여 교육공동체를 구축하기 위해서는 단위학교에서 교복투사업 과정의 하나로, 혹은 지역 주민을 위한 평생교육 차원에서 공동체 교육 혹은 공동체적 정체성 함양교육을 실시해야 한다. 거기에는 공동체 구축의 필요성, 목적, 내용, 방법 등이 포함되어야 한다.

필요성과 관련하여 공동체 교육을 통하여 특히 우리 사회가 가지고 있는 공동체의 특성 가운데 장점을 살리고 약점을 극복할 수 있는 내용을 강조하는 일이 필요하다. 우리 사회가 가지고 있는 공동체는 강한 유대의식과 구체적이며 상황적인 합리성을 바탕으로 형성되어 있기 때문에 강한 결속력을 가진다. 그러나 그 이면의 배타성, 권위주의, 편파성, 비민주적 의사소통의 경향으로 인하여 공동선을 추구할 수 있는 기회를 허용하지 못하는 단점이 있다. 폐쇄적이며 배타적이고 권위적인 그리고 공동체를 구성하는 합리성이 공동체의 구성원들에게만 유효한 상황적 합리성이기 때문에 공동체 간 교류와 상호이해, 의사소통이 제한되고 그 결과 공동선을 추구할 수 있는 가능성이 제한되어 있다. 따라서 장점을 살리면서도 단점을 극복할 수 있는 공동체 교육이 필요하다. 그러기 위해서는 개방성 추구 교육, 권위주의를 해체하고 부정성을 강조하는 교육, 자기성찰성 교육 그리고 합리적 의사소통 교육이 포함되어야 한다. 기존 공동체가 가지고 있었던 결속력, 일체감, 배려의식, 협조관계, 상황적 합리성과

도덕성의 장점은 인정하고 장려하면서, 그 공동체 의식이 더 합리적이고 민주적이며 더 큰 공동체로 확대되도록 교육해야 할 것이다.

Ⅲ. 결 론

지금까지 유관 기관 간 네트워크 구축을 통하여 교육복지공동체의 형성 방안에 대해서 살펴보았다. 교복투사업매뉴얼에 나타난 교복투사업의 개념, 정책 목표, 추진전략을 통하여 우관 기관 간 연계의 중요성을 알아보았으며, 유관 기관 간 연계의 기초가 되는 사회적 연계에 대해 알아보았다. 이를 기초로 교육복지와 지역연계의 개념과 연계영역 및 연계방안 그리고 유관 기관 간 연계 협력을 통한 교육복지공동체 형성을 주장하기 위하여 그 모습과 구축 방안에 대해서 살펴보았다.

중요한 것은 단지 시스템을 갖춘 것으로 유관 기관 간 네트워크가 자동으로 이루어지는 것이 아니라는 점이다. 시스템이 실질적으로 작동하기 위해서는 그 속에서 활동하는 사람들이 적극적으로 다른 구성요소들과 긴밀한 협력관계를 구축하면서 실질적인 결과를 창출할 수 있어야 한다. 이를 위해서는 지역 내 가용한 모든 자원을 조사하여 데이터베이스를 만들고 교육복지공동체에 참여 가능한 기관이나 단체, 자원을 발굴하여야 한다. 그리고 발굴한 자원으로 하여금 참여할 수 있도록 사업 리더(P.C., 지전가, 교사 등)의 적극적인 헌신과 관여가 필수적이다.

그리고 각 지역의 특성과 여건을 고려하여 지역의 유관 기관 간 특성화된 네트워크를 구축해야 한다. 이때 고려해야 할 점은 취약계층 학생의 종합적인(교육, 문화, 복지) 서비스를 통한 삶의 질 제고이며, 그렇기 위해서는 지역의 모든 기관과 단체 그리고 가용 자원이 총망라되어야 한다. 타 지역의 맹아적 모델을 참고하되 지역의 특성이 무엇인가를 분석하여 지역에 맞는 맞춤형 모델을 개발하여야 할 것이다.

그 외에도 지역의 유관 기관을 학교가 필요한 사항만 요구할 것이 아니라 이들 기관에 학교가 도움이 될 수 있는 방안을 강구하여 상호 호혜적인 관계가 설정되어야 한다. 일방적인 도움이나 시혜성 지원은 그것이 현금이 되었건 현물이 되었건 계속성을 담보하기 어렵다. 따라서 학교를 위한 유관 기관의 일방적인 지원을 강요할 것이 아니라 학교가 이들을 위하여 할 수 있는 방법이 무엇이 있는가를 찾아보아야 할 것이다.

이런 점에서 대구의 서부교육청이 추진하고 있는 서부 강다리 사업은 지역의 중소기업, 지역기관, 단체, 지자체가 지역공동체의 일원으로 참여함으로써 취약계층의 복지 증진에 기여하고 있다고 평가된다. 지역의 특성을 반영하여 13개 지역 중소기업이 1학교 1기업 결연 사업을 통하여 학교에 현금과 현물을 지원하고, 진로 멘토링, 부모교육, 자원 봉사 등의 프로그램을 실행하고 있는 것은 교육복지공동체의 구축 사례로서 의미가 크다고 하겠다. 더욱 발전한다면 콜맨이 주장하는 지역사회 내 유관 기관 간 촘촘한 유대망을 구축하여 마을의 아이들을 모두가 함께 기르는, 그래서 건전한 시민으로 육성하는 계기가 될 것으로 기대된다.

문화를 알면 학교가 보인다 제**3**부

학부모와의 나눔

제12장
학부모의 올바른 자녀교육관58)

대체로 문화적 요소가 학부모들이 교육에 부과하는 사회적 의미와 태도에 대한 중요성을 결정한다. 자원이 부족한 나라에 거주하는 학부모들은 그렇지 않은 나라에 비해 상대적으로 교육에 우선권을 둔다. 즉 자연적으로 빈곤한 국가일수록 인재양성을 더욱 중요하게 생각한다. 우리나라가 대표적인 예이다. 우리나라 학부모들에게 있어서 자녀교육보다 더 중요한 관심사가 있을까? 자녀를 둔 엄마들이 둘 이상만 모였다 하면 으레 화제는 아이들 교육으로 집중된다.

그런데 문제는 자녀교육과 관련하여 어느 것 하나 속 시원하게 눈에 보이는 것이 없기 때문에 학부모들은 늘 답답하다는 점이다. 학력사회의 병폐와 대학입시제도 그리고 과열된 교육경쟁의 부작용과 같은 거시적인 것에서부터 학교 안에서 일어나는 미시적인 것들에 이르기까지 어느 것 하나 정확한 정보를 갖고 있지 못하기 때문이다.

그들은 매 순간 다양한 선택의 기로에서 고심한다. 학원, 과외, 진학, 독서, TV 시청, 친구 사귀기, 인성교육 그리고 컴퓨터 게임 등

---

58) 광주광역시교육청 학부모생각바꾸기 강연(2005. 2)용으로 제작한 자료를 재편집한 것이다.

자녀교육을 위해서 무엇을 어떻게 해야 할지 매 순간마다 선택의 기로에 서 있다. 또한 후기 산업사회에서 지식정보화 사회로 전이됨에 따라 수반되는 급격한 변화와 혼돈 그리고 자주 바뀌는 교육정책과 제도 때문에 답답함은 늘어만 가는데도 손에 잡히는 해결책은 보이지 않는다.

아이를 학교에 맡겼으면 학교에서 모든 것을 알아서 해결해 주어야 할 텐데, 학교가 부모들에게 요구하는 것도 많고 왜 번외의 시간과 노력과 물질을 투자하여 공교육보다는 사교육을 위하여 희생을 감내해야 하는지 회의적인 학부모도 늘고 있다. 우리 아이를 제대로 키워 보고 싶은데 생각 같지 않으니 무엇을 어떻게 해야 할지 불안만 늘어 간다. '좋은 학교'에 보내야 옳은 것인지 아니면 적성에 맞는 상급 학교에 진학시키는 것이 옳은 것인지 판단이 서질 않는다. 허상을 실체인 양 오해하게 되고 우리 교육에 대해 때로는 왜곡된 생각과 부정적인 시각을 갖게 되는 경우도 생긴다.

따라서 학부모가 가지고 있는 현재 우리 교육에 대한 생각이 어떤가를 객관적으로 분석해 보고 실체를 실체로 보도록 하는 일은 교육을 교육답게 하기 위하여 무엇보다도 먼저 해결해야 할 중요한 과제가 아닐 수 없다. 물론 학부모의 그릇된 교육관 내지 이기주의에 기초한 자녀교육에 대한 '극성'만을 탓하자는 것은 아니다. 학교와 교육자가 해야 할 일들이 많은 것도 사실이다. 이하 우리나라 학부모들이 가지고 있는 교육적 인식 혹은 교육관을 객관적으로 제시하고 그러한 교육관이 낳은 병폐는 무엇인가를 바탕으로 학부모들이 어떠한 교육관을 가져야 하는가를 알아보려고 한다.

Ⅰ. 우리나라 학부모들은 어떤 교육관을 가지고 있는가?

이는 보는 사람에 따라 다양한 해석을 내놓을 수 있는 물음이다. 그리고 무엇이 올바른 교육관인가에 대한 답도 문화에 따라, 사회에 따라 그리고 개인에 따라 다르기 때문에 일률적으로 말할 수 있는 성질의 것이 아니다. 다만 그동안 학자들 사이에 논의된 우리나라 학부모들의 교육관은 인간 가역성에 대한 신뢰, 타인지향적 인식, 한정적 재화 이미지, 높은 교육열 그리고 학교교육의 공리성에 대한 신뢰 등으로 요약할 수 있다.

1. 인간 가역성에 대한 신뢰: '우리 아이는 천재다'

대체로 우리나라 학부모들의 사고방식 속에는 인간의 가역성에 대한 무한한 신뢰가 담겨 있다. 그것도 다방면에 걸친 인간의 잠재능력을 신뢰한다. 누구나 모든 방면에 걸쳐 무한한 능력을 타고나기 때문에 교육결과는 각 개인이 얼마나 노력하느냐에 달려 있다. 학부모 역시 자기 자녀는 모든 것을 할 수 있는 천재라는 '착각' 속에서 자녀가 가진 능력의 한계를 인정하려 들지 않는다. 모든 교과에서 노력만 하면 능히 우수한 성적을 거둘 수 있을 것이라 믿는다. "우리 아이는 머리는 좋은데 영 노력을 하지 않는다."는 이야기를 흔히 한다. 결과적으로 아이의 능력은 생각하지 않고 모든 교과에 분산해서 시간과 노력과 에너지를 투자한다. 부모의 기대를 충족시키려는 아이들은 따라서 버거운 싸움을 할 수밖에 없다.

이와 상반되는 교육적 인식으로는 '신은 공평하다'는 관점이 있다. 즉 '머리'가 큰 아이는 상대적으로 '엉덩이'가 가볍거나 역으로 '머리'가 작은 아이는 '엉덩이'가 클 것이라는 믿음이 그것이다. 두뇌 역시 특정 영역이나 교과에서 우수하면 상대적으로 다른 분야에서는 다소 취약할 것이라는 생각을 쉽게 받아들인다. 주특기 분야에서는 우수성을 인정하여 더욱 투자하지만 부족한 영역에서는 자신의 한계를 인정하고 투자를 분산시키려 하지 않는다. 결과적으로 집중 투자 영역에서 더욱 우수한 결과를 이끌어 낸다.

성공과 실패에 대해서 어떤 생각을 가지고 있는가는 활동의 결과뿐만 아니라 추후 활동에도 지대하게 영향을 미친다. 그런데 우리나라 학부모들은 학습결과가 개인의 능력에 의해 결정되는 것이 아니라 투입된 노력의 양이라는 노력주의를 신뢰한다. 실제로 '학교에서 성공과 실패의 원인에 대하여 어떻게 생각하는가'에 대한 연구 결과를 보면 동양은 내적 요인을, 서양은 외적 요인을 중시한다(Hess & Azuma, 1991). 전자는 성공과 실패를 노력으로 돌리는 반면, 후자는 학생 개인의 능력과 학교 변인으로 돌린다. 따라서 공부를 못하면 그 분야에 대한 능력이 부족한 것으로 인정하고 더 이상 학생에게 강요하지 않는다. 그러나 전자는 부족을 노력으로 메우려 하기 때문에 학습자가 더욱 힘들 수밖에 없다. 이를 감내하는 학생은 학교교육에 적응하지만 그렇지 못한 경우 규범을 이탈하는 비행학생도 생긴다.

능력보다 노력을 강조하다 보니 사회 전체적으로도 특정 분야의 '전문적 실력'보다 '일반적인 막연한 잠재능력'을 중시하는 능력관이 팽배하게 되었다. 그리고 모든 것을 다 잘할 수 있을 것이라는 '할 수 있다 주의'(Can doism)가 만연하게 되었다. 할 수 없는 이유는 오직 노력부족으로 돌린다. 우리 학부모들이 생각해 보아야 할 첫 번째 중요한 물음이다. 과연 우리 아이는 노력만 하면 모든 것을 다 잘할 수 있는가?

2. 타인 지향적 인식: '남 하는 만큼은 해야 한다'

한국의 학부모들은 교육과 관련하여 대체로 타인지향적 인식을 가지고 있다. 이는 관계 지향적 사회의 일반적인 특징과 일치한다. 즉 개인은 사회 안에서 개별적이고 독립적인 존재가 아니라 상호의존적이고 관계적 존재에 불과하다(Nisbett, 2003). 미국의 사회학자 리스만(Riesman)은 『고독한 군중』이라는 저서에서 현대인이 갖게 되는 행위 유형을 전통지향형, 내적 지향형 그리고 타인지향형으로 구분하고, 개인의 성격 역시 그렇게 세 가지로 나눌 수 있다고 했다.

타인지향형의 사회는 사회구성원이 다른 사람들의 기대와 선호에 민감하게 반응함으로써 사회의 동질성을 확보하는 사회이다. 친구나 동료, 매스미디어 등 타자의 신호에 대해 주의를 기울이며 그러한 신호들의 유통에 구성원들이 참여하는 사회이다. 따라서 개인이 주체적으로 자신의 삶의 목표를 내면화하지 못하고 타인의 평가와 기대에 따라 행동하게 된다.

이러한 특징에 비추어 보면 우리 사회는 자신의 행동기준을 내적 판단보다는 타인, 특히 의미 있는 타인의 기대와 평가에 더 의존한다. '남이 장에 가니 나도 장에 간다.'는 식으로 무분별하게 휩쓸리는 행동은 이를 잘 대변한다. 따라서 모든 행동 심지어는 사소하게 옷 입는 것 하나에도 타인의 눈을 의식한다. 유행에 그만큼 민감할 수밖에 없는 이유이다. 그리고 타인지향적 가치는 동류의식 내지는 집단의식으로 나타나고 개인의 내적 양심보다는 체면이나 눈치를 발달시킨다.

이러한 타인지향 성향은 우리나라 학부모의 교육적 인식론과도 일치한다. 성적 관련 상대적 등위에 대한 민감성이 단적인 예이다. 자녀의 성적에 대한 독립적인 판단이 중요한 것이 아니라 다른 학생과 비교하여 몇 점을 더 맞았는가가 학부모들에게 더 중요한 관심사이다. 특히 라이벌 관계 학생보다 비교 우위를 차지하는 것이 자신의 내적 목표를 얼마나 도달했는지 여부보다 더 중요하게 여겨진다. 따라서 성적에 의한 상대적 서열이 개인의 교육적 행동 기준이 된다. 학습목표보다 평가목표에 더 관심을 두는 학부모가 많은 이유이다.

물론 이러한 타인지향 성향은 자녀교육을 위하여 긍정적으로 작용하는 면도 없지 않다. 즉 성적 우수자나 모범학생이 사회적으로 우대받고 그 반대 학생들이 지역사회의 지탄이나 제재의 대상이 됨으로써 자녀 행동의 교정원이 되기 때문이다. 그러나 그러한 성향이 가져올 교육적 부작용 역시 만만치 않다. 타인지향 가치는 서열 위주의 일원적 가치(사회적 가치가 다양화되기보다는 단일기준에 의한 가치가 중시되고 주어진 가치질서 속에서는 수직적인 서열을 구분하여 높고 낮음을 따지는 경향성)와 맞물려 타인과의 의미 있는 인간관계를 어렵게 한다. 예컨대 과도한 경쟁으로 인한 진정한 우정을 나누지 못하는 점은 그 대표적인 예이다.

타인지향 가치가 교육관행에 나타나는 또 다른 부작용으로는 평가에 대한 부정적 태도를 들 수 있다. 교육적 판단이나 기준에 따르면 학습자의 상태를 정확히 진단하고 거기에 기초하여 개개인에게 적합한 처방을 올바로 제시함으로써 학생들의 학습결과를 향상시키자는 주장은 당연하고도 지극히 옳은 처사이다. 그러나 평가 결과가 학생 간 상대적 등위에 대한 민감성과 학교 간, 지역 간 비교 때문에 오히려 과외를 부추겨 공교육 정상화에 역행할 것이라는 우려가 힘을 얻고 있다. 어떻게 하면 학생들의 기초학력을 신장시킬 것인가를 먼저 고민해야 하고 교육문제를 교육의 내적 기준이나 논리에 따라 풀어야 함에도 불구하고 그것이 가져올 사회적 부작용을 먼저 걱정하고 있다. 타인 지향형 사회가 가져온 교육적 딜레마이다.

3. 한정적 재화 이미지: '우리 애만 잘되면 된다'

'한정적 재화 이미지'는 인류학자 포스터(Foster)에 의하여 제기되었다. 이 세상에서 좋은 것, 예컨대 토지, 경제적 부, 우정, 사랑, 명예, 존경, 지위, 권력 등 누구나 갖고 싶은 것은 한정되어 있다는 사고방식이다(한국문화인류학회, 1998). 공동체 내에서 누군가가 재화를 더 많이 갖는다는 것은 상대적으로 다른 사람이 손해를 보게 된다. 따라서 다른 사람보다 더 많은 재화를 가지려고 노력하는 사람은 구성원들로부터 질시와 의심의 대상이 된다.

이러한 사고방식은 특히 정태적이고 폐쇄적인 사회나, 미래가 불확실한 상태에서 자신이 통제할 수 없는 힘에 대한 구성원 나름대로의 적응과정에서 비롯되었다. 즉 폐쇄적 체계에서 한 개인의 지위

향상은 다른 사람의 희생에 의해서만 가능하기 때문에 한 개인의 지위가 지나치게 향상되면 자신뿐만 아니라 사회 전체를 위협한다고 생각한다.

그러한 사고방식이 팽배된 사회에서는 공동체 안에서 특정한 사람이 재화를 독점하는 것을 막기 위한 평준화 메커니즘이 작동한다. 어떤 사람이 자신의 지위를 향상시켜 공동체의 안정을 위협할 경우 비공식적인 사회적 제재를 받는다. 즉 가십, 소문, 험담, 비방, 질시 등 부정적인 제재를 받는다. 따라서 이러한 사회적 제재를 피하려면 공동체 내에서 자신의 상대적 지위가 물질적 혹은 다른 측면에서 현저히 개선되었다는 증거를 노출시키지 말아야 한다. 재화 획득의 비밀을 다른 사람에게 자랑해서는 안 된다. 반대로 인정과 이익의 일부라도 공동체를 위하여 사용함으로써 정상적인 상태를 회복하려는 노력을 보여 주어야 한다.

이러한 한정적 재화 이미지는 우리나라 학부모들이 가지고 있는 교육적 인식과 일치한다. 상급학교 진학, 일등, 합격 그리고 사회적 지위나 명예는 한정되어 있다고 생각하고 그러한 것을 얻기 위해 공적으로는 평준화 메커니즘을 작동시킨다. 우리나라에서 학부모들이 가지고 있는 이러한 교육적 인식 때문에 나타나는 부작용은 하향평준화를 촉진하는 교육정책을 예로 들 수 있다. 즉 교육적 능률이나 수월성을 추구하기보다는 평등주의적 의식을 강조한다.

보다 구체적으로 우리나라 학부모들은 교육성과 다양성을 기초로 한 자립형 사립고등학교보다는 효율성과 획일적 평등관에 기초를 둔 고교평준화를 더 선호한다. 그리고 학습자 개인의 특기와 적성 그리고 능력에 입각하여 다양한 교육과정을 부과하려는 수준별 교육과정에 대한 부정적 태도를 견지한다. 그러면서도 사적으로는 자립형 사립고등학교에 진학시키기 위하여 사교육을 시키고 특기적성교육을 사교육으로 대체한다.

문제는 평준화된 공교육에 대한 투자보다는 사교육에 대한 투자를 통해서 한정적인 재화를 얻으려 노력한다는 점이다. 그 결과 사교육 시장이 날로 번창하고 있고 이로 인하여 학부모들의 경제적 부담은 가히 천문학적 숫자를 넘어서고 있다. 교육의 결과가 투자에 비례한다고 해도 과도한 사교육비에 대한 투자로 인하여 학부모들이 감내하기 힘든 희생을 강요당하고 있는 것이 오늘날 우리나라의 교육 현실이다. 새로운 인식의 전환이 절실히 필요한 시점이다.

4. 높은 교육열: '최소한 대학은 나와야 한다'

높은 교육열은 우리나라 교육을 특징짓는 핵심적인 요소이다. 한국교육개발원의 조사(1994)에 따르면 96% 이상의 학부모들이 자녀가 대학 수준 이상의 교육을 받기를 원한다고 한다. 가히 세계적인 수준이다. 그런데 교육열은 긍정적 요소와 부정적 요소를 동시에 가지고 있는 양날 달린 칼과 같다. 높은 교육열 때문에 우리나라는 세계적으로 유례없는 교육 팽창을 이루었고 인간자본의 형성을 통하여 고도의 경제성장을 이룰 수 있었다.

반면, 높은 교육열은 가족 이기주의적 욕망으로 비교육적인 교육 경쟁을 비롯한 많은 사회문제를 일으킨 장본인이다. 즉 학부모들의 치맛바람, 단편적인 지식 위주의 주입식 교육, 사교육비의 출혈적 지출, 국민 간 위화감 조성, '8학군 증후군', 고액과외, 과열 경쟁에서 비롯되는 청소년의 좌절과 비행, 고학력 실업 등 한국 교육의 현실을 왜곡시키고 각종 사회문제를 일으키는 원인으로 지적된다. 학교 교육의 사회, 경제적 가치가 증대되면서 자아실현이나 전인적 성장으로서 교육보다는 사회적으로 높은 지위에 도달하기 위한 도구적 수단으로 교육이 인식되면서 교육열은 더욱 뜨거워지고 있다.

물론 학부모들이 가지고 있는 높은 교육열은 학부모의 단독적 책임이라기보다는 사회구조와 맞물려 있다. 첫째, 학력주의적 고용관행이 높은 교육열의 원인이다. 우리 사회의 직업 세계에서 고용관행이나 결혼 혹은 인간관계에서 학력은 개인을 평가하는 중요한 기준이 되고 있기 때문이다. 둘째, 집단주의적 지위의식과 서열 위주의 일원적 가치관, 과거제도에서 비롯된 입신양명적 교육관, 유교에 뿌리를 둔 숭문주의와 가족주의도 교육열을 부추기고 있다(교육개발원, 1993). 셋째, 교육경쟁을 부추기는 교육구조 탓도 있다. 교육선발이 대학 입학 단계에 집중되어 있고, 일반계 중심의 중등학교 운영으로 직업교육체제가 미흡한 점 그리고 다양성과 유연성이 부족한 학제 등도 대학진학을 부추기는 요인이다.

결과적으로 많은 학부모들이 자기 자녀가 '좋은 대학'에 들어가는 것을 성공적인 인생을 살기 위한 필요조건으로 간주하고 모든 경제적 사회적 희생을 감수한다. 희생이 커질수록 자녀의 상급학교 진학에 대한 기대는 역으로 커지며 결과적으로 야기되는 사회적 병폐는 늘어 간다. 문제는 그러한 높은 교육열이 공교육 발전이나 국가 발전을 위하여 활용되기보다는 가족 이기주의에 편승하여 자기 자녀에게만 집착하는 '사적 교육열'로 남아 있다는 점이다. 이제는 자기 자녀의 테두리를 벗어나 공교육이나 지역사회 더 나아가 국가 전체의 교육이 잘되도록 하는 공적 교육열로 전환시킬 수 있는 방안이 모색되어야 할 시점이다.

5. 학교교육의 공리성에 대한 신뢰: '좋은 학교에 가야 한다'

학부모들에게 "왜 시간과 노력과 에너지를 희생하고 경제적으로 무리하면서까지 자녀에게 보다 높은 학력, 좋은 학벌을 가지려 하는가?"라고 묻는다면 한국의 직업 구조는 단층적으로 이루어져 있고 그러한 노동시장하에서 남들보다 유리한 지위를 확보할 수 있는 가장 안전하고 확실한 방법은 고학력을 획득하는 것이라고 대답할 것이다(김희복, 1993). 즉 학교교육에 참여한 경력(학력)이 능력이라고 믿고 있으며 그러한 학력이 사회적 지위상승의 증표라 생각하고 학부모들이 모든 가용한 자원을 동원한다. 결과적으로 좋은 학교에 가기 위해서 수반되는 경제적 희생과 사회적 부작용, 즉 졸업장 열풍, 고학력 실업과 자격과 직업 간 격차로 인한 직업 세계에서의 불만족 등과 같은 문제에도 불구하고 상급학교 진학에 대한 열기는 식지 않는다.

학교교육에 대한 과신은 부작용으로 학력사회를 초래했고 학력사회는 우리나라의 노동시장과 직업관행과 맞물려 졸업장 열풍과 고학력 인플레를 가져왔다. 실제로 후기 산업사회까지도 학교는 직업선발의 보편적 준거로 작용을 했다. 노동시장에서 각각의 직업은 그것에 맞는 역할을 수행하기 위하여 기본적인 능력이나 기술을 가진 사람을 요구하고 있으며 요구되는 인력은 학교교육을 통하여 훈련되고 육성된다. 이러한 맥락에서 많은 사람들이 사회에서 유리한 직업적 지위를 획득하기 위하여 학교교육을 요구하게 되었으며 교육을 많이 받을수록 잘살 수 있다는 생각을 낳게 했다.

그런데 문제는 학교교육에 참여한 경력(학력)이 곧 개인의 능력을 보장해 주지는 않는다는 점이다. 그리고 이러한 교육적 인식이 지식기반사회에서도 그대로 통용되는 올바른 교육관은 아니라는 점이다. 즉 동일한 교육과정 내에서 상급학교 진학이 중시되던 후기산업사회의 교육은 교육과정의 선택이 다양하고 자아 성장을 중시하며 학습자의 자율성을 강조하는 지식정보화 시대의 교육관과 일치하지 않는다는 점이다.

또한 문제는 학부모들이 학교교육의 본질적 가치를 신뢰하는 것이 아니라 그것이 가져올 수단적 이익을 맹신하고 있다는 점이다. 교육은 경제적 가치를 추구하는 수단적 가치만 갖는 것이 아니라 오히려 더욱 중요한 공동체적 삶의 원리나 다양성의 사회에서 추구해야 할 공동의 가치를 갖는데도 말이다.

학력주의가 초래하는 사회적 병리현상이 너무나 심각하다는 점이다. 학력주의에 대한 학부모의 대응방식이 각종 사회병폐를 낳게 한다. 즉 학력이 곧 한 인간 전체를 판단하는 기준으로 활용되고 있으며, 사회 전반적으로 고학력을 획득하기 위하여 가능한 모든 수단을 동원함으로 생기는 부작용 그리고 특정 학벌을 소유한 사람이 그렇지 못한 사람을 배제하여 차별하고 학교 간 서열을 조장하는 학벌주의를 낳게 하였기 때문이다.

Ⅱ. 학부모는 어떤 교육관을 가져야 하는가?

학부모들의 일차적 관심사는 아마 자기 자녀를 잘 키우는 일일 것이다. 즉 공부 잘하고, 부모 말 잘 듣고, 건강하게 사회에서 자신의 몫을 다할 수 있도록 키우는 것이다. 사회에서 자신의 몫을 다한다는 말은 사회적 출세를 의미하며 그러기 위해서는 학교에서의 성공이 전제되지 않으면 안 된다고 생각한다. 따라서 학교에서 공부 잘하는 일이야말로 출세를 위한 가장 확실한 길이라고 생각한다. 일류대학이 가져다주는 보상은 자녀에게는 사회, 경제적 지위 획득이고, 부모 자신에게도 정신적 만족감을 가져다준다는 것이 지금까지 우리나라 학부모들이 가지고 있던 일반적인 교육관이었다. 그러한 교육관이 가져다준 문제점은 이미 언급한 바 있다.

그렇다면 학부모들은 어떠한 교육관을 가지려고 노력을 해야 하는가? 혹은 교육을 어떻게 보아야 할 것인가? 물론 바람직한 교육관은 획일적인 하나의 교육관으로 강요될 수 있는 성질의 것이 아니다. 따라서 학부모들이 가져야 할 바람직한 교육관 역시 획일적으로 답해질 수 있는 성질의 질문도 아니다. 또한 교육관은 역사적 조건과 문화적 요소 및 사회적 구조 속에서 이미 암묵적으로 형성되고 전승되는 것이기 때문에 단순히 의식개혁의 차원에서 접근할 성질도 아니다. 더더욱 하루아침에 의식은 바뀌지 않는다는 점을 고려한다면 이미 정착된 교육관을 고친다는 것은 불가능할지 모른다. 학부모의 자기반성과 성찰이 없는 한 말이다.

1. 분산투자보다는 집중투자를 하자

우리나라 학부모들은 성공과 실패의 귀인과 관련하여 능력주의 입장을 견지한다. 학업성패에 대한 귀속사유를 노력 탓으로 돌리건 아니면 능력을 강조하건 각각은 얼마간 나름대로의 장단점이 있다. 오늘날 우리 교육이 이만큼 성장한 것도 노력을 강조한 학부모들의 교육적 인식 때문이라면 인간의 가역성에 대한 신뢰를 무조건 배척하는 것도 물론 옳은 자세는 아니다. 그러나 교육의 결과는 투자에 비례하기 때문에 더 이상 "개천에서 용이 나지 않는다"는 속담이나 "신은 공평하다"는 교육적 인식도 고려해 봐야 한다. 자녀의 모든 능력에 대한 무조건적 신뢰가 아니라 특정 영역에 있어서 능력의 한계를 일부 인정한다면 주특기 영역(특기적성에 맞는 분야)에 대한 집중투자를 통한 보다 나은 학습결과를 가져올 수도 있기 때문이다.

실제로 교과내용이 상대적으로 덜 난해하고 분산투자를 통해서도 학생들이 쉽게 따라갈 수 있는 초·중등 과정에서는 우리의 교육적 인식이 우수한 결과를 산출할 수도 있다. 그러나 대학 이상의 어려운 과정에서는 분산투자보다 집중투자가 훨씬 나은 결과를 낳는다. 후자와 달리 전자의 경우 학습자들이 모든 영역에서 지금껏 분산하여 최선을 다한 결과 기력이 소진되었고 집중할 여력이 없기 때문이다. 따라서 정작 공부를 열심히 해야 할 대학 이후부터는 공부에 집중하지 않는다. 결과적으로 최고의 학적 권위를 자랑하는 노벨상(평화상을 제외하고)을 수상한 사람이 우리나라에서는 한 명도 나오지 않았다.

특히 자신의 적성에도 맞지 않는 모든 영역에서 노력을 강조한 나머지 결과는 부모의 기대를 저버리지 않으려는 학생들의 고민과 기대충족의 실패에 대한 두려움 그리고 이를 벗어나기 위한 비행으로 이어지는 사례도 생긴다는 점이다. 이제는 '막연한 일반적 잠재능력'의 환상에서 벗어나서 '구체적인 전문적 능력'을 능력으로 인정하고 극히 예외적인 천재를 제외한 일반인은 누구나 자신의 주특기 분야 이외에서는 능력의 한계가 있다는 점을 인정할 줄 알아야 한다. 학부모들도 자녀에게 모든 영역에 걸쳐 무조건적인 노력을 강요해서도 안 될 것이다. 모든 분야에 걸친 분산투자보다 자신의 적성과 취미에 맞는 그리고 능력이 가장 뛰어난 특정 영역에 집중 투자함으로써 결과를 극대화할 수 있어야 한다. 따라서 남보다 앞서기 위하여 모든 방면의 능력을 키우기보다는 남과 다르기 위하여 자신의 장점을 살리는 방향으로 우리 교육이 나아가야 할 것이다.

2. 한정적 재화를 늘리자

한정된 좋은 것을 서로 나누려 하다 보니 과열 경쟁과 이로 인한 부작용이 생겨난다. 그런데 여기서 우리가 생각해 보아야 할 것은 재화는 한정되어 있는 것이 아니라 재화에 대한 개념을 바꾸고 이를 개발하기에 따라 무한정 늘어날 수 있다는 점이다. 즉 지금까지 가지고 있던 제한된 좋은 것을 가지고 다툴 것이 아니라 좋은 것의 총체적인 양을 늘려야 한다. '풍선효과'처럼 한쪽을 누르면 다른 쪽이 튀는 것이 한정적 재화의 논리이다.

그러나 사회가 점점 개방되고 다양화되면 학교사회도 이러한 변화를 수용할 수밖에 없다. 한정적인 재화를 늘리거나 아니면 한정적 재화의 절대적 기준을 각자의 능력에 따라 다양하게 인식하는 사회를 만들 때, 비정상적 교육적 구조 역시 개선될 수 있을 것이다. 제한된 재화를 구성원 누군가가 차지하면 다른 사람이 손해를 보는 것이 아니라 재화 자체가 늘어나면 모두가 만족할 만큼 재화를 차지할 수 있기 때문이다. 재화는 한정된 것이 아니라 늘릴 수 있다는 인식의 전환이 필요한 시점이다.

구체적으로 성공의 의미를 학업 이외에서도 찾는 방법을 들 수 있다. 즉 성공의 경로를 확대하는 일은 재화의 총체적 양을 늘리는 한 방법이다. 성공의 경로는 공부를 잘해서 좋은 상급학교에 가고 따라서 결과적으로 좋은 직장을 얻고 이로 인하여 주어지는 보다 많은 반대급부를 통하여 사회적으로 높은 지위를 차지하는 유일한 길만 있는 것은 아니다. 실제로 많은 학부모들이 그러한 성공의 외길을 신봉하였고 이를 자신의 자녀에게 강요하였다. 따라서 적성과 소질이 없는데도 공부에 모든 것을 희생하지 않으면 안 되었다. 그러나 이제는 자녀의 적성과 성격에 맞는 것을 골라 결대로 길러 주어야 한다.

또한 지식기반사회에서는 지금까지 선호되었던 특정 직업보다는 어떤 직업이든 그 직업에서 어떤 능력을 발휘할 것인가가 더 중요해지고 있는 점을 인식하여야 한다. 여기서 중요한 것은 한정적 재화 이미지라는 사고방식을 바꿈으로써, 즉 사회가 열려 있다는 사실, 기회는 증가한다는 사고방식을 갖게 하는 일이다.

더더욱 기존의 후기 산업사회에서는 학교에서 일등이 동일한 교육 과정 내에서 우수한 성적을 거둔 학생이었고 그러한 학생이 사회에서의 성공을 보장받았지만 다원적 복합적 가치를 추구하는 지식기반사회에서는 학벌이나 학력이 더 이상 사회적 성취(성공)를 가져오는 유일한 방법은 아니라는 점을 인식할 필요가 있다. 이상적인 인간상인 지식근로자는 학력에 관계없이 자기의 위치에서 새로운 발상으로 지식과 정보를 활용하여 자신이 하는 일을 창의적으로 발전시키는 사람이기 때문이다. 따라서 성공의 개념이 한정되어 있기보다는 열려 있다는 인식의 전환이 필요하다.

3. 타인지향 가치체계에서 벗어나자

지식기반사회에서는 남과 같이 되거나 남을 의식하는 사람은 의미가 없다. 남과 다른 사람, 자기가 가지고 있는 독특한 개성을 창의적으로 계발시키는 사람이 더욱 존중되기 때문이다. 타인지향의 가치체계에서 벗어나기 위해서는 첫째, 학부모는 자녀의 자기존중과 자율성을 신장시켜 주어야 한다. 우리가 기존에 생각하는 것과 달리 학부모는 자녀교육에 관한 한 주 교육자이다. 교사는 보조자에 불과하다. 따라서 자녀의 교육은 학부모의 책임하에 이루어져야 한다. 학생들 역시 자기 학습의 주체자이다. 즉 지식기반사회에서는 후기산업사회에 적합했던 교사 주도적인 학습보다는 학습자 중심의 학습이 더욱 강조되고 있는 점을 중시해야 한다.

또한 자율성을 신장시킨다는 말은 타인의 기대가 자신의 행위 기준이 되기보다는 자신의 주체적인 판단을 더 강조한다는 말이다. 자신의 내면적 기준에 대한 강조나 개인의 독립성과 책임감에 대한 강조가 그것이다. 체면이나 눈치보다는 개인의 소신과 양심을 강조하는 것도 같은 맥락이다. 따라서 타인의 성적이 중요한 것이 아니라 개인의 내적 기준에 얼마나 도달했는가를 평가의 기준으로 삼아야 한다. 다른 학생의 성패에 따라 자신의 성패를 결정하는 것이 아니라 자신이 가지고 있는 내재적 기준이 중요하다.

둘째, 다원적, 복합적 가치를 가진 사회에서는 타인 지향적인 가치는 더 이상 설 자리가 없어진다. 일원적 서열 위주의 가치체계 속에서는 별도의 대안이 없기 때문에 항상 최고의 가치만을 추구한다. 그리고 보다 높은 서열을 차지하기 위해서는 구성원 간 이를 서로 먼저 얻기 위한 갈등과 반목과 대립을 피할 수 없다. 그러나 다원적 가치 체계 속에서는 여러 가지 척도에서 가치를 추구하기 때문에 차선의 대안에 만족할 수 있다. 결국 그렇게 하기 위해서는 다원적 가치를 중시하는 사회를 만드는 수밖에 없다. 바람직한 교육관은 획일적인 하나의 교육관으로 강요할 수 없고, 각자 처해 있는 위치와 상황에 따라 가장 바람직한 다양한 형태로 표출되고, 이를 실현할 수 있는 다양한 사회적 기제를 작동시켜야 한다.

4. 교육열을 올바로 활용하자

높은 교육열 그 자체가 문제가 아니라 '내 아이'만 중시하는 '사적 교육열'이 문제이다. 관건은 이를 어떻게 하면 모든 아이들이 이익을 얻도록 하는 '공적 교육열'로 전환할 것인가이다. 또한 개인의 사회적 지위 상승과 국가의 경제적 발전을 위한 도구로 활용되는 '도구적 교육열'을 아동의 전인적 발달을 위하여 활용하는 '본질적 교육열'로 전환시킬 것인가이다. 그리고 오로지 좋은 학교 진학만을 위하여 투자하는 교육열에서 교육다운 교육을 위하여 투자되는 교육열로 바꿀 것인가이다.

먼저, 사적 교육열을 공적 교육열로 바꾸어야 한다. 아프리카 속담에 "아이는 마을 사람들이 같이 기른다."는 말이 있다. 학부모의 관심사가 오직 '나의 아이'에서 '우리 아이'로 확대되어야 한다. 자기 자녀의 편의만 추구하는 이기적이고 자기중심적인 사고에서 벗어나서 모두가 함께하는 사고의 전환이 일어나야 한다. 내 아이를 제대로 교육시켜도 남의 아이가 건전하지 못하면 내 아이도 물들게 된다는 '이웃효과'에서 보는 것처럼 내 아이만 잘되는 것이 아니라 모든 아이들이 잘되는 함께하는 사회를 만들어야 한다.

사적 교육열을 공적 교육열로 전환하는 또 다른 방법은 사교육에 투자하기보다 공교육에 투자하는 일이다. 자기 자녀의 목전 이익을 위하여 투자하는 수십조 원의 투자가 공교육에 집중되면 분명 우리 교육은 세계적인 교육을 할 수 있을 것이다.

다음으로, 도구적 교육열을 본질적 교육열로 바꾸어야 한다. 이를 위하여 학력주의의 관행이 철폐되어야 한다. 학력에 의한 고용, 승진, 보수에 있어서 차별을 최소화할 수 있어야 한다. 고용관행과 직업 세계에 있어서 학력이 아닌 능력에 의한 선발과 배치가 이루어져야 한다. 학부모들도 교육받은 결과를 사회경제적 보상을 받기 위한 수단적인 것보다 이제는 교육을 통한 자아실현이나 자녀의 잠재적 능력을 개발하는 것과 같은 내재적 가치에 무게를 더 두어야 할 것이다.

끝으로, 입시준비 위주 교육에서 전인교육을 지향하는 자녀교육으로 바뀌어야 한다. 건전한 사회를 유지하고 발전시키기 위해서는 입시 위주의 지식교육보다는 오히려 건전한 시민의식을 함양하는 공동체 의식 교육이나 여가와 취미 그리고 자녀의 건전한 인성을 계발시킬 수 있는 교육도 병행시켜야 할 것이다.

5. 학교가 능사는 아니다

물론 학교교육이 현대사회에서 기여한 공로는 무시할 수 없다. 개인적으로 인간자본을 형성하여 국가발전에 기여하고 보다 잘사는 국가를 만드는 원동력이었기 때문이다. 그러나 학교교육이 모든 것을 개인의 사회적 지위를 비롯하여 사회발전을 전적으로 규정하는 것은 아니다. 특히 높은 교육열과 더불어 학교교육의 공리성에 대한 신뢰가 부작용으로 졸업장 열병을 가져왔고 고학력 인플레를 초래하였다. 그리고 상급 학교 진학을 위한 입시지옥과 이로 인한 부작용을 낳게 하였다. 따라서 어떤 모습으로든 학교교육에 대한 인식을 재정립하지 않으면 안 된다.

첫째, 학교교육이 교육의 전부는 아니다. 오늘날 모습의 학교가 등장한 것은 200년도 채 안 된다. 그 이전에는 모든 교육이 가정과 사회에서 실제적인 활동을 통하여 이루어졌다. 지식과 정보를 다루는 인지적 교육이나 사람됨을 길러 주는 인성교육 모두 가정의 몫이었고 가정이 못 하는 일부 교육을 사회가 담당했다. 그런데 오늘날 대부분의 학부모들은 학교가 모든 것을 담당해야 한다고 기대한다.

학부모의 과도한 기대가 학교만능을 낳게 했고 학교에서 모든 것을 해결해 줄 것으로 믿게 되었다. 그러나 공교육이 모든 것을 해결해 주는 곳은 아니다. 학교가 사회적 지위를 결정하는 부수적 기능을 수행하기는 하나 지식교육이나 인성교육 모두를 책임지는 기관은 더더욱 아니다. 공교육기관인 학교는 가정교육의 보조기관일 뿐이고 학부모가 시간과 능력부족으로 담당할 수 없는 일부 지식교육을 위탁한 기관에 불과하다. 따라서 학교가 모든 것을 해결해 줄 것으로 믿고 학교에 자녀를 보낸 것으로 학부모의 임무를 마쳐서는 안 된다. 학부모는 어디까지나 지식교육과 인성교육의 주 교육자이기 때문이다.

둘째, 학교에서 공부 잘하는 것이 출세의 도구는 아니다. 그리고 행복의 보증수표도 아니다. 학교공부를 못했지만 사회에서 성공한 사례(예술가, 사업가, 정치인, 등등)는 얼마든지 있다(저학력자 성공사례). 역으로 학교공부를 잘하고 사회에서 실패한 사람도 적지 않다 (고학력자 실패 사례). 고학력 그 자체가 수단적 사회가치를 높여 주었다 해서 반드시 그 사람의 행복을 증진시킨 것도 아니다. 학력＝능력의 도식이 아니라 올바르고 구체적인 전문적인 능력을 가진 사람이 고학력을 가진 사람에 우선하는 사회를 만들어야 한다. 이를 위하여 타인이 평가하는 '좋은 학교'를 선택하는 것보다 자신의 적성에 맞는 학교를 선택하는 것도 한 방법이다. 결국 좋은 학교란 공부 잘하는 일률적인 학교가 아니라 각자의 흥미와 적성에 맞는 교육을 하는 특성 있는 학교가 될 것이다.

셋째, 성공의 길이 다양한 사회를 만들어야 한다. 상대적 기능론자들이 주장하는 것처럼 성공의 루트(경로)가 다양할수록 학교교육을 통하여 성공을 추구하려는 사람이 줄어든다. 지식정보화 사회는 학업성적이 우수한 인재를 요구하는 것이 아니라 특정 분야에 전문적인 지식을 소유한 창의적인 전문인을 요구한다. 누구든 자신의 특기 적성을 살릴 수 있다면 성공의 길은 얼마든지 열려 있다. 관건은 자녀가 가지고 있는 능력과 적성을 얼마나 신장시켜 주는가이다. 국·어·수만 잘해서 좋은 대학에 가는 것이 능사가 아니라 한 분야라도 적성을 가지고 있으면 그것을 신장시켜주어야 한다. 대학도 자녀의 특기와 적성과는 무관하게 수능 성적에 맞추어 진학시키거나, 학문에 뜻이 없으면서도 대학원을 진학시키려는 것은 개인적으로나 국가적으로 모두 낭비를 초래하는 불행한 일이다.

넷째, 산업사회에서는 학력이 성공과 출세를 보장하는 유일한 기제라는 일원론적 사고는 다원적 복합적 가치를 추구하는 지식기반사회에서는 더 이상 사회적 성취를 가져오는 유일한 방법은 아니라는 점이다(현재의 학력이 미래사회에 요구되는 실력과 맞지 않는 사례). 후기 산업사회의 산업근로자와 달리 지식정보화 사회의 지식근로자는 학력에 상관없이 자기가 위치한 상황에서 새로운 발상으로 지식과 정보를 활용하여 자신이 하고 있는 일을 창의적으로 수행하는 사람이다. 전통적인 고용구조가 변하고 있기 때문에 학력구조 역시 변하지 않으면 안 된다.

또한 대학의 학생 선발구조 역시 전통적인 성적 위주가 아니라 학력뿐 아니라 사회봉사, 특정 재능의 소유와 발달 가능성 등에 입각하여 이루어질 것이고 보면, 학업에 치중한 자녀교육에서 벗어나 자녀의 특기와 적성을 신장시켜 주는 방향으로 자녀교육이 바뀌어야 할 것이다. 지식정보화 사회의 이상적 인간상인 '신지식인'이 보여주는 것처럼 학교교육을 매개로 하지 않고도 한 분야의 최고가 될 수 있는 가능성도 없지 않다. 따라서 인간의 능력을 학력이라는 단일 지표로 환원하는 오류를 범해서는 안 되겠다.

결국 학력은 인간을 평가하는 하나의 지표일 뿐이며, 지식기반사회에서는 단순한 학력보다 높은 수준의 창의적 능력을 요구하며, 학교교육 이외의 개인적 '경험학습'이 중시되고 사회적 선발이 다양화됨에 따라 고학력이 곧 선발이라는 등식은 더 이상 성립하지 않는다는 점을 알아야 한다.

결론적으로 어느 정도의 부작용을 가지고 있음에도 불구하고 한국교육은 많은 부분에 있어서 세계적이다. 우리 국민의 교육열, 교사의 자질 그리고 교육여건이 그렇다. 그리고 문화적 요소들도 세계적인 교육을 할 수 있는 좋은 조건을 갖추고 있다. 이러한 우수한 여건과 자질을 공교육에 흡수하지 못한 것이 문제이지 우리 교육은 분명 많은 가능성을 내포하고 있다. 높은 교육열은 자녀교육에 대한 학습동기원이자 중요한 문화자본의 하나이다. 이제 교육을 자기 자녀의 문제로 국한하여 사교육에 우선 투자하던 사적 교육열을 공교육을 위한 투자로 전환시키기만 하면 된다. 전통적인 학력, 학벌 중시의 교육과 지적 능력의 습득만 강조하는 교육관, 자기 자녀 중심의 이기적 사고 그리고 입시 위주의 교육관에서 벗어나서 다원적 가치를 강조하고, 능력과 소질을 육성하는 교육관을 가져야 할 것이다. 교육을 취업, 성공, 출세를 위한 수단으로서가 아니라 자기실현과 개인의 삶을 풍요롭게 하는 내재적 가치로 인식해야 할 것이다. 그리고 학력 중심의 기존의 교육관은 지식정보화 사회에서는 적성과 특기를 신장하는 방향으로 나아가야 할 것이다.

제13장
자녀의 학습력 신장을 위한 학부모의 역할59)

I. 서 언

오늘날 학부모들의 현실적인 최대 관심사는 앞 장에서 이야기한 올바른 교육관 정립이 아니라 '어떻게 하면 자녀의 학업성적을 향상시킬 것인가'에 있다고 해도 과언이 아니다. 우리 사회에서 개인의 지위와 사회생활의 많은 부분을 학교 성적이 좌우하기 때문에 학업 성적에 거는 기대는 갈수록 증대되고 있다. 그러나 문제는 공부에 왕도가 없다는 데 있다. 그리고 또 다른 문제는 자녀의 성적 향상 방법과 관련해서도 각양각색의 처방들이 너무 많이 나와 있기 때문에 어느 방법이 도움이 될지 모른다는 점이다. 그런 점에서 이하의 글도 독자들에게 또 다른 혼란을 야기할지 모르겠다.

성적, 혹은 학업성취 변인과 관련하여 지금까지 발표된 논문이나 출간물의 일부만 개괄하여도 학업성취는 매우 다양한 변인에 의하여

---

59) 담양 남초교 학부모 교육용(2005. 9. 23) 자료를 재편집한 것이다.

설명된다는 점을 알게 된다. 시카고 대학의 월버그(Walberg, 1986) 교수는 지금까지 영어권에서 수행된 학업성취 관련 2,575개의 선행연구를 종합적으로 개괄하여, 9개의 변인이 학업성취에 결정적으로 영향을 미친다고 설명한 바 있다. 개인 변인, 교수 변인 그리고 환경 변인이 그것이다. 학습자의 개인적 특성 변인으로는 학생의 능력(IQ), 발달 정도, 학습동기가, 학습 관련 변인으로는 교수의 질과 학습의 양(학생의 공부 학습 시간)이 그리고 환경 변인으로는 가정의 교육적 환경, 학교 · 학급 환경, 또래집단 그리고 대중매체의 영향이 그것이다. 이하 이러한 변인에 대한 설명을 통해서 자녀의 학습력을 신장시키기 위하여 학부모가 할 수 있는 일이 무엇인가를 살펴보도록 한다.

Ⅱ. 공부는 모두의 책임

1. 부모의 애정으로 IQ(지능) 바꾸기

흔히들 '누구를 닮아서 머리가 저렇게 나쁘냐'며 자기 자녀를 탓하곤 한다. 그러나 어쩌랴. 머리는 모두 브모로부터 타고난 것을. 앞장에서 기술한 것처럼 대체로 동양의 사고방식 속에는 인간의 가역성에 대한 무한한 신뢰가 담겨 있다. 그것도 다방면에 걸친 인간의 잠재능력을 중요시한다. 누구나 무한한 능력을 타고나기 때문에 학습결과는 각 개인이 얼마나 노력하느냐에 달려 있다. 학부모 역시 자기 자녀는 모든 것을 할 수 있는 천재라는 '착각' 속에서 자녀가 가진 능력의 한계를 인정하려 들지 않는다.

모든 교과에서 노력만 하면 능히 우수한 성적을 거둘 수 있을 것이라 믿는다. "우리 아이는 머리는 좋은데 영 노력을 하지 않는다."는 이야기를 흔히 듣는다. 결과적으로 아이의 능력은 생각하지 않고 모든 교과에 분산해서 시간과 노력을 투자한다. 부모의 기대를 충족시키려는 아이들은 따라서 버거운 싸움을 할 수밖에 없다.

머리를 좋게 하는 딱 부러진 방법은 없다. 그러나 제한된 범위 내에서나마 머리를 좋게 하기 위하여 부모가 할 수 있는 일이 전혀 없는 것은 아니다. 초기 가정환경을 잘 조성함으로써 두뇌가 우수한 아이를 만드는 데 일조할 수 있기 때문이다. 심리학자들에 의하면 자녀의 인지발달과 사회성 발달 그리고 성격발달과 같은 기초적인 사회화의 조건은 4세를 전후하여 이루어진다고 한다. 아동 성장에 있어서 가정의 초기 환경이 중요하다는 이야기이다. 실제로 본 제7장에서 언급한 스켈스와 다이(Skells & Dye)는 연구를 통하여 고아원에 버려진 아동을 대상으로 실험을 한 결과 '아동이 어렸을 때 부모의 지적 자극과 관심을 어떻게 받느냐'에 따라 지적 성장은 물론 사회성 발달과도 밀접히 관련이 있음을 잘 보여 주었다. 즉 초기 가정환경을 어떻게 구성하느냐와 부모 역할의 중요성을 일깨워 주기에는 충분한 연구라고 생각된다. 초기의 가정환경이 이렇게 중요할진대 지금 자녀의 이 정도의 성장도 기실 모두 부모의 관심과 애정 덕분이라고 할 수 있다.

2. 조기교육의 폐해

오늘날 자본주의가 발달된 사회일수록 결과는 투자에 비례한다는 원리가 대부분의 사회영역에 그대로 적용된다. 교육결과 역시 예외가 아니다. 취학 전 어떠한 교육경험과 문화경험을 하느냐에 따라 학습결과는 달라진다. 학교에서의 교육경험 역시 비례적으로 중요하게 작용한다. 따라서 가정에서의 문화적 결핍과 교육경험의 부족으로 인하여 취학 당시부터 기초 학습능력이 결여된 학생들은 학교에서 특별한 인위적 조치가 있지 않고는 보다 우수한 가정환경과 교육환경에서 성장한 학생들에 비해 상대적으로 학습결과가 뒤떨어지게 마련이다.

교육환경을 다양하게 경험시키기 위한 학부모들의 역할은 무엇인가? 간단히 이야기 하면 자녀의 발달 정도에 따라 눈높이 교육을 하는 것이다. 자녀의 발달 정도를 고려하지 않는 조기 입학이나 조기교육은 오히려 자녀에게 자신감을 상실하게 하고 열등감을 줄 수 있다. 그리고 선수학습 경험을 증대시킨다고 해서 미리 학습지나 학원을 통해 학습의 결과를 알고 있는 학생은 학교 수업시간에 학습에 대한 호기심(학습의욕), 학습태도, 주의집중력이 현저하게 떨어져 결국 주의가 산만한 학생이 되고 만다.

한때 유행처럼 번지던 5세 조기 입학이 유명무실화되고 있다. 오히려 적기인 7세 나이임에도 생일이 늦다는 이유로 자녀의 입학을 늦추는 경우가 늘어나고 있다. 이는 자녀의 학습발달 정도를 고려한 학부모들의 신중한 자세라고 할 수 있다.

많은 학부모들이 자녀의 나이나 발달 정도와 상관없이 조기 입학

을 바람직한 것 혹은 남과 구별되는 우월한 아동으로 인식하기 쉬우
나 오히려 발달 정도에 맞게 학습 준비를 갖춘 후 입학한 것에 비하
여 불리한 입장에 처할 수 있으므로 자기 나이에 맞는 혹은 발달 수
준에 맞는 시기에 학교에 입학하는 것이 현명할 것으로 생각된다.

　학생들의 사회성(대인관계 능력 등) 발달에 있어서도 마찬가지이
다. 자신의 또래와 유사한 지위와 위치(나이, 적응능력)를 가진 아동
이 학교생활에서도 원만한 관계를 유지한다. 문제시되고 있는 집단
따돌림이나 주위 학생으로부터 배척 등을 면하기 위해서도 자기 발
달 단계에 따른 생활을 할 수 있도록 하는 것이 학부모의 역할이다.

3. 학습동기 유발하기

　앞에서도 이야기한 것처럼 머리를 어떻게 바꾸기는(특히 4세 이후)
대단히 어렵다. 그렇다면 두뇌의 가용 범위를 최대한 활용하는 방법
밖에 없다. 즉 ‘머리가 작다’면 ‘엉덩이를 키우는 방법’밖에는 달리
방도가 없다. 동기와 관련하여 허쯔버그(Herzberg)의 이론은 참고할
만하다. 그는 회사에서 종업원들이 어떤 일을 할 때 만족을 느끼고
어떤 일을 할 때 만족을 느끼지 못하는가를 조사하기 위해 미국 피
츠버그 시에 있는 11개 산업체 200명의 기술자를 면담하고 만족을
주는 요인과 불만족을 주는 요인을 조사하였다. 그 결과 일에 대해
만족하고 있는 사람은 일 자체에 대하여 깊은 관심을 가지고 있었던
반면, 불만족한 사람은 근무하고 있는 환경조건에 대하여 불만족하
고 있음을 발견하게 되었다.

허쯔버그는 만족을 주는 요인을 동기요인(motivation factor)이라고 하고, 불만족을 느끼게 하거나 불만을 해소하는 요인을 위생요인(hygiene factor)이라고 불렀다. 동기요인으로서는 성취, 인정, 일 자체, 책임, 승진, 개인적 성장 가능성을, 위생요인 혹은 불만족 요인으로는 회사의 정책과 행정, 감독, 감독자와의 관계, 동료와의 관계, 하위직과 관계, 작업상태, 봉급, 개인생활, 일의 안정, 지위 등을 들었다.

이를 학습에 적용해 보면, 동기요인은 공부 그 자체에서 만족을 얻는 것을 말하며, 위생요인은 공부와 연관된 주변 조건을 말한다. 동기요인은 아무리 환경이 열악해도 하고자 하는 마음이 생기게 아동의 가슴에 호소하여 공부를 진작시키는 것을 말한다. 반면, 위생요인은 학습과 연관된 주변 변인을 개선함으로 학습동기를 진작시키자는 것이다. 즉 교사-학생당 비율을 줄이거나 안락한 의자, 쾌적한 교실 환경, 우수한 기자재, 좋은 학습 자료, 심지어는 조명이나 청정한 공기 등 학습을 위하여 필요한 부대조건을 개선함으로써 공부하고 싶은 마음이 들게 하는 것을 말한다. 그러나 미국의 교육개혁의 예에서 보는 것처럼 위생변인을 통한 교육결과의 개선은 실효성이 없는 것으로 나타났다.

우리나라 학생들을 보면 대부분 학습동기는 학습자 자신의 내적 동기보다는 어렸을 때부터 부모가 형성한 생활습관에서 비롯된다. 부모의 학습기대가 자녀의 학습동기원이 된다. 부모의 관심과 높은 기대를 내면화하기 위해서는 가정에서 부모와 자녀 간의 상호 이해와 자녀의 부모에 대한 존중이 필수적이다. 즉 비실재적 부모의 기대와 무리한 학습 강요조차도, 상호 이해를 바탕으로 할 때 이는 자녀의 학습동기원이 된다. 그러나 상호 간 이해가 부족할 때는 비교적 낮은 기대 수준이라 할지라도 잔소리로 들리게 마련이다. 예컨대, "해 달라는 것 다 해 주었는데 공부는 늘 그 모양이냐"는 부모의 볼멘소리는 부모의 높은 학습기대가 자녀에게 학습동기원으로보다는 잔소리로 작용하는 예이다. 어렸을 때부터 대화의 부재가 낳은 결과이다.

따라서 자녀가 어렸을 때부터 꾸준하게 대화를 통해 자녀의 교육경험에 대한 부모의 개입(직접 교수, 긍정적인 가정의 학습 분위기 조성), 학업 관련 활동통제(학습감독, 과외활동 시간 통제 및 숙제점검 등)와 비학과 관련 활동통제(친구와 시간 보내기, 집안일 하기, TV 시청 등) 그리고 자녀의 학습증진에 대한 지속적인 관심이 부모의 교육적 기대를 내면화시킴으로써 자녀의 학업성적을 향상시키는 방안이 될 수 있다.

자녀에 대한 높은 교육적 기대를 갖는 일과 어렸을 때부터 자녀와 부단한 상호작용을 통하여 높은 기대가 자녀의 학습동기원이 될 수 있도록 가정의 교육적 환경을 조성하는 일이야말로 가정을 통하여 학생들의 학습력을 신장시키는 방안이라고 하겠다.

Ⅲ. 가르치고 배우는 변인

1. '머리'보다는 '엉덩이'

학습결과는 학습시간에 비례한다. 즉 학습의 정도＝f(사용한 시간/학업에 필요한 시간)이다. 따라서 공부를 잘하기 위해서는 학업에 필요한 시간보다 더 많은 시간을 학습에 투자하면 된다. 스티븐슨 (Stevenson, 1983)은 1980년대 일본이 세계 최강(Japanese Number 1)인 이유를 많은 학업 시간에서 찾았다. 그는 미국, 대만, 일본 학생의 학업성취에 대한 비교연구를 통해서 일본의 우수성은 평균 수업 시수가 1980년대 기준 230일 이상이라는 점에서 비롯되었다고 주장하였다. 가장 성적이 낮은 미국은 180일 이상이었다(오늘날 일본은 주 5일제 근무로 인하여 180일 이상으로 바뀌었다). 그리고 학교에 등교한 날에도 집중적으로 학습에 투자하는 시간보다도 허드렛일(학생 통제 및 교실 정리 등)에 절반 이상을 보내는 미국은 온전히 수업에 한 시간을 보내는 일본에 비해 성적이 뒤질 수밖에 없다는 것이다.

공부는 쉬운 것이 아니다. 무언가 지구력과 인내력을 요한다. 그런데 요즈음 학생들은 과거 학부모들의 학생시절에 비해 모든 면에서 다르다. 그들의 달라진 특성이 공부에 필요한 지구력이나 인내력과는 점점 더 멀어지게 한다. 여기서 한 가지 숙제는 이렇게 비약적으로 달라진 자녀들의 특성을 어떻게 볼 것인가이다. 간단한 결론은 기성세대의 시각을 일부 교정하는 수밖에 도리가 더 있겠는가. 전통적인 지배 질서를 유지하는 통제방식으로 복귀하기보다는 이들이 가지고 있는 문화적 특성의 단점을 보완하고 장점을 살리는 방향으로 지도방향을 설정해 보면 어떨까. 즉 이들이 가상세계나 자신이 하고 싶은 일에 탐닉하는 열정을 학습에 몰입하도록 승화시킬 수 있는 방법을 찾아야 한다. 자기가 하고 싶은 것에 대한 강한 에너지를 창의적인 학습활동과 아이디어를 창출할 수 있도록 유도해야 한다.

그래서 쉽고 간편한것을 추구하고 그리고 지구력과 인내력이 부족한 이들을 공부에 몰두하게 해야 한다. 사회생활은 무한 경쟁을 요구하는데 가정이나 학교에서는 협동을 무작정 강조할 수도 없고 하나나 혹은 둘밖에 없는 자녀들을 무작정 공부를 위해서 기존의 방식대로 닦달할 수 없기 때문이다. 한 가지 고려해 볼 만한 것은 인내력과 집중력은 체력에서 비롯된다는 점이다. 따라서 강인한 체력을 연마하도록 어린 나이부터 놀이나 운동을 소홀히 해서는 안 된다. 실질적인 체험활동, 수련활동 등 경험을 많이 쌓게 해 주어야 한다. 그래서 강한 체력을 통한 집중력과 인내력을 연마하는 것은 결국 학습시간을 늘려 학습결과를 진작시키는 하나의 방법이다.

2. 교사의 권위 신장을 통한 자녀의 학습력 기르기

교수의 질은 교사의 특성과 학교에서 배우는 방법 그리고 학습내용 등을 포함한다. 그러나 그러한 것들은 많은 부분 교사에 의해 좌우되기 때문에 다른 요소는 생략하고 교사변인에 대해서만 알아보자.

학습결과에서 교사가 차지하는 영향력은 실로 대단하다. 때로는 교사의 말 한마디가 학생의 일생을 좌우하는 경우도 있다. 즉 교사가 학생에게 어떻게 하느냐에 따라 학생의 성적은 물론 장래의 생활에까지도 영향을 미친다. 교사와 학생 간 관계가 수업이나 학교생활을 통해서 어떻게 나타나는가에 대해서는 학부모의 역할과 직접 연관이 없으며 학부모나 학생한테 교사 선택권이 없으므로 이러한 사항은 여기서 생략한다. 다만 좋은 교사는 학부모에 의해서 만들어진다는 점을 강조하고자 한다. 이미 앞에서 소개한 장자의 '도'에 대한 설명 중에 도살업자의 이야기가 나온다. 소 잡기를 시작한 지 얼마 되지 않은 초보자는 날마다 칼을 갈아도 다음 날이면 다시 칼을 갈아야 하는 번거로움을 면할 길이 없다. 한 10년 가까이 동일한 일을 하다 보면, 칼을 가는 횟수는 현저하게 줄어들지만 그럼에도 비숙련 도살업자는 칼 가는 일을 계속해야 한다. 그러나 20년을 넘게 소 잡기를 계속한 도살업자는 칼날을 사용하는 대신에 칼등으로도 소의 뼈와 살을 쉽게 분리해 낼 수 있다. 뼈와 살 사이에 기공이 보이기 때문이다. 동일한 일을 반복해서 오래 계속하다 보면 그 일에 대한 '노하우(know – how)'가 축적되고 그러한 축적된 경험이 '도'에 통할 수 있다는 이야기이다.

어느 분야건 그러한 분야마다 도사가 있게 마련이다. 소위 현대적 개념의 전문가이다. 교사는 가르치고 배우는 분야의 도사이다. 따라서 다른 분야의 도사가 존중되듯 교직의 도사 역시 존중되지 않으면 안 된다. 즉 그들의 '권위'가 우선 존중되어야 올바른 교육이 일어난다.

'권위'란 일정한 부문에서 사회적으로 인정받고 어느 정도 영향을 끼칠 수 있는 능력이나 위신을 말한다. 따라서 교사의 권위도 교사가 갖는 사회적 인식이나 그 영향력을 의미한다. '학교 내에서는 학생들을 지휘 · 감독하거나 통솔하여 따르게 하는 힘'이라고 말할 수 있을 게다. 그런데 갈수록 이러한 영향력이 감소하거나 아예 상실되어 결과적으로 학교가 제대로 작동하지 않는 현상이 학교현장에서 늘고 있다는 데 문제의 심각성이 있다.

대체로 교사는 학생들에 비해 상대적으로 연장자로서 권위, 고매한 인격의 소유자로서 권위, 지적 전문가로서 권위, 가르치는 방법의 전문가로서 권위 그리고 사회적 지위로부터 부여받는 권위를 갖는다.

전문직에서 권위가 결과에 미치는 영향은 가히 놀라울 정도이다. 권위를 이루고 있는 본질적인 내용 그 자체의 영향뿐만 아니라 부수적으로 가져오는 효과도 실로 대단하기 때문이다. 의사의 단순한 맹물 처치에도 위장병 환자가 치유되는 '거짓효과(placebo effect)'는 의사의 권위 때문에 나타나는 부수적 결과이다. 마찬가지로 교사의 권위가 바로 설 때, 학생들의 학습결과에 미치는 영향은 교사가 갖고 있는 권위의 본래적 내용 이외에도 부수적 효과 역시 그에 못지않게 대단할 것임에 틀림없다. 그러한 결과는 앞에서 설명한 '피그말리온 효과'를 통해서도 잘 알 수 있다.

교사의 존재가 그렇게 중요할진대 학부모들은 교사를 전문가로 존중하고 자녀들 앞에서도 교사에 대한 올바른 행동을 통하여 교사의 권위를 고양해 주어야 한다. 부모가 교사를 하늘같이 대할 때 그 공은 고스란히 자녀에게 되돌아오기 때문이다.

Ⅳ. 교육적 환경의 조성

1. 가 정

학업성취에 있어서 가정변인의 중요성은 널리 인지되었다. 그중에서 부모의 사회·경제적 지위(S.E.S)가 학업성취를 설명하는 주요 변인이라는 주장은 학업성취와 관련하여 세인들의 관심을 집중시킨 소위 '콜맨보고서'(1966)로 더 잘 알려진 미국 시카고 대학교수였던 콜맨(Coleman)주도의 <교육기회불평등 조사보고서>에서 비롯되었다. 이 보고서는 이후 학교교육과 직접적으로 관련 당사자인 학교와 교사의 역할에 대한 회의를 품게 했으며 학업성취에 대한 논쟁의 도화선이 되었다.

이 보고서의 요지는 자녀의 학업성적은 부모의 교육 정도, 수입, 재산, 직업, 거주지 그리고 가옥의 형태에 따라 좌우된다는 이야기이다. 그러나 문제는 당장에 부모의 사회경제적 지위를 향상시킬 수 없다는 데 있다. 그리고 이러한 가정에서의 하드웨어보다는 소프트웨어가 중요하다는 반론이 제기되면서 단순히 부모의 사회경제적 지위 그 자체가 자녀의 성적을 결정하는 것은 아니라는 설명이 설득력을 얻어 가고 있다.

가정변인의 중요성을 주장하는 일군의 학자들도 연구가 지속됨에 따라 초기에 강조했던 가정의 구조적 변인보다는 가정의 과정적 변인이 더 중요하다는 쪽으로 변화를 보이고 있다. 가정의 과정적 환경, 즉 가족구성원 간 상호작용의 질, 부모가 부과하는 규범과 가치 등이 자녀의 인지발달에 더 영향을 미친다는 것이다. 그중에서도 부모의 가치체계, 교육적 기대 그리고 행동양식 등이 자녀의 학업성적과 밀접한 연관이 있으며, 부모-자녀 간 상호작용과 자녀의 학업에 대한 부모의 직접적 개입이 중요하다는 것이다.

콜맨은 1980년 중반 이후 프랑스 사회학자 부르디외(Bourdieu)가 주창한 자본론을 활용하여 학업성취를 설명하였다. 즉 가정에서 부모가 가지고 있는 문화자본과 사회자본이 자녀의 학업성취를 결정한다는 주장이다. 여기서 문화자본이란 교육적 인식론의 기초가 되는 문화적 특성으로서 개인과 사회에 대한 인지적 성향을 결정하는 지식, 기능, 상징체계를 의미한다. 이를테면 사회·문화적으로 형성된 인간의 가소성에 대한 신뢰, 교육열, '한정적 재화이미지' 등이 여기에 포함된다. 사회자본이란 가정이나 지역사회에 존재하는 인간관계, 유대감, 사회망, 교육적 정보, 노하우 그리고 자녀의 학습동기를 진작시키기 위하여 부모가 사용하는 노력, 시간, 관심의 총체를 말한다.

따라서 자녀의 성적을 향상시키기 위해서는 부모가 높은 교육열과 자녀의 변화 가능성에 대한 강한 신뢰를 가지고 있어야 하며, 다양한 교육정보와 교육적 노하우를 축적하고 있어야 한다. 그리고 성적이 우수한 학생들을 모범으로 삼아 그들의 학습방법을 벤치마킹할 수 있어야 한다.

보다 구체적으로 부모가 어떻게 가정환경을 구성하여야 자녀의 성적을 향상시킬 수 있을 것인가. 즉 자녀의 인지발달과 학업성적에 긍정적으로 영향을 미치리라 생각되는 가정의 교육적 환경을 어떻게 구성할 것인가가 관건이다. 데이브(Dave)와 울프(Wolf)가 제시한 인지발달과 학업성적에 영향을 미치리라 여겨지는 가정의 교육적 환경 특성은 이미 앞 장에서 언급하였다. 따라서 요지는 가정의 과정적 변인을 조작함으로써 자녀의 학업성취 수준을 어느 정도 향상할 수 있다는 이야기이다. 자녀에 대한 부모의 성취압력이 높을수록, 올바른 언어사용에 대해 민감할수록, 학습지도의 양이 많고 질이 우수할수록, 가족구성원의 지적 활동이 다양할수록, 가정의 지적 분위기가 우호적일수록 그리고 가정의 일상사에서 자녀교육이 우선시될수록 자녀의 학업성적은 향상된다.

특히 여기서 중요한 것은 학생들의 학습동기와 자율적 학습습관은 유년기부터 지속적으로 부모가 자녀교육에 관심을 가지고 개입을 해야 가능하다는 점이다. 만약 부모가 유년기부터 자녀들에게 열심히 공부하게 하고 좋은 학습습관을 형성시키면, 고등학교 무렵에 이르러, 부모의 학습 기대를 이해하고 내면화하여 자율적인 학습습관을 갖게 되고, 강한 학습동기로 작용한다. 그러나 유년기부터 부모 – 자녀 간 대화와 이해가 부족하면 성장 후에는 모든 것이 간섭과 잔소리로 들리게 된다. 따라서 학생의 동기화 발전에 유년기 때부터의 부모의 적극적인 개입은 무엇보다도 중요하다고 하겠다.

2. 학 교

오늘날 과거 명문 고등학교와 달리 고교 평준화 이후에도 신흥명문 고등학교가 새롭게 등장하고 있다. 동일한 투입 조건인데도 교육의 결과가 달라지는 것을 보면 학교 간 차이가 분명 존재하는 것은 사실이다. 그러나 우리의 현실 속에서 학부모들에게 학교 선택권이 주어지지 않기 때문에 특별하게 효과적인 학교를 위하여 학부모들이 할 수 있는 방법은 많지 않다. 여기서는 효과적인 학교에 대한 논의는 생략하고 학교 변인이 학습결과에 미치는 영향만 언급을 하도록 한다.

가. 학교의 특성

앞에서 언급한 것처럼 미국 미시건 주립대학 교수였던 브루크오버(Brookover, 1977)는 학교의 학습풍토가 학교 간 학업성취의 격차를 초래한다고 주장한다. 여기서 학교의 학습풍토란 학생들의 학업성취를 향상시키거나 저해하는 학교의 집합적 규범, 학교의 형식 · 비형식적 조직구조 그리고 교사와 학생 간 수업실천 행위에 반영된 기대, 지각, 태도 등을 말한다. 그러한 학교의 학습풍토는 학생, 교사, 교장의 풍토로 구성된다. 이 중 학생풍토가 학업성취에 미치는 영향력이 가장 크며 그중에서도 학생의 학구적 무력감, 학생에 대한 교사 · 학부모의 평가 및 기대에 대한 지각이 학업성취에 가장 중요한 요인으로 밝혀졌다. 따라서 학생들 간 해 보겠다는 충만한 자신감과 의욕이 넘치는 학교의 학생이 공부를 잘한다는 것이다.

나. 학부모 - 교사 관계

학교 변인과 연관하여 자녀의 학습결과에 영향을 미치는 것은 학부모와 교사관계이다. 특히 학부모가 교사와 어떤 관계를 맺고 자녀교육을 위하여 어떻게 노력하느냐에 따라 자녀의 학교생활과 학습결과는 영향을 받는다. 교사와 접촉이 빈번할수록 자녀교육을 위하여 학부모들이 얻는 이점이 많다는 것을 학부모들이 인식함에도 불구하고 교사와 관계가 원활해진 것은 아니다. 이를 방해하는 장애요소들이 많기 때문이다. 따라서 교사 - 학부모 간 성공적인 파트너십을 마련하기 위해서는 이러한 장애를 극복하고 건설적인 관계를 구축하기 위한 다양한 노력을 경주하지 않으면 안 된다. 교사 - 학부모 관계에 대한 인식전환, 양자 간 대화 구축, 교육적 정보 교환, 함께하는 생활체험활동 등과 같은 프로그램 개발을 포함하여 다각적인 방안이 모색되어야 한다.

교사는 교육적 사회자본을 가진 존재이다. 따라서 학부모가 이들과 관계를 긴밀히 할수록 학부모 역시 자녀교육에 필요한 정보나 지식 그리고 교육적 노하우를 얻을 것은 분명하다. 또한 자녀의 학교생활에 대한 올바른 이해를 통해서 문제 행동을 교정하고 학습 관련 사항을 올바로 지원해 줄 수 있을 것이다. 중요한 것은 전문가는 자주 귀찮게 할수록 얻을 수 있는 것이 많다는 점이다.

다. 학교와 지역사회 관계

아프리카의 속담에 "아이는 전체 마을이 기른다."는 말이 있다. 자녀 양육이 복잡하기 때문에 지역사회의 모든 구성원이 관여하지 않으면 안 된다는 이야기이다. 학습은 가정이나 학교에서만 일어나는 것이 아니라 그 외 지역사회의 사회적 유대망, 규범 그리고 신뢰에 의하여 영향을 받는다.

성공적인 학교교육을 위해서는 지역사회의 필요와 관심을 이해하는 일이 필수적이다. 학교에 대한 지역 주민의 문화적 의미에 따라 학교에 대한 태도와 행동차이를 유발하기 때문이다. 학교와 지역사회 양자 간 전체 사회의 문화에서부터 사회 · 언어적 형태가 상호 이질적이거나 상호 다른 가치, 신념, 관행을 견지할 때 학생들의 긍정적인 교육결과는 기대하기 어렵다. 따라서 학습결과를 진작시키기 위해서는 지역사회의 규범과 학교의 그것이 일치했을 때 가능하다. 이를 위해 지역사회는 학교의 가치와 일치하는 적응 전략을 개발하는 일이 필요하다.

또한 학교가 지역사회의 규범과 관심을 수용하여 제도화하는 경우도 가능하다. 오늘날 학부모의 학교 참여 기회의 확대와 지역사회공동학교와 같은 새로운 학교의 등장이 그것이다. 전자는 이를테면 미국의 경우 차터스쿨(charter school), 마그넷 학교(magnet school) 그리고 바우처 제도(voucher plan) 등이 대표적이며, 후자는 지역사회공동학교의 형태로서 지역사회 주민과 관공서 등이 함께 참여하여 학교를 개선하고 지원하는 방안이다. 이것들은 1940년 이후 올센(Olsen)에 의하여 제기된 지역사회학교(community school)는 지역사회의 필요를 반영하여 생생한 교육적 경험과 생활경험을 교육내용으로 활용하는 학교들이다.

3. 준거집단으로서 친구

"친구 따라 강남 간다."는 말이 있다. 친구의 영향력을 가장 잘 표현한 문장이 아닌가 싶다. 오늘날 자녀교육에 대한 부모의 영향력의 상대적 감소와 더불어 대중매체와 친구의 영향력이 점점 증대되고 있다. 어떠한 이웃을 만나는가가 한 개인의 일생을 좌우하듯 학창시절 어떤 친구를 만나서 어떤 관계를 형성하느냐가 개인의 성장과 발달에 있어서 대단히 중요하다.

물론 친구관계의 중요성은 비단 한 사람의 새로운 사람을 사귀는 것으로 끝나지 않는다. 학생들에게는 친구와의 만남이 정의적 영역은 물론이고 지적 발달에도 중요한 변수가 된다. 앞에서 이야기한 것처럼 미시간 주립대학의 브루크오버(Brookover) 교수는 학교의 학습풍토, 그중에서도 학생들이 공유하고 있는 학구적 무력감이 학업성취의 가장 중요한 변수라는 점을 밝힌 바 있다. 즉 학생들 간 관계와 그로 인하여 형성되는 학습풍토가 학업성취에 결정적이라는 이야기이다.

또래집단이란 구성원들과 상호 관심 속에 유대관계를 맺고 있는 학생집단을 의미한다. 다양한 종류에도 불구하고 친구관계로 이해되는 것이 보편적이다. 그 자체의 행동 규칙을 가지고 있으며, 한시적이긴 하지만 사회화의 기구이자 나름대로 집단 구성원에 대한 기대역할을 가지고 있다. 형식적으로뿐만 아니라 암묵적으로 집단의 문화를 전수해 주는 역할을 수행한다.

특히 준거집단으로서 역할을 하기 때문에 또래집단은 일단 구성원이 되면 강남까지 동행하지 않을 수 없게 된다. 일상적으로 한 개인의 성장과 발달이 개인의 독립적 심리적 발달에 국한하는 것이 아니기 때문이다. 한 개인이 가지고 있는 자아의식조차도 사회에서의 상호작용의 결과이다. 그렇기 때문에 한 개인은 일상생활에 있어서 다양한 상황에서 타인의 눈을 통해 자신을 알게 된다. 이때 가장 의미있는 타인인 친구의 역할은 중요할 수밖에 없다.

사회관계는 상호작용에 임하는 쌍방이 각각 자신의 행동에 대하여 상대방이 어떻게 대응할 것인가를 예견하고 상호 용납할 수 있는 방향으로 상황을 정의하여 쌍방이 수용할 수 있는 행동의 한계를 설정해 준다. 특히 보다 우호적으로 인식되기를 기대하는 친구는 사회관계에 있어서 개인의 행동 방향을 설정해 주는 중요한 존재이다. 그러한 집단에서 소외된 학생들 즉 집단 따돌림을 당하는 학생들은 최근 언론에 보도된 것처럼 목숨까지도 담보로 하는 행동을 하는 경우가 생긴다.

따라서 친구관계를 제대로 하지 못함으로 인해서 사회성의 발달이나 올바른 인간관계 기능을 경험할 기회를 갖지 못하는 학생이나 상호작용의 기회는 양적으로 많이 가지고 있기는 하지만 질적으로 올바른 관계를 유지하지 못하고 있는 학생들을 위해서 건전한 또래관계를 형성시키는 일은 급선무가 아닐 수 없다. 학생들의 효과적인 사회화 증진을 위해서도 학교나 가정에서 교사와 학부모는 다양한 방안을 강구해 보아야 한다. 특히 학생들의 지적 성장은 물론이고 일생을 좌우하는 중요한 존재로서 친구관계라면 더더욱 말이다.

학습구조에 있어서도 경쟁학습 구조보다는 협동학습 구조를 형성하는 일, 학생 상호 간 유대감을 공고히 하는 일, 상호의존적인 관계를 통해서 학생들 스스로 인정받고 있다는 정서를 공유하는 일, 동질성을 형성하는 일 등이 여기에 포함된다. 이를 통해서 학생들의 놀이문화 변화와 경쟁의 심화로 인하여 삭막해 가는 학생들 간 관계를 인정이 넘치는 또래집단으로 바꾸어 나가야 한다. 교사와 학부모들의 세심한 배려가 필요한 이유이다.

4. 대중매체와 컴퓨터

대중매체는 양날 달린 칼과 같은 존재이다. 옳게 사용하면 득이 되지만 그렇지 못한 경우에는 사용하지 않음만 못하기 때문이다. 그런데 문제는 가정 기능의 약화로 인하여 대중매체의 영향력이 점점 증대하고 있다는 점이다. TV, 라디오, 영화, 비디오, 게임, CD나 DVD 그리고 컴퓨터 등이 여기에 포함된다. 대중매체의 영향과 관련해서는 1980년대까지만 해도 주로 TV의 영향에 대한 논의가 주류를 이루었다.

서구사회의 아동들은 학교 재학시간과 TV 시청 시간이 유사하다 거나 16세에 이르면 평균 15,000시간 TV를 시청하고 6세 이상의 아동은 매주 평균 22 - 23 시간을 TV 시청에 소비한다고 한다. 그 영향력은 점점 증가하여 역사상 어떤 사회적 변화보다 TV매체의 영향력이 지대하여 TV를 '제3의 부모'로 일컫게 되었다. 그런데 대부분 부모들이 자녀의 TV 시청 시간과 프로그램을 제한하지 않음으로 인하여 무분별한 TV 시청은 다양한 범죄의 원인을 제공하고 있다는 것이다. 즉 무분별한 소비를 조장하거나, 성적 도착에 빠지게 하거나 학업 성적을 떨어뜨리고, 소외된 사람이나 여성에 대한 부정적 편견에 사로잡히게 한다. 소위 교육용 방송 프로그램도 사소한 인지 기능만 강조하다 보니 학습자로 하여금 학습에 집중하지 못하게 만든다는 것이다. 그래서 학업에 별로 도움이 되지 못한다는 것이다.

지금까지 주로 논의되었던 TV 폭력물이나 에로물 시청과 공격적 행동 및 성적 폭력 간 관계는 정화이론, 모방관찰이론 그리고 사회적 인지이론을 통하여 설명되고 있다. 이러한 매체가 학업 성적에 미치는 영향 역시 두 가지로 정리되고 있다. 그중 하나는 긍정적 영향으로 ① 지적 관심을 자극한다, ② 학교의 학습 내용을 보충해 준다, ③ 새로운 인지적 기능을 습득게 한다, ④ 도구적 정보를 얻게 한다는 것이다. 다른 하나는 부정적 영향으로 ① 학습시간을 뺏는다, ② 학습에 필요한 인내력이나 지구력 그리고 집중력을 약화시킨다는 것이다. 따라서 자녀의 TV 시청에 대해 부모가 어떻게 지도하느냐가 학업성적에 미치는 영향을 달라지게 한다고 할 수 있다.

컴퓨터는 정보화 시대에 있어서 없어서는 안 될 가장 중요하고 핵심적인 현대 기술문명의 이기이다. 인간의 모든 삶의 양식을 바꿀 정도로 영향력이 중대했던 TV가 처음 등장했을 때보다도 컴퓨터의 영향력은 더 막강하다. 가히 혁명적이라 할 만하다. 정보의 획득, 세계를 순식간에 하나로 묶는 사이버세상, 인터넷의 위력 그리고 제반 경제 활동까지 학생들도 실로 매일 매일을 컴퓨터와 더불어 살아간다. 그래서 우리나라 청소년의 40% 이상이 컴퓨터 중독증에 걸려 있다고 하지만 말이다.

특히 학교교육에 있어서 컴퓨터의 영향력은 두말할 나위도 없을 정도로 강력하다. 정보의 검색과 수집, 정보 사회의 빠른 템포를 수용하며 정보시대의 특징인 동시적 사고 그리고 학교의 벽을 넘어서 사회 각 영역과 연결된 교육을 할 수 있는 잠재력 때문에 많은 기대를 받고 있다. 학습자료의 활용뿐만 아니라 보다 효과적인 교수－학습방법으로서, 학교교육의 몰개성에 머무르지 않고 개인의 인성과 특성을 존중하는 개별화 수업 도구로서, 지식의 주입에서 벗어나 네트워크를 통한 현장감 넘치는 교육의 수단으로서, 학생들을 수업에 능동적으로 참여시킬 수 있는 컴퓨터는 이제 수업에서 없어서는 안 될 필수적인 요소로 각광받고 있다.

또한 비판적 사고능력, 문제 해결능력 등 아동기에 습득해야 할 중요한 자질을 향상시키는 데 매우 긍정적인 역할을 수행할 것으로 기대되고 있다. 즉 문제해결력의 향상, 분석력과 종합력이 요구되는 고차원적 사고력의 함양, 제반 학습활동을 보조할 수 있는 도구로서 바람직한 학습결과를 낳게 하는 컴퓨터는 이제 학교현장에서 없어서는 안 될 중요한 위치를 차지하게 된 것이다.

그러나 컴퓨터 역시 양날 달린 도끼에 비유된다. 현실적으로 얼마나 많은 청소년들이 교육적 목적과 무관한 컴퓨터 게임에 탐닉하고 있으며, 채팅을 비롯한 성인들이 보기에 중요하지도 않은 대화에 많은 시간을 소비하고 있는가. 아니면 컴퓨터로 말미암아 또래 친구들과의 놀이나 체험학습과 같은 직접 경험의 기회를 얼마나 많이 상실하고 있는가. 우리는 이러한 의문들에 대하여 대답을 줄 수 있어야 한다.

최근 미국에서 컴퓨터 및 컴퓨터를 활용한 교육은 어린이들에게 스트레스, 시력저하, 비만 등 신체적 악영향을 주는 것은 물론 창의성을 떨어뜨리고 인간관계(사회적 고립)를 악화시키는 등 정신적 발달 장애를 유발하기 쉽다는 보고서가 발간되었다. 즉 컴퓨터를 활용한 ICT교육은 아동의 인지적 · 정서적 발달에 다음과 같은 악영향을 미친다. 인지적 발달에 미치는 부정적 영향: ① 아동의 직접적인 체험과 경험을 할 수 있는 교육 기회를 감소시킨다. ② 아동들의 학습 동기를 마비시킨다. ③ 아동의 학습능력의 발달을 저해할 수 있다. ④ 아동의 창의성 발달을 저해한다. 정서적 발달에 미치는 악영향: ① 아동들의 집중력 장애를 일으킬 수 있다. ② 아동들의 공격성을 유발할 수 있다. ③ 아동들의 컴퓨터 중독을 악화시킬 수 있다. ④ 아동들의 사회성 발달을 저해할 수 있다.

아무튼 컴퓨터 활용이 수업과정에 미치는 영향은 차지하고라도 그것이 가져오는 학습결과만 놓고 본다면 마치 TV가 처음 등장했을 때 그 교육적 효과를 두고 찬반양론이 엇갈렸던 시절을 생각나게 한다. 여기서 우리는 컴퓨터나 그것을 활용한 교육이 많은 부분 장점을 지니고 있다고 하더라도 그것이 안고 있는 한계 역시 고려하지 않으면 안 된다. 특히 앞에서 언급한 본질적이거나 기능적인 면에서 컴퓨터 및 컴퓨터 활용 교육이 안고 있는 문제들에 대한 고려는 필수적이다.

V. 결 어

학업성적에 영향을 미치는 변인은 이처럼 다양하고 자녀의 학습력을 신장시키기 위하여 부모가 할 수 있는 일들도 이렇듯 매우 많다. 그러나 이러한 것을 다 알 필요도 그리고 일일이 실천할 필요도 없다. 중요한 것은 늘 관심과 애정 속에서 자녀와 동행하는 일이다. 인간관계에서 상호 이해가 가능하다면 모든 부정적인 것도 약이 되는 것이 세상 이치가 아니던가. 따라서 중요한 것은 자녀에 대한 애정과 관심이라고 할 수 있다.

거기에 하나를 더 붙인다면 자녀교육에 대한 올바른 방법을 알려고 노력하는 부모의 자세 정도가 될 것이다. 물론 이러한 인지적 요인은 사람됨이라는 인성적인 것과 견주어 볼 때 부수적인 것에 불과하다. 사람이 되고서야 비로소 기술과 기능 그리고 지적인 것은 의미를 갖기 때문이다(사람됨의 교육, 지식교육보다 감성교육의 중요성은 이하 장에서 다룬다.). 공부는 본인이 하고 싶어야 잘한다. 그런데 하고 싶게 만드는 것의 많은 부문은 학부모의 몫이다.

제14장
자녀의 감성 기르기[60]

Ⅰ. 감정의 중요성

사람들은 문화 속에서 배우고 문화를 통하여 성장한다. 우리는 우리가 속한 문화를 통하여 일정한 대상에 무의식적으로 의미를 부여하고 그러한 암묵적 의미가 우리들의 문화적 코드를 형성한다. 따라서 문화가 다르면 대상에 부여하는 의미는 다를 수밖에 없다. 다른 문화 속에서 살아온 사람은 서로 다른 문화적 경험을 하고, 그러한 경험이 잠재적으로 문화적 무의식을 다르게 한다.

이 점은 같은 문화 속에서도 일부 적용된다. 즉 경험이 다르면 동일한 정보를 다른 방식으로 인식하게 되고, 그러한 인식이 마음속에 각인되어 서로 다른 코드를 형성하기 때문이다. 그런데 이러한 각인은 감정과도 밀접하게 연관되어 있다. 즉 감정이 강렬할수록 경험은 더욱 명확하게 학습되고, 경험과 그에 따른 감정이 결합되면 더욱

---

60) 광주광역시 송정중앙초 학부모 교육용(2008. 10. 14) 자료를 재편집한 것이다.

강하게 각인이 일어난다. 일단 각인이 이루어지면 그것은 우리의 사고과정을 규정하고 미래의 행동을 만들어 낸다. 즉 각인은 무의식적 차원에서 우리의 행동에 영향을 미친다.

그렇기 때문에 어떻게 감정과 경험이 결합되어 각인이 일어났는가를 알면 우리가 현재와 같은 방식으로 행동하는 이유를 알 수 있다. 또한 어린 시절의 각인이 현재의 행동에 영향을 미친다는 점을 고려하면 유년시절에 어떻게 마음속에 올바른 각인을 심어 줄 것인가가 결정된다. 전자는 각자의 행동 방식을 새롭게 이해하여 대인관계에서나 사회생활에서 보다 자유로워질 수 있게 해 주는 반면, 후자는 경험과 감정을 어떻게 결합시켜 바람직한 각인이 형성되게 할 것인가를 알게 해 준다. 즉 올바른 교육 방향을 알 수 있게 한다.

감정은 학습의 열쇠이자 각인의 열쇠이다. 감정이 강할수록 경험도 명확하게 습득된다. 이를테면 난로 위의 뜨거운 주전자를 만진 아동이 뜨겁다는 추상적인 개념을 감정적으로 격렬한 고통을 맛본 후 명확하게 배우게 되고 다시는 그 개념을 잊지 않는 경우와 같다.

사람은 세 부분으로 나누어진 뇌를 가지고 태어난다고 한다. 학습과 추상적 사고와 상상력을 다루는 대뇌피질과, 감정을 다루는 대뇌변연계 그리고 생존과 생식을 관장하는 파충류뇌가 그것이다. 이 세 부분은 각각 논리, 감정 그리고 본능을 관장한다. 우리는 그동안 본능이나 감정보다는 이성을 담당하는 뇌의 개발을 강조해 왔다. 그래서 좋은 감정을 느끼는 것보다 올바로 이해하는 것을 더욱 강조해 왔다. 본능과 감정보다는 지성을 관장하는 것에 의지하도록 교육을 받아 왔다. 그래서 질문을 받으면 깊이 생각하고 검토해서 답변을 내놓는다. 대체로 논리적으로 보임직한 혹은 답변자가 요구하는 답변을 내놓는다. 그렇게 답하도록 학습된 것을 반복하는 것이다. 하여 우리들의 내면 깊숙한 세계 속에 무의식적으로 잠재되어 있는 감정 과는 동떨어진 대답을 내놓기가 일쑤이다.

　오늘날 여러 분야에서 창의성이 강조되고 있다. 창의성은 그렇게 답변되도록 요구된 답을 반복하는 것이 아니다. 오히려 각자의 내면 속에 다르게 잠재되어 있는 각인된 경험을 끄집어낼 때 가능한 것이 다. 그런 점에서 논리와 이성 그리고 지식만을 비정상적으로 강조하 는 교육보다는 감정의 세계에 충실할 수 있는, 그래서 각자의 내면 의 세계를 드러내 보일 수 있는 교육이 강조되어야 하지 않을까 한 다. 감정이 없으면 학습이 이루어지지 않는다. 그런 점에서 고기 잡 는 법을 가르쳐 주는 것이 중요한 것이 아니라 고기가 살고 있는 무 한한 바다를 그리워하는 감정을 일깨워 주는 것이 더 중요하게 강조 되어야 할지 모른다(이정선의 칼럼에서 인용).

Ⅱ. 창의적인 사람의 특성

　오늘날 강조되고 있는 것이 창의성이다. 창의성은 창의역량, 창의성, 창조성, 독창성, 창의적 사고력을 지칭하는 말로서 영어의 'creativity' 에 해당된다. 사전적인 정의를 보면 "새로운 관계를 지각하거나 비 범한 아이디어를 창출하거나 전통적인 사고유형을 벗어나 새로운 유 형으로 사고하는 능력"을 말한다. 즉 무언가 새로운 것을 만들어 내 는 능력이나 태도이다. 길포드(Guilford)는 창의력을 "새롭고 신기한 것을 낳는 힘"이라고 했고, 테일러(Taylor)는 "생산적 사고와 창조적 사고를 표현하는 복잡한 심리적 과정으로서 인내성과 성취, 변화, 개선을 구하는 태도 그리고 아주 큰 소신을 낳게 하는 정열 같은 것"이라고 정의하였다.

대체로 창의적인 사람은 그렇지 않는 사람에 비해 여러 가지 면에서 차이가 난다. 물론 지적 능력의 차이도 차이거니와 정서적인 면에서 차이가 크다고 한다. 즉 창의력은 특정 정의적 특성을 지칭하는 것으로 창의력을 지닌 사람은 그렇지 않은 사람에 비해 창의적 성격 특성[61]에서 차이가 난다. 주로 인본주의 심리학자나 정신분석학자들(예를 들면, Maslow, Rogers, Terrman, Torrance, Barron, Taylor, Mackinnon, Treffinger 등)은 창의력을 욕구나 동기, 성격의 일부 또는 태도로 설명하려고 하였다. 토랜스(Torrance)에 의하면 창의적인 사람은 그렇지 않은 사람과 비교하여 구별되는 성격 특성을 가지고 있다 한다. 창의적인 사람은 대체로 변화에 개방적이고, 판단에 있어서 독창적이며, 자신이 하고 있는 일에 대하여 집념을 가지고 몰두하며, 사물을 단정 지어 받아들이지 않고, 낙관적인 태도와 모험심을 가지고 있다. 윌리엄스(Williams)도 창의적인 사람은 용기, 호기심, 자발심 그리고 직관적인 태도와 민감성을 가지고 있다고 하였고, 트레핑거(Treffinger) 역시 창의적인 사람의 정서적 특성으로

---

61) 창의적인 사람의 열 가지 양면성(칙센트미하이): ① 대단한 활력을 가지고 있으면서 또한 조용히 휴식을 취한다. ② 명석하기도 하지만 한편으로는 천진난만한 구석이 있다. ③ 장난기와 극기 또는 책임감과 무책임이 혼합된 모순적인 성향을 갖고 있다. ④ 상상과 공상 한편으로는 현실에 뿌리박은 의식 사이를 오고 간다. ⑤ 외향성과 내향성을 함께 갖고 있는 듯하다. ⑥ 매우 겸손하면서 동시에 자존심이 강하다. ⑦ 어느 정도 전형적인 성의 역할에서 벗어나 있다. ⑧ 반항적이고 개혁적이면서 동시에 보수적이고 전통적인 성향을 갖고 있다. ⑨ 자신의 일에 열정적인 동시에 객관적이 될 수 있다. ⑩ 개방적이고 감성적인 성향으로 인해 종종 즐거움뿐만 아니라 고통과 역경을 겪는다.

호기심, 상상력, 생산성, 사고와 판단의 독자성, 문제에 대한 몰두와 지속성, 미래와 미지의 것에 대한 개방성, 정보와 아이디어를 얻기 위한 노력을 들었다.

물론 정의적인 영역에서 창의적인 특성만 구비한다고 창의적인 사람이 되는 것은 아니다. 인지적 요소 및 정의적 요인뿐만 아니라 사고과정 혹은 문제해결력 그리고 거기에 더하여 개인을 둘러싼 환경변인까지 갖추어져야 한다. 즉 개인 내의 인지적 및 정의적 요소와 개인 밖의 사회문화적 요인이 상호 작용하여 창의력을 형성한다는 것이다. 창의력은 독창적이고 유연한 사고능력을 가진 개인의 행동 결과만이 아니라 그를 둘러싸고 있는 분야, 영역 간 상호작용의 산물이다. 여기서 영역이란 선별된 새로운 아이디어나 형식을 보존하고 차세대로 전달하는 문화적 기반을 말하며, 분야란 개인들로부터 야기된 변화들에 대해 보존가치가 있는 것을 선별하고 평가하여 영역으로 통합하는 사회체제를 말한다. 따라서 창의적인 개인의 역량도 그것을 인정해 주고 격려해 주는 문화적 풍토와 그것을 발굴하여 알릴 수 있는 그 분야의 조직이나 전문가집단이 있을 때 비로소 가능하다. 그러므로 개인의 창의적 사고나 타인과 구별되는 뛰어난 정의적 특성, 새로운 문제해결력 그리고 거기에 창의적 개인을 북돋아 줄 수 있는 문화적 토양(환경)과 분야가 형성되어 있어야 한다.

그리고 창의성을 저해하는 요소를 제거할 수 있어야 한다. 칙센트미하이는 우리는 창의적인 삶을 살아가는 데 필요한 정신적 에너지를 가지고 있는데, 이러한 에너지의 표현을 가로막는 장애를 없애는 것이 무엇보다도 중요하다고 보았다. 창의력을 증진하기 위해서는 먼저 개인이 가지고 있는 호기심과 관심의 개발, 즉 사물 자체에 관심을 분배하는 일, 몰입상태에 들어가도록 연습하는 일 그리고 창의적인 에너지를 조절하여 분배하는 일이 필요하다고 한다. (호기심으로 이루어진 창의적인 에너지를 자유롭게 풀어 주고, 시간과 공간과 활동을 조절하는 법을 배운 후) 이러한 구조를 개인의 내면적 성향 (habits)과 일치시키려 노력하여야 하고, 그런 다음 창의적인 사고를 일상에 적용해 보고 확산적 사고를 통하여 결과를 검증해 보는 일이 필요하다고 하였다.

도랜스(Torrance) 역시 창의력을 증진시키기 위해서는 창의적인 사고를 저해하는 요소를 제거하는 일이 중요하다고 보았다. 여기에는 공상을 무조건 못 하게 하는 것, 조작과 호기심을 억제하는 것, 성역할에 대하여 지나치게 혹은 잘못 강조하는 것, 예방과 두려움 그리고 소심성을 지나치게 강조하는 것, 특정 언어적 기술을 잘못 강조하는 것, 파괴적인 비판을 강조하는 것 그리고 동료들이 강제적으로 압력을 가하는 것 등이 포함된다.

Ⅲ. 현대 젊은이의 특징

오늘날 청소년을 N 세대라 하기도 하고, IP 세대, 혹은 G 세대라고도 부른다. 이미 N 세대의 특징에 대해서는 다른 글에서 살펴보았으므로 여기서는 IP 세대의 특징에 대해서 동아일보에 게재된 글을 인용해 보자.

올해 초 모건스탠리 미국 뉴욕 본사에 입사한 김윤하(23·여) 씨. 그는 세 차례의 전화 면접과 오전 9시부터 오후 5시까지 이어지는 심층 인터뷰 '슈퍼 데이(Super Day)' 면접을 거쳐 당당히 합격했다. 미국 브라운대 출신인 김 씨는 "말솜씨 좋은 미국 애들에게 밀리지 않으려고 대학 시절 다양한 학내 활동을 통해 '미국 영어'를 배우려 애썼고 그 효과를 봤다."고 말했다.

지난해까지 외국계 금융회사에 다녔던 이지훈(34) 씨는 올해 3월 작은 음반회사를 직접 차렸다. 말쑥한 양복과 넥타이 차림으로는 음악에 대한 열정을 제대로 발산할 수 없었다고 한다. "힘들다는 건 '하기 싫은 일을 할 때 느끼는 감정'이라 생각해요. 퇴근 후 밤늦게까지 클럽 DJ로 활동하며 음악과 함께할 때 저는 정말 행복했어요. 돈과 바꿀 수 없는 그 기쁨 때문에 안정된 직장도 포기한 거죠."

20대와 30대는 그동안 한국 사회에서 부정적 이미지로 자주 그려졌다. 학력 저하를 의미하는 '이해찬 세대', 경제난을 상징하는 'IMF 세대', 비정규직의 그늘을 떠오르게 하는 '88만 원 세대' 등의 표현처럼…. 그러나 김 씨나 이 씨처럼 해외 인재들과 겨뤄 의미 있는 성취를 하거나 기존의 틀을 뛰어넘는 발상으로 21세기 한국의 희망을 예감하게 하는 젊은이도 적지 않다.

이동훈 삼성경제연구소 수석연구원은 "2030세대는 대처로 산업화와 민주화가 이뤄진 뒤인 1990년 이후 대학생활을 보냈다."면서 "이들은 그 이전의 세대가 가졌던 정치적 경제적 콤플렉스에서 자유로운 첫 세대이며 21세기의 핵심 역량인 디자인, 감성, 글로벌 능력 등이 몸에 밴 세대"라고 분석했다.

배영 숭실대 정보사회학과 교수도 "지금의 2030세대는 이전 어느 세대보다 뛰어난 역량을 가졌지만 그동안 위축된 경제 환경 등으로 능력을 마음껏 발휘하지 못했을 뿐"이라고 강조했다. 동아일보 취재팀은 한국 2030세대의 다양한 삶을 추적하고 전문가들과 함께 그 기저에 흐르는 시대적 사회적 문화적 특징을 분석한 결과 이들을 'IP(Independent Producer·독립적 생산자) 세대'로 정의했다.

문화사회학자들은 "386세대 이상의 중장년 세대가 이념이나 구호의 집단적 추종자인 측면이 강했다면 IP 세대는 독자적으로 자신의 가치를 만들어 가는 '생산자'의 개념이 훨씬 강하다."고 말했다. 따라서 그 총체적 모습을 기성세대처럼 산업화, 민주화 같은 단어 하나로 드러내기가 어렵다.

IP 세대는 영문 머리글자 I와 P의 다양한 조합으로 몇 가지 두드러진 특징을 보여 준다. 이들은 정보화 사회의 단순한 정보 수용자에서 벗어나 손수제작물(UCC) 등을 통해 '정보 제공자(Information Provider)'로 떠올랐다. 인터넷상의 'IP(Internet Protocol) 주소'는 이들에게 오프라인의 주민등록증을 능가하는 '사이버 신분증'이다. 또 '재미'가 있으면 '열정'을 불태우고(Interest & Passion), 외국어 능력과 다른 문화에 대한 유연성 등 '국제적 잠재역량(International Potential)'도 눈에 띈다. 기성세대가 가지 않았던 길을 열어 가는 '혁신적 개척자(Innovative Pathfinder)'이면서 대학 시절부터 스스로 미래 인생을 설계하며 부(富)를 추구하는 '똑똑한 재테크(Intelligent Portfolio)족'이다.

IP 세대는 '만질 수 없는 소프트웨어 능력(Intangible Power)'을 지녔고, 일방통행식 정치참여에는 거부감을 보이지만 '상호 작용하는 참여(Interactive Participation)'에는 월드컵 거리응원만큼 뜨거운 호응을 보인다. 빠른 속도로 뜨거워지지만 그만큼 빨리 식는 '즉흥적 인간관계(Instant Partnership)'도 한 특징이다.

전상진 서강대 사회학과 교수는 "2030세대가 직면한 시대적 조류가 긍정적인 것만은 아니지만 그 조류 속에서도 '내 삶을 내가 만들어 간다.'는 희망의 파도타기꾼(surfer)이 있는가 하면, 반대로 희염없이 떠다니는 절망의 표류자(drifter)가 있다."고 진단했다. 대한민국의 21세기는 얼마나 많은 IP 세대가 '세상의 변화를 자신의 발아래 놓고 즐기는' 서퍼로 성장하느냐에 달려 있다(동아일보, 2009년 "난 창조자" 한국을 바꾸는 IP 세대 중에서).

Ⅳ. 학부모의 역할

그러면 이러한 감성이 풍부한 그러면서도 창의적인 젊은이를 양성하기 위해서 부모는 가정에서 어떤 역할을 해야 하는가? 다양한 대답이 가능하겠지만, 풍부한 감정을 형성하기 위한 환경을 조성하는 일이다. 자녀로 하여금 직접체험을 많이 하게 하고, 독서의 중요성을 일깨워 주며, 문화예술적 체험을 통해 예술적 심미안을 길러 주고, 창의적인 자녀양육 방법을 실천하는 일이다. 땀에 젖게 하기보다는 일의 즐거움에 젖게 하는 것이다. 감성이 풍부한 창의적인 자녀를 양육하는 부모의 가정에서의 태도와 그렇지 못한 부모의 차이를 살펴보자. 그리고 자녀의 창의성 신장을 위하여 부모가 할 수 있는 노력들을 살펴보자.

* 창의적인 아이의 가정에서의 부모태도

- 자녀의 의견을 존중하고 의견을 자유롭게 표현하도록 격려한다.
- 아이들도 생각하고, 공상하고, 때로는 빈둥빈둥 놀기도 해야 한다고 생각한다.
- 아이들 스스로 많은 것을 결정하도록 한다.
- 부모와 자녀가 함께 다정하고 친밀한 시간을 갖는다.
- 사물에 대한 호기심, 의문을 언제든지 나타내도록 격려한다.
- 아이들이 노력하고 성취한 것을 부모가 인정하고 있음을 알도록 확신시킨다.
- 자녀에게 용기를 주고 지원한다.
- 독립적으로 일하도록 격려한다.
- 자아를 존중하는 태도로 자녀를 대한다.
- 자녀와 좋은 동료관계를 형성한다.
- 자녀와 함께 있는 것을 즐거움으로 여긴다.
- 칭찬한다.

* 창의적이지 못한 아이의 부모

- 일정한 형식을 가르치고 잘못했을 때는 벌을 준다.
- 부모 앞에서는 아이들이 절대 화를 낼 수 없게 한다.
- 부모의 생각과 다른 견해를 가지고 있는 가족의 아이와는 친하게 지내지 못하도록 한다.
- 아이는 눈에 보이는 것만 믿어야 한다고 생각한다.
- 자녀에 대해 별로 만족스러워하지 않는다.
- 부모의 결정에 의문을 제기하는 것을 허락하지 않는다.
- 부모가 일을 직접 지시하는 경향이 있다.
- 일에 대한 구체적인 해결책을 제시하는 경향이 있다.
- 상황에 따라 적대시한다.
- 아이를 비난하며 아이의 생각이나 제안을 거절한다.
- 아이에 대한 자랑스러움이 부족하다.
- 어려움이 있으면 뒤로 물러나고 포기한다.
- 과제를 하도록 압력을 행사한다.
- 아이들에게 화를 낸다.

* 창의성 발달을 위한 부모의 노력

- 자유스럽게 행동할 수 있도록 분위기를 만들어 주라.
- 실수를 인정하라.
- 웃음이 가득 찬 분위기를 만들어 주어라.
- 혼자서 생각할 수 있는 분위기를 만들어 주어라.
- 식탁에서 토론하는 시간을 마련하라.
- 창의성을 꺾는 말이나 행동을 피하라.
- 보상에 주의하라.
- 부모가 창의적인 행동의 모델이 되라.
- 풍부한 경험을 시켜 주어라.

맺는 글

초 경쟁시대이다. 국가간 경쟁은 말할 것도 없고, 국내적으로도 경쟁이 우리의 삶을 구속하고 있다. 무한경쟁의 글로벌 시대에 살아남기 위해서 그리고 상대방과의 경쟁에서 이기기 위한 자기계발서들이 날개 돋치듯 팔려나가고 있다. 교육계에 있어서도 오늘과 같이 학력위주의 승자 독식의 시대, 무한 경쟁에서 승자만이 살아남는 그래서 상대방과 적대적 경쟁이 강조된 때도 일찍이 없었다. 성과주의, 효율성, 도구적 합리성, 결과에 대한 지표화를 강조하는 신자유주의 체제하에서는 무한한, 아니 광기에 가까운 경쟁을 기초로 하는 시장의 질주만이 용납되고 있다. 학생들 간 경쟁을 부추기는 대학입시는 말할 것도 없고 교직사회 역시 교원평가제, 성과급제 등 교사상호 간 경쟁을 통해서 우수한 결과를 산출하려 한다. 그런 사회 속에서 상대와 경쟁에서 이기기 위하여 눈을 부릅떠야 한다.

경쟁이 인간의 사회적 행위를 규정하는데 미치는 영향은 실로 크다. 물론 그 중에는 순기능도 있고 역기능도 있다. 경쟁을 시키면 어린아이들도 서로 잘하려고 최선을 다한다. 경쟁은 또한 한정된 재화를 보다 우수한 사람이 차지하도록 질서를 정해주는 역할을 수행하기도 한다. 뿐만 아니라 외집단과 경쟁을 시키면 갈등하던 내집단도 하나로 뭉치게 된다. 다수가 모인 인간사회에서 누구나 차지하려는 좋은 것은 제한되어 있기 때문에, 그리고 늬 많은 것을 차지하려는 인간의 욕망이 불가피하게 질서를 정하는 수단으로 경쟁을 활용하게 만든다.

　그러나 룰을 지키지 않는 부정직한 경쟁은 말할 것도 없고 경쟁 그 자체도 우리들의 삶에 미치는 부정적인 영향 역시 엄청나다. 경쟁은 사람과 사람 간 관계나 집단과 집단 간 관계를 도구적 관계로 내몰아서 상호관계를 삭막하게 만든다. 상대를 무너뜨려야 자신이 존재하기 때문에 경쟁상대와는 그만큼 인간적이고 우호적인 관계를 형성하기가 어렵다. 경쟁에서 상대를 이겨야 하기 때문에 우리들의 삶은 중압감에 짓눌려서 결과적으로 스트레스도 심하고 행복지수도 엄청 낮아진다. 그것으로 인하여 소중한 건강까지 잃기도 한다. 무엇이 사람답게 사는 것인지 모른다.

　그러면, 우리는 무엇을 추구해야 하는가? 교육을 통해 가르쳐야 할 것은 무엇인가? 무한 경쟁을 계속하도록 내버려 두어야 하는가? 무한경쟁의 시대에서 승자만이 독식하도록 그대로 두어야 하는가? 아니면 조금 돌아가더라도, 다소간 성과가 낮더라도, 경쟁에 진 하위 80%도 함께 갈 수 있는 사회적 분위기를 만들어야 하는가? 진정 인간다운 삶은 나누면서 상대를 배려하고 함께하는 삶이다. 그러면, 경쟁을 완화하고 아름다운 나눔의 삶을 위해서 우리는 무엇을 해야 하는가?

　나눔의 미학은 조금 손해나더라도 남을 이해하고 배려하는 마음을 교육하자는 것이다. 그래서 더불어 함께 사는 세상을 만드는 것을 목표로 한다. 나눔의 아름다움을 위해서 우리는 서로에게 관심을 갖고, 상대방을 이해하고, 더 나아가 유기적 유대망을 통해 공동체를 구축해야 한다. 무엇보다도 더불어 함께 사는 세상을 만드는 일은 상대방에 대한 관심을 갖는 일에서부터 시작된다.

그러면 누구와 어디에 관심을 가져야 하는가? 두말할 것도 없이 사회적 약자, 취약집단, 신 취약계층 등 소외된 자들이 일차적인 관심의 대상이다. 본문에서는 크게 나눔의 대상을 세 집단으로 나누어 다루었다. 학교사람들, 취약계층, 그리고 학부모가 그들이다. 본문에서는 먼저 우리가 함께 나누기 위해 특별히 관심을 가져야 하는 학교사람들로 승진이나, 수업, 인간관계 그리고 업무 등에서 탈진 상태에 있는 직업적 좌절교사, 도움이 필요한 교육공무원, 그리고 교실에서 수업을 잘 하지 못해서 고통 받는 교사들을 일차적으로 다루었다. 다음으로 학교 내·외에서 쉽게 발견되는 나눔의 대상은 취약계층과 학부모들이다. 그래서 본문에서는 지지적 서비스, 보완적 서비스, 그리고 대리적 서비스가 부족한 소외계층(교복투 사업 대상 취약계층 아동, 다문화 가정 아동, 농산어촌 소외계층 아동, 도심 거주 빈곤 아동)아동들과 이들의 보상교육을 위한 제도적 장치, 즉 교복투학교, 돌봄학교, 농촌소규모 학교 재학생을 위한 문화교육 등이 관심의 대상으로 다루어 졌다. 여기에 자녀교육의 실질적인 주체이면서도 자녀교육에 대한 정보와 지식이 부족한 그래서 학교교육의 제 3자로 남아있는 학부모들도 관심의 대상으로 다루어졌다.

나눔을 실천하기 위해서는 단순히 관심으로 그치는 것이 아니라 상대방과의 이해와 소통이 필요하다. 그러면, 어떻게 이해하고 소통해야 하는가? 소통하기 위해서 필요한 것은 무엇인가? 민속방법론자인 가핑클에 따르면, 모든 것은 오로지 구체적인 맥락 안에서만 의미가 있다. 의미는 맥락에 의해 좌우되므로 의기는 구체적인 장소들에서 구체적인 행위의 연속선상에서 발생한다. 따라서 구체적인 맥락과 사회화 과정이 다른 사람들과 이해와 소통을 하기 위해서는 특별한 노력이 필요하다. 끊임없이 타인들이 하는 일들을 이해하려고 노력해야할 뿐만 아니라 그들 자신의 구체적인 맥락의 행위들을 다른 사람들이 이해할 수 있게끔 만드는 노력이 필요하다. 가진 자와 못 가진 자, 넉넉한 사람과 부족한 사람, 힘 있는 자와 없는 자, 지배자와 피 지배자, 주인공과 조역 간 끊임없이 서로가 하는 일들을 이해하려고 노력해야 한다. 상대방이 가지고 있는 구체적 문화지식에 대한 교육뿐만 아니라 그 사람들이 가지고 있는 행동양식, 사고방식, 그리고 문화적 습성 등 일반적 문화지식을 교육함으로서 원활하게 의사소통을 할 수 있도록 도와주어야 한다.

본문에서는 문화 간 소통을 위해 문화적 관점에서 드러난 현상과 제도 그리고 이면의 의식을, 때로는 심층적으로 분석과 동시에 다루었고, 때로는 현상의 기술을 중심으로 다루었다. 또한 공간을 통한 문화 간 소통을 알기 위해 인류학자 홀의 공간학을 살펴보았다. 문화에 따라 언어적 소통 방식의 차이뿐만 아니라 비언어적 소통방식의 하나인 공간을 다루는 방식을 이해하는 일이 중요하기 때문이다. 문화간 소통하기에 더하여 문화 내 소통하기도 중요하다. 동일 문화내에서 원활한 소통을 위해서는 기본적으로 상대방과 생각의 다름을 인식하는 일이 무엇보다도 중요하다. 어떻게 다른가를 알 때 우리는 그에 준해서 다른 행동도 가능하기 때문이다. 따라서 소통하기 위해서는 동일한 기준에 의해 유사하게 행동해 줄 것이라는 기대부터 바꿀 수 있어야 한다. 그리고 소통은 나와 너 간의 주체와 객체 간의 대화가 아니라 너 역시 나와 동등한 주체로서 상호작용할 수 있다는 기본 전제를 수용해야만 가능하다. 차이와 다름에 대한 인정과 나의 변화 가능성을 열어두지 않는 채 나의 주장만을 고집하거나 설득하는 것은 소통이 아니라 강요에 불과하다. 관심 대상마다 상호 어떤 사고를 하고 있는가, 즉 상대방과 다름 인정하기, 다름에 대해 구체적 내용 알기, 그리고 다름에 따라 행동하기가 필요하다.

이해와 소통을 바탕으로 지속적으로 나눔을 이어가기 위해서는 상호간의 기대와 주장이 오가는 소통의 통로를 만들어야 한다. 이름하여 사회적 유대망을 구축하는 일이다. 듀르껭이 이야기 하듯 공통의 집합의식이 지배하는 단순사회의 기계적 유대망이라면 더욱 좋겠지만 그렇지 않더라도 유사한 가치관과 정서적 지원이 가능한 유기적 유대망이라도 무난할 것이다. 교육을 통해 그러한 공동체를 구축하는 일이 나눔을 실천하는 일이다. 본문에서는 그러한 전형을 콜맨의 사회자본에서 찾고자 하였다. 유대망, 신뢰 그리고 규범이 지역사회를 하나로 묶는 공동체의 기본이 되기 때문이다.

온통 경쟁이 중시되는 사회에서 그래도 살만한 사회를 만들기 위해서는 더불어 함께 하는 나눔의 교육, 공동체 교육을 하지 않으면 안 된다. 최소한 교육계에서만이라도 도구적 인간관계, 수단과 효율성을 강조하기보다 인간성을 강조하고 약자와 소외된 자들을 배려하도록 가르칠 수 있었으면 좋겠다. 문화를 알면 그 해답이 보일 것이다. 서로에 대한 관심과 이해와 소통 그리고 이를 바탕으로 한 나눔의 교육공동체를 기대하며 이 책을 맺고자 한다.

참고문헌

교육과학기술부(2009). 농산어촌 연중 돌봄학교 육성사업 추진계획. 교육과학기
　　술부.

교육인적자원부, 한국교육개발원(2006). 교육복지투자우선지역지원사업 이렇게
　　합니다. 연구자료 RM 2006 - 61 교육복지투자우선지역지원사업 매뉴얼.

구수경(2007). 근대성의 구현체로서 학교: 시간, 공간, 지식의 구조화. 한국교원대
　　교 대학원 박사학위논문.

김경애, 김정원(2007). 교육지원체제로서 지역네트워크 형성과정에 대한 사례연
　　구. 평생교육연구. 13(3): 117 - 142.

김계현(1994). 인간과 공간에 관한 교육인류학적 연구. 교육철학 12집. pp. 1 - 16.

김미숙, 조애저, 배화옥, 김효진, 홍미(2007). 한국의 아동 빈곤의 실태와 빈곤아
　　동지원방안. 한국보건사회연구원.

김성렬(2001). 교육력 강화를 위한 교육공동체의 역할과 과제. 교육이론과 실천.
　　13(3): 33 - 58.

김신일(1993). (개정증보) 교육사회학. 서울: 교육과학사, 1993.

김정원(2008). 교육복지투자우선지역지원사업의 이해. 연수용 교재 초안.

김정원(2009). 한국사회와 교육복지. 교육복지투자우선지역지원사업 프로젝트 조
　　정자 연수 자료집. 서울: 한국교육개발원.

김태선(2007). 학교공동체를 위한 사회자본 측정 도구 개발 및 적용. 전북대 박사
　　학위논문.

김혜경, 이윤희, 문순영, 권은주(2007). 취약지역 빈곤아동의 인구 보건학적 특성
　　분석. 보건교육. 보건증진학회지 2.4(4): 65 - 85.

김희복(1993). 학부모 문화연구. 김기석 편. 교육사회학 탐구 II. 교육과학사.

박미란(2008). 양로원 할머니들의 죽음 인식과 고육과의 관계 고찰. 한국교육인
　　류학회 추계학술대회 발표집.

박혜선(2003). 빈곤가족의 빈곤문화. 서강대 신학대학원 석사논문.

신현석(2004). 교육공동체의 형성과 발전: 동서양 교육공동체로부터의 시사. 교육
　　행정학연구. 22(1): 135 - 156.

심성보(2003). 한국초등학교의 민주적 공동체 긴설방안. 한국교육. 30(3): 1 - 27.

양병찬, 김경애(2009). 지역사회와 네트워킹. 교복투사업 프로젝트 조정자 연수자
　　료집. 한국교육개발원.
우남희 외(1998). 21세기 한국사회의 공동체적 정체성 형성을 위한 공동체 교육:
　　이론과 실천의 장기 참여관찰연구. 학술진흥재단 연구보고서.
이근우(2007). 달과 손가락: 질적 연구방법론으로서의 해석학적 현상학에 대한
　　소고. 교육인류학회 월례발표회 자료. 2007년 6월.
이기범(1996). 복지사회와 교육: 자유, 평등, 공동체를 위한 교육복지. 교육학연구.
　　34(2): 21 - 39.
이서행(2003). 신뢰사회 형성을 위한 참여문화. 국민윤리연구. 제50권. pp.217 -
　　260.
이숙경(2006). 관계적 신뢰에 의한 도덕적 교육공동체 형성 가능성. 도덕교육연
　　구. 18(1): 157 - 177.
이은미(1994). 교육공간으로서 학교공간의 의미에 관한 연구. 연세대대학원 석사
　　학위논문.
이재분(2010). 학교에서의 다문화가족 교육지원 실태 및 요구분석. 2010년 다문
　　화가정 학생 지원을 위한 시도교육청 및 교대 관계자 워크숍. 자료집.
이정선 외(2010). 초등학교 다문화교육의 이해. 동문사.
이정선(1999). 효과적인 학습동기 유발 전략. 교육연구. 12월호. 교육연구사.
이정선(2000). 자녀의 성적향상 향상을 위한 학부모 역할의 중요성. 광주권연구
　　제6호.
이정선(2000). 전환기 학교교육의 자화상. 메이넷미디어.
이정선(2001). 가정 - 학교 - 지역사회의 사회·문화적 관계: 콜맨의 사회자본을 중
　　심으로. 교육인류학연구 4(2): 147 - 181.
이정선(2001). 콜맨과 브르되의 사회자본의 비교. 초등교육연구 16(1): 91 - 112.
이정선(2002). 소외계층의 교육: 미국을 중심으로. 교육개발 135호. 한국교육개발원.
이정선(2002). 초등학교문화 탐구. 교육과학사.
이정선(2002). 학교가 보인다. 다예미디어.
이정선(2002). 학생의 특성을 고려한 동기유발 전략. 교육연구 제400호(22권 11호).
이정선(2003). 도 · 농간의 교육격차의 실태 및 개선방향. 교육개발 139호, 2003년
　　5 - 6월호. 한국교육개발원.
이정선(2005). 농어촌 소외 학생을 위한 교육복지 대책. 교육개발 149호(2005년
　　1 - 2월호). 한국교육개발원.
이정선(2005). 도 · 농간 교육격차의 원인과 개선방향. 농업교육과 인적자원개발
　　37(1): 131 - 150. 한국농업교육학회.
이정선(2005). 농어촌 지역 교육복지의 실태와 정책 추진사례에 대한 토론. 2005

교육인적자원혁신박람회 정책세미나 교육소외 계층의 교육복지 실태와
　　대책. 교육인적자원부, 한국교육개발원.

이정선(2006). 문화로 읽는 학교교육. 다예미디어.

이정선(2007). 학습부진과 수업환경. 교육연구. 2008년 1월호.

이정선(2007). 교실수업의 분석: 반성적 고찰. 교육연구. 2007년 9월호.

이정선(2007). 문화적 차이를 고려한 교실수업 방식의 이해. 교육연구. 2007년 4
　　월호.

이정선(2009). 교육복지투자우선지역지원사업과 사업 담당자의 역할. 광주광역시
　　서부교육청 신규담당자 연수자료. 광주광역시서부교육청.

이정선(2009). 교복투사업의 이해. 전남교육청 교복투 신규 학교 사업자 대상 연
　　수 자료집.

이정선(2009). 교육복지투자우선지역지원사업을 통한 교육복지공동체의 형성(시
　　론). 초등도덕교육연구 제30집. pp.73 - 111. 한국초등도덕교육학회.

이정선(2009). 아이는 마을 사람이 함께 기른다. 목포 죽교초등학교 강의 자료집.

이정선(2009). 유관 기관 간 연계를 통한 교육복지공동체의 형성. 대구서부교육
　　청 교육복지사업 세미나 주제발표 자료.

이종재(1999). 교육지도자. 정범모 외. 21세기를 향한 교육개혁. 민음사.

이혁규(2008). 수업, 비평의 눈으로 읽다. 우리교육.

임연기 외(2008). 농산어촌 통합형 교육복지모델 구상. 공주대학교 교육연구소.

전남교육청 혁신복지담당관(2009). 2009 농산어촌 연중 돌봄학교 육성사업 운영
　　점검결과 보고서. 전남교육청.

정영수(2004). 미래지향적 교육공동체 형성의 방향과 과제. 교육행정학연구
　　22(1): 111 - 134.

정익중(2006). 빈곤아동과 문화예술교육: 프로젝트 I의 성과와 가능성. 사회과학
　　연구. 제11권. pp.99 - 119.

조체영, 하정연(2006). 생태유아교육기관의 생활공간에 관한 문화기술적 연구. 유
　　아교육연구. 26(5): 209 - 234.

초등학교문화연구소(2003). 초등학교일상문화: 자기성찰의 학교생활. 양서원.

초등학교문화연구소편(2005). 초등학교 교사: 연구자로서 삶. 양서원.

최성욱(2006). 교육공간의 의미와 조건. 교육원리연구. 11(2): 1 - 30.

한국교육개발원(1993). 한국인의 교육열 연구. 한국교육개발원.

한국교육개발원(1994). 한국인의 교육의식 조사연구. 한국교육개발원.

한국교육개발원(2001). 학부모학력주의 교육관 타파 연구. 한국교육개발원.

한국교육개발원(2009). 교육복지투자우선지역지원사업 연수프로그램(교사용). 연
　　수교재 TM 2009 - 08 - 4.

한국문화인류학회 편(1998). 낯선 곳에서 나를 만나다. 일조각.

한용진(2008). 근대적 교육공간의 성격과 문제. 한국교육사학회 2008년 연차학술 대회 자료집.

허남순, 오정수, 홍순혜, 김혜란, 박은미, 정익종(2005). 빈곤아동과 삶의 질. 학지 사.

허창수(2006). 다문화주의, 탈근대주의적 비판 그리고 비판교육학. 한독교육학회 2006 연차대회 자료집.

황영란 외(2009). 수석교사 1년의 성찰과 과제. 새교육 2009년 3월호.

Beaulieu, L. J.(2000). Rural schools and the workforce investment act. *ED 448 967*.

Boethel, M.(2000). Adapting to community - based learning. *ED 443 648*.

Butera, G., Richason, D., Phillips, R.(2000). Place - based partnerships on behalf of children, families and communities: Energy express. *ED 444 788*.

Coleman, J. S.(1990). *Foundation of social theory*. Harvard University Press.

Coleman. J.S.(1988). Social capaital in the creation of human capital. *American Journal of Sociology*. 94: 95 - 120.

Csikszentmihalyi, M.(1999). 이희재 옮김. 몰입의 즐거움. 해냄.

Davis, M. T., Emery, M. J., & Lane, C.(1998). Serve to learn: Making connection in rural communities. *ED 417 890*.

Edward T. Hall: Proxemics Theory, 1966 by Nina Brown.
　　http://www.csiss.org/classics/content/13.

Farber, B. A.(1991). 조연순, 정혜영, 김정휘 역(2007). 교육의 위기: 교사의 직무스 트레스와 탈진. 박학사.

Feldmann, D.(2003). Curriculum and the American rural school. *ED 478 346*.

Fukuyama, F. 지음. 구승희 역(1998). 트러스트. 서울: 한국경제신문사.

(Ed.) Guthrie, J. W.(2003). *Encyclopedia of education*. Macmillan reference.

Hall's cultural factors.
　　http://changingminds.og/explanations/culture/hall_culture.htm

Hall, E. T.(1966). *Hidden dimension*, 최효선 역(2002). 숨겨진 차원. 한길사.

Hall, E. T.(1976). *Beyond Culture*, 최효선 역(2000). 문화를 넘어서. 한길사.

Hall, E. T.(2003). *Proxemics*. In(Eds.) Low, S. M. & Lawrence - Zúñiga, D.(2003). *The Anthropology of Space and Place*. Blackwell Publishing.

(Ed.). Hallinan, M. T.(2000). *Handbook of the sociology of education*. kluwer Academic/Plenum Publishers.

Harmon, H. L. & Branham, D. H.(1999). Creating standards for rural schools: A matter of values. *High School Magazine.* 7(4): 14 - 19.

Harmon, H. L.(2001). Education issues and rural schools of America. *ED 455 987.*

Herrington, A. & Herrington, J.(2001). Web - based strategies for professional induction in rural, regional and remote areas. *ED 466 893.*

Hess, R. & Azuma, H.(1991). Cultural support for schooling. *Educational Researcher.* 20(9): 2 - 8, 12.

Hofstede, G. 저(1995). *Culture and organization.* 차재호, 나은영 역(1996). 세계의 문화와 조직. 서울: 학지사.

Humphreys, T. 저, 안기순 역(2009). 가르치는 사람들을 위한 행복한 치유. 선생님의 심리학. 다산호당.

Jackson, P.(1968). *Life in classroom.* Holt, Rinehart & Winstom. Inc.

Johns Hopkins Magazine, April 2000.

Kern, S.(1983). *The culture of time and space.* 박성관 역(2004). 시간과 공간의 문화사. 휴머니스트.

Lee, V. E., Croninger, R. G.(1996). Social capital and children's development: the case of education. *ED 412 629.*

Long, V., Bush, W. S., Theobald, P.(2003). Place value: The rural perspective. *ED 478 060.*

Lortie, D.(1975), 진동섭 역(1993). 교직사회: 고직과 교사의 삶. 양서원.

(Eds.) Low, S. M. & Lawrence - Zúñiga, D.(2003). *The Anthropology of Space and Place.* Blackwell Publishing.

Nadel, W., & Sagawa, S.(2002). America's forgotten children: child poverty in rural America. *ED 467 475.*

Nisbett, R.(2003). *The geography of thought.* 생각의 지도. The Free Press: New York.

Obituary: James Coleman, Sociology. The Univ. of Chicago Chronicle. March 30. 1995.

Ogbu, J. U.(1992). Understanding Cultural Diversity and Learning. *Educational Research.* 21(8): 5 - 14.

Proxemics. http://en.wikipedia.org/wiki/Proxemics.

Putnam, R. 지음, 안청시 역(2000). 사회적 자본과 민주주의. 서울: 박영사.

Rasmussen, J. & Lund, D.(2002). Empowering children to change. *ED 463 106.*

Riesman, D. 외 저, 김태화 옮김(1987). 고독한 군중. 정암.

Rogers, E. M., Hart, W. B., Miike, Y.(2002). *Edward T Hall and the history of inter - cultural communication: The United States and Japan.* Keio Communication

Review No. 24: 3 - 26.

(Ed.) Sanders, M. G.(2000). *Schooling students placed at risk: research, policy, and practice in the education of poor and minority adolescents.* Lawrence Erlbaum Associates, Publishers.

Schneider, B.(2000). Social systems and norms: a Coleman approach. In(ed.) Hallinan, M. T. *Handbook of the sociology of education.* Plenum Publishers.

Sher, J. P.(2000). Connecting rural school reform and rural child advocacy. *ED 455 076.*

Shiffman, C. D.(2003). Welfare reform in(Ed.) Gutherie, J. W.(2003), *Encyclopedia of education*(2nd edition). Macmillan Reference USA.

Smith, P. 저. 한국문화사회학회 역(2008). 문화이론: 사회학적 접근. 이학사.

The Columbia Encyclopedia(6th ed.), 2006. Columbia Univ. Press.

The Rural School and Community Trust(2000). Learning in place: A special report to the rural school and community trust. *ED 458 051.*

Tompkins, R. B.(2003). Rural school and communities: getting better together. *The State Education Standard.* Winter 2003.

Wikipedia Encyclopedia, Coleman.

Woods, P.(1983). *Sociology and school.* 손직수 외 역(1998). 학교사회학: 상호작용론적 견해. 원미사.

색 인

이정선

한양대학교 교육학 학·석·박사 과정을 수료하고 미국 럭거스 뉴저지 주립대학교에서 교육
학(교육인류학전공) 박사학위를 받았다. 광주교육대학교 교육학과 교수로 부임한 이래 일본
나루토 교육대학교 객원연구원, 미국 오하이오 주립대학교 교환교수, 교육과학기술부 농어촌
교육발전위원회 위원, 대통령자문 교육혁신위원회 미래교육문화전문위원회의 자문위원을 지냈
고, 광주·전남의 교육복지투자우선지역 지원사업 연구지원센터장 등 광주·전남교육청의 각
종 자문위원뿐만 아니라 정책 컨설팅 역할을 맡고 있다. 학교에서는 초등교육연구원장, 기획
연구실장을 역임하였고, 현재는 초등학교문화연구소 소장을 맡고 있다. 한국교육인류학회장을
역임하였고, 현재 (사)한국인권교육원 부설 인권연구소 소장과 아시아비교교육학회 공동회장
으로서 2010년 11월 한국에서 제7회 대회를 유치하였다.
2007년 광주교육대학교 풍향학술상을 수상하였으며, 2008년 문화체육관광부 선정 우수학술
도서상을 수상하였다. 저서로는 2008년 우수학술도서상을 수상한『초등학교문화의 이해』외
23권(역서 및 공저 포함)이 있으며,「초등학교의 학업성취와 사회자본관계」외 45편의 학술
지 수록논문과 100여 편의 기타 논문이 있다.

문화를 알면 학교가 보인다

초판인쇄 | 2010년 7월 30일
초판발행 | 2010년 7월 30일

지은이 | 이정선
펴낸이 | 채종준
펴낸곳 | 한국학술정보㈜
주   소 | 경기도 파주시 교하읍 문발리 파주출판문화정보산업단지 513-5
전   화 | 031) 908-3181(대표)
팩   스 | 031) 908-3189
홈페이지 | http://ebook.kstudy.com
E-mail | 출판사업부 publish@kstudy.com
등   록 | 제일산-115호(2000. 6. 19)

ISBN   978-89-268-1227-3 93370 (Paper Book)
         978-89-268-1228-0 98370 (e-Book)

이담 Books 는 한국학술정보㈜의 지식실용서 브랜드입니다.